工业和信息化普通高等教育 "十三五"规划教材立项项目 | 全国高等教育**经济管理类** 新形态系列教材

管理信息系统

Management Information Systems

向卓元 彭虎锋 ◎ 主编
丁亚兰 李向 ◎ 副主编

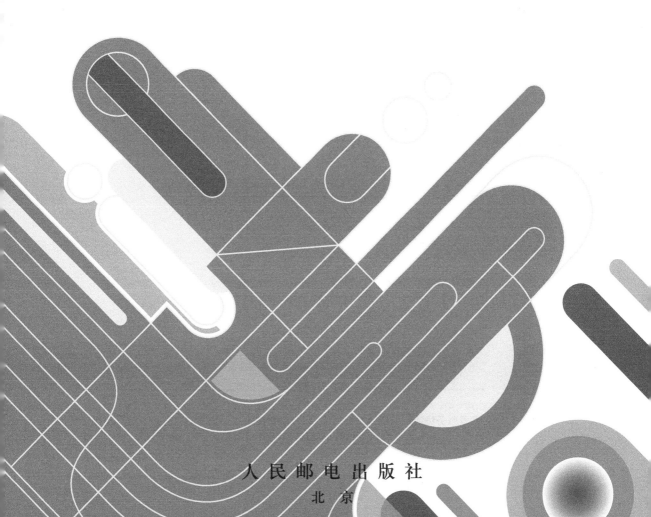

人民邮电出版社
北 京

图书在版编目（CIP）数据

管理信息系统：微课版 / 向卓元，彭虎锋主编. --
2版. -- 北京：人民邮电出版社，2021.7
全国高等教育经济管理类新形态系列教材
ISBN 978-7-115-56003-2

Ⅰ. ①管… Ⅱ. ①向… ②彭… Ⅲ. ①管理信息系统
－高等学校－教材 Ⅳ. ①C931.6

中国版本图书馆CIP数据核字(2021)第064727号

内 容 提 要

本书从现代企业对管理人员的信息素质要求出发，有目标地、系统地、完整地、详细地阐述了管理信息系统的理论、方法和技术。全书由 10 章组成，包括管理信息系统概述、管理信息系统构建的途径、建模工具：面向对象方法与统一建模语言（UML）、管理信息系统规划、管理信息系统分析、管理信息系统设计、管理信息系统实施、系统开发管理、系统运行管理和管理信息系统治理。

本书可作为高等院校经济类、管理类、法学类专业相关课程的教材，也可作为从事信息系统建设和计算机应用工作的技术人员、管理人员的参考书。

- ◆ 主　　编　向卓元　彭虎锋
　　副主编　丁亚兰　李　向
　　责任编辑　刘向荣
　　责任印制　李　东　胡　南
- ◆ 人民邮电出版社出版发行　　北京市丰台区成寿寺路 11 号
　　邮编　100164　　电子邮件　315@ptpress.com.cn
　　网址　https://www.ptpress.com.cn
　　北京七彩京通数码快印有限公司印刷
- ◆ 开本：787×1092　1/16
　　印张：15.5　　　　　　　　　　2021 年 7 月第 2 版
　　字数：437 千字　　　　　　　2025 年 7 月北京第 5 次印刷

定价：54.00 元

读者服务热线：(010)81055256　印装质量热线：(010)81055316
反盗版热线：(010)81055315

前 言 Preface

本书第 1 版已经出版 5 年了，在这 5 年中，随着管理信息系统（Management Information System，MIS）运行环境从系统集成，到"互联网+"，再到"智能+"的变化，人们对 MIS 的认识也不断丰富，经历了从重视信息系统的构建，到重视信息管理，再到重视数据治理这 3 个迭代提高的层次。在这 3 个层次中，后续层都是在继承和吸收了前面层的精华的基础上并充实了新理论和新技术而形成的。与之对应，MIS 的建设目标和内容也有了相应改变，也就是说，现在的 MIS 建设人员不仅要知晓 MIS 的系统构建，还要懂得 MIS 的管理，特别是其中的治理，即 MIS 建设应该涵盖"构建、管理"这两个环节的内容。

按照 MIS 建设"构建、管理"的思路，本书的内容也做了相应的整合完善。首先，对第 1 版内容进行了优化，继承了第 1 版中经过教学证实合理的特点。（1）定位明确。还是针对普通高等院校经济类、管理类、法学类专业学生编写的教材。（2）以学生为中心。以培养能适应现代企业数字化管理要求的业务分析师或首席信息官（CIO）为目标组织教学内容，从而在管理学派的宏观介绍与技术学派的深层次开发之间找到一个适合特定读者的平衡点。（3）案例典型、代表性强。本书中的案例是在实地考察了多家实体企业并完成了一家企业项目的基础上，组织有经验的教师总结而来的。在案例的组织上用一个完整的案例贯穿全书，避免了案例琐碎化、离散化带来的知识不连贯、不系统的弊端。在内容组织上结合了"项目式"和"案例式"两种组织类型的优点，内容更加紧凑。其次，在第 1 版的基础上，根据 MIS 发展的要求，本书做了一些改变。（1）瞄准新技术、新发展前沿。为适应数字化时代的要求，在第 3 部分增加了 MIS 治理一章，使读者对 MIS 建设的知识体系学习更加完整。（2）理顺了 MIS 建设思路。从只注重 MIS 的构建，到综合"构建、管理"的 MIS 建设思路，使读者在实际的数字化转型的工作中有一个合理、清晰的建设思路。（3）优化了部分章节。在第 1 章中突出了数字经济与 MIS 的关系，说明了 MIS 建设对数字经济的重要性和必要性，并理顺了 MIS 建设思路；在第 2 章中增加了对螺旋模型法的介绍，并简化了模型间的比较；在第 3 章、第 4 章中做了适当的简化；在第 5 章中强调了获取系统需求的场景再现，使读者身临现场来获取需求的第一手资料，方便新系统的模型构建工作。

（4）引入新的教学手段。在本书中，思维导图的大量应用，以及微课视频、二维码技术的引入，使读者学习更加轻松。

全书分 3 个部分，共有 10 章。第 1 部分是基本概念及相关知识，包括：管理信息系统概述、管理信息系统构建的途径、构建工具:面向对象方法与统一建模语言（UML）；第 2 部分是管理信息系统构建，包括管理信息系统规划、管理信息系统分析、管理信息系统设计、管理信息系统实施；第 3 部分是信息系统的管理，包括系统开发管理、系统运行管理、管理信息系统治理。

建议学习路径如下。

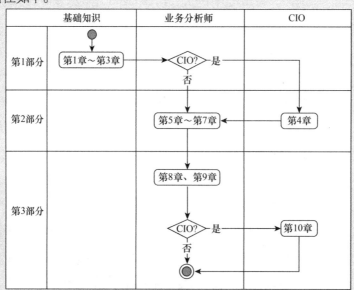

本书由中南财经政法大学向卓元教授和彭虎锋副教授任主编。向卓元负责全书总纂与定稿工作。第 1 章～第 4 章、第 10 章和 5.1 节由向卓元执笔，第 8 章、第 9 章由彭虎锋执笔，5.2 节～5.4 节由李向执笔改编，第 6 章、第 7 章由丁亚兰执笔改编。

本书的编写得到了中南财经政法大学教务部、信息与安全工程学院的领导和教师们的大力支持，特别是得到了第 1 版作者杨璠教授、朱志光副教授，以及微课件制作的参与者杨怡光副教授的鼎力帮助，在此一并表示衷心的谢意！

由于编者水平有限，书中难免存在不妥之处，恳请各位读者批评指教。

编者

2021 年 3 月

目录 Contents

第9章　系统运行管理

第10章　管理信息系统治理

第1部分
基本概念及相关知识

思维导图

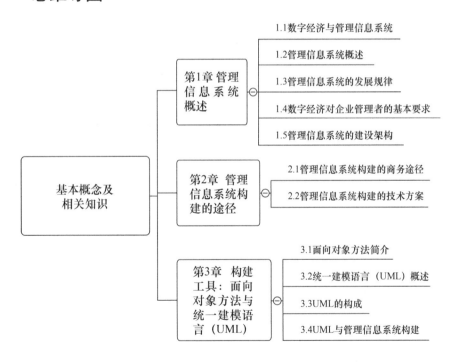

基本概念及相关知识

- 第1章 管理信息系统概述
  - 1.1数字经济与管理信息系统
  - 1.2管理信息系统概述
  - 1.3管理信息系统的发展规律
  - 1.4数字经济对企业管理者的基本要求
  - 1.5管理信息系统的建设架构
- 第2章 管理信息系统构建的途径
  - 2.1管理信息系统构建的商务途径
  - 2.2管理信息系统构建的技术方案
- 第3章 构建工具：面向对象方法与统一建模语言（UML）
  - 3.1面向对象方法简介
  - 3.2统一建模语言（UML）概述
  - 3.3UML的构成
  - 3.4UML与管理信息系统构建

第1章 | 管理信息系统概述

【学习目的】

通过本章的学习，读者应了解社会发展与管理信息系统的内在联系，从而理解管理信息系统的概念，对管理信息系统有一个清晰、全面的认识；知晓现代企业面临的问题以及本课程培养的目标。

【本章要点】

- 数字经济与管理信息系统的关系。
- 管理信息系统的概念、功能、特点、研究对象及领域。
- 管理信息系统的发展规律。
- CIO的概念以及职责。
- 系统工程的基本概念以及管理信息系统的建设思路。

随着信息化和工业化的深度融合，新业态、新产业和新模式大量涌现。从电子商务到"互联网+"，再到以大数据、人工智能、云计算和智能制造等为代表的新科技的不断涌现，我国已经进入新科技和实体经济深度融合的阶段。最为显著的特点是数字技术已经成为新业态、新模式迭代升级的关键驱动力。作为数字技术的基础的管理信息系统，其作用日益明显。

1.1 | 数字经济与管理信息系统

1.1.1 数字经济概述

1. 数字经济的定义

数字经济是信息经济的另一种称谓，旨在突出支撑信息经济的信息技术二进制的数字特征，是一种互联网经济。正如美国复合技术联盟主席塔帕斯科特于1995年出版的《数字经济——联网智力时代的承诺和风险》一书所说明的那样，信息技术的数字革命，使数字经济成了基于人类智力联网的新经济。1998年，美国商务部公布了以《浮现中的数字经济》命名的第一份研究报告，着重分析信息这一核心资源对宏观经济和微观经济的决定性作用。之后，这样的研究报告又按

扫码看视频：

数字经济概述

年连续出了多本。这些报告均以分析信息产业、电子商务、网络经济等有关信息经济的发展为内容。数字经济的概念被越来越多的人士所接受。数字经济的发展是同信息技术尤其是互联网技术的广泛应用分不开的，也是同传统经济的逐步数字化、网络化、智能化发展分不开的。2016年9月在中国杭州召开的G20峰会发布的《二十国集团数字经济发展与合作倡议》指出，数字经济是指以使用数字化的知识和信息作为关键生产要素、以现代信息网络作为重要载体、以信息通信技术的有效使用作为效率提升和经济结构优化的重要推动力的一系列经济活动。

"数字经济"的组成，一是数字产业化，即信息产业，包括电子信息制造业、信息通信业、软件服务业等；二是产业数字化，即使用部门因此而带来的产出增加和效率提升，也称为数字经济融合部分。

数字经济是继农业经济、工业经济之后的一种新的经济社会发展形态，更容易实现规模经济和

范围经济，日益成为全球经济发展的新动能。

2．数字经济的演变

从社会发展角度来看，近半个世纪以来数字经济经历了"三次革命"。"三次革命"如图 1-1 所示：（1）信息技术（Information Technology，IT）时代——计算方式的革命；（2）互联网+时代——信息传播方式的革命；（3）智能+时代——决策方式的革命。

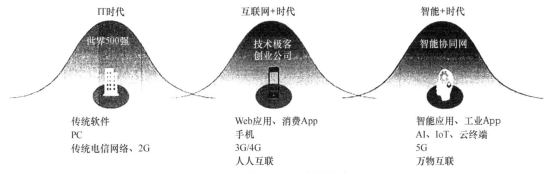

图 1-1　数字经济时代的演变

5G、物联网、人工智能、数字孪生、云计算、边缘计算等智能技术群的"核聚变"，推动着万物互联（Internet of Everything）迈向万物智能（Intelligence of Everything）时代，进而推动了智能+时代的到来，也使经济进入了智能经济范畴。

数字经济将呈现全新的运行规律——以数据流动的自动化，化解复杂系统的不确定性，实现资源优化配置，支持经济高质量发展的经济新形态。

3．数字经济的特征

（1）资源配置以人流、物流、信息流、金融流、科技流的方式渗透到社会生活的各个领域。需求方、供给方、投资方以及利益相关方重组的目的在于提高资源配置的效率。

（2）新时期的产业核心要素已经从土地、劳力资本、货币资本转为智力资本，智力资本化正逐渐占领价值链高端。

（3）共享经济构成新的社会组织形式，特别资源使用的转让，使得大量的闲置资源在社会范围内传导并利用。

（4）平台成为社会水平的标志，为提供共同的解决方案、降低交易成本、提升网络价值、完善制度安排的形式、提供多元化参与、提高效率等搭建新型的通道。

4．数字经济对社会的影响

数字经济的第 3 次革命"智能+"时代使得整个社会发生了巨大的变化，其表现为产业变革、商业模式创新、组织形式创新。

（1）产业变革

"智能+"时代的到来，将催生许多新产业，也将改造一些传统行业（原有的信息与通信技术产业结构正在被重新组合，拥有云计算服务能力的互联网企业正在成为越来越重要的服务商）、淘汰落伍产业（一些不适应大数据要求的技术、产品的 IT 提供商，必将受到很大的冲击，逐渐被淘汰）。现代产业会越来越多，传统产业会逐渐落后。

现阶段，"智能+"的应用对产业变革的影响具体体现在产业的数据拥有程度上。如图 1-2

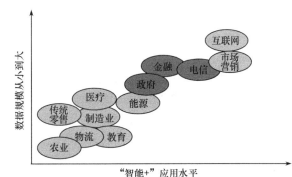

图 1-2　"智能+"的应用与企业数据规模关系示意图

所示，其中，应用水平最高的是互联网和市场营销行业；其次是金融行业（如金融、电信这两类，政府行业的信息化程度和数据化程度差异较大，但政府大数据将会是未来大数据发展的关键，它通过数据开放可以激发数据类创新创业的大发展）；最后是制造业、物流、医疗、农业等行业。

（2）商业模式创新

"智能+"下的商业模式以消费者到企业（Customer to Business，C2B）为主。C2B 的一个重要支撑是数据，没有实时的、精准把握客户销售和需求的数据，要实现 C2B 是不可能的。我们过去是"先生产再销售"，通过 C2B 我们"先销售再生产"，从过去的"标准化大生产"到现在的"大规模定制化生产"（以大规模生产具有的成本、速度满足消费者的个性化需求），这是商业模式的变迁。

C2B 模式有四大特点：①以用户（消费者）为中心。工业时代以厂商为中心，而人工智能时代以用户（消费者）为中心；②以定制创新产生独特价值。消费者在不同程度、环节上参与，更具独特价值；③数据共享驱动大规模协作。实现大规模、实时化、社会化的网状协作；④基于云计算、互联网、人工智能平台等新基础设施。

（3）组织形式创新

人工智能、云计算促进数据连通。过去数据有，但不好用。现在，大数据云计算模糊了企业内部 IT 与外部 IT 的界线，公司间传统的数据与程序相隔离的状态有望被打破，随之新的商业生态和价值网络将出现，公司 IT 系统很容易与其他公司的 IT 系统实现信息交流与交换，从而越过公司界限执行业务流程。

企业内的管理和企业间的协作变成网状、迸发、实时的协同。数据往哪里流动、应该往哪里流动，组织形式就应该跟着它变化，形成以用户为中心的、非固化的、灵活动态的商业流程协同组织模式。

5．成为组织的核心竞争力

数据作为一种越来越重要的生产要素，将成为比土地、资本、劳动力等更为核心的要素，数据管理也将成为任何组织的核心竞争力，从而引发数字经济蓬勃发展。

《中国数字经济发展白皮书（2020 年）》认为：数字经济是以数字化的知识和信息作为关键生产要素，以数字技术为核心驱动力，以现代信息网络为重要载体，通过数字技术与实体经济深度融合，不断提高数字化、网络化、智能化水平，加速重构经济发展与治理模式的新型经济形态。

数据管理的功效体现在以下几个方面。

（1）数字经济规模不断扩张、贡献不断增强

2019 年，我国数字经济增加值规模达到 35.8 万亿元，占 GDP 比重达到 36.2%，占比同比提升 1.4 个百分点，按照可比口径计算，2019 年我国数字经济名义增长 15.6%，高于同期 GDP 名义增速约 7.85 个百分点，数字经济在国民经济中的地位进一步凸显。

（2）数字化治理能力提高

一方面，建设数字政府是实现政府治理从低效到高效、从被动到主动、从粗放到精准、从程序化反馈到快速灵活反应的转变的关键。近年来，我国从中央到地方政府公共服务供给能力显著提高。另一方面，我国新型智慧城市已经进入以人为本、成效导向、统筹集约、协同创新的新发展阶段，发展重心逐渐从整体谋划、全面建设向营造优质环境、设计长效可持续发展机制转变。

（3）数据价值化加速推进

数据已成为数字经济发展的关键生产要素。从产业角度来看，我国已形成较为完整的数据供应链，在数据采集、数据标注、时序数据库管理、数据存储、商业智能处理、数据挖掘和分析、数据安全、数据交换等各环节形成了数据产业体系，数据管理和数据应用能力不断提高。

1.1.2 管理信息系统的地位与作用

1. 管理信息系统的地位

管理信息系统（Management Information System，MIS）是为了适应现代化管理的需要，在管理科学、系统科学、信息科学和计算机科学等学科的基础上形成的一门科学，它研究管理系统中信息处理和决策的整个过程，并探讨计算机的实现方法。它是一个由人、计算机、通信设备等硬件和软件组成的，能进行管理信息的收集、加工、存储、传输、维护和使用的系统。管理信息系统可促使企业向信息化方向发展，使企业处于一个信息灵敏、管理科学、决策准确的良性循环之中，为企业带来更高的经济效益。所以，管理信息化是企业现代化的重要标志，是企业发展的一条必由之路。

在数字经济时代，数字经济有 5 层架构（见图 1-3）。第 1 层是底层的技术支撑层（由信息系统构成），包括各种关键信息基础设施和设备，以及由这些设施设备组成的"数据+算力+算法"的运作范式，"描述—诊断—预测—决策"的服务机理。第 2 层是模式层，包括商业模式、工作模式和组织模式。第 3 层是产销合一层，它使消费端与供给端紧密联系在一起。第 4 层是精准匹配层，它的作用是使消费端与供给端的各种需求在一定的规则下自动匹配。第 5 层是高效协同层。第 2 层、第 3 层、第 4 层、第 5 层两端是消费端和供应端。所有层都基于治理体系，从而形成消费端和供应端高效协同、精准匹配的经济形态，建立"协同化、自动化、全球化"的治理体系。从图中可知，信息系统是数字经济的关键信息基础设施。而 MIS 是信息系统的重要组成部分，所以 MIS 是数字经济的关键信息基础设施。

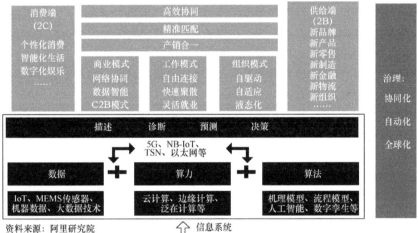

图 1-3　数字经济架构示意图

2. 管理信息系统的作用

随着信息技术的发展，MIS 在企业中的应用也发生了很大的变化。尤其是近几年，5G 等新技术的发展，使信息技术从最初辅助企业运作的支持工具，逐步向能使企业发生变革的方向发展。MIS 作用的范围和内涵变化很快，目前，MIS 的主要作用在于以下几个方面。

（1）支持企业日常运营。MIS 的基本作用表现为支持企业主要业务的运营，支持企业决策，支持企业获取战略竞争优势等，其根本目的是帮助企业通过 MIS 进行资源的整合和控制，形成竞争优势。

MIS 在管理各项事务中有着普遍的应用，促进了企业管理工作的提升。MIS 是为管理服务的，它的开发和建立是使企业摆脱落后的管理方式，实现管理现代化的有效途径。管理信息系统将管理工作统一化、规范化、现代化，极大地提高了管理的效率，使现代化管理形成统一高效的系统。过去传统的管

扫码看视频：

管理信息系统的
作用

理方式是以人为主体的人工操作，虽然管理人员投入了大量的时间、精力，然而个人的能力是有限的，所以管理工作难免具有局限性，或带有个人的主观性和片面性。而管理信息系统是使用系统思想建立起来的，以计算机为信息处理手段，以现代化通信设备为基本传输工具，能为管理决策者提供信息服务的人机系统，无疑能将管理与现代化接轨，以科技提高管理质量。管理信息系统将大量复杂的信息处理交给计算机，使人和计算机充分发挥各自的特长，组织一个和谐、有效的系统，为现代化管理带来便捷。在现代化管理中，计算机管理信息系统已经成为企业管理不可缺少的帮手，它的广泛应用已经成为管理现代化的重要标志。在企业管理现代化中，组织、方法、控制的现代化离不开管理手段的现代化。

（2）支持组织实现"全球化"。在企业实现"全球化"的过程中，MIS 已成为不可缺少的手段。只有形成统一的商业模式和管理模式，并通过 MIS 进行支持，实现跨地域的日常管理、控制，"全球化"的组织才能够形成并不断拓展。

随着科学技术的发展，尤其是信息技术和通信技术的发展，计算机和网络逐渐应用于现代企业管理之中。面对越来越多的信息资源和越来越复杂的企业内外部环境，企业有必要建立高效、实用的管理信息系统，为企业管理决策和控制提供保障，这是实现管理现代化的必然趋势。

（3）商业生态系统不断演化——一切业务数据化，一切数据业务化。社会生态系统复杂化、开放化、非结构化、人性化，引发商业生态系统的数据化、品牌化、虚拟化。

（4）组织架构重构，数据治理能力越来越重要，企业不单单要关注"人""财""物"，还要关注"数"。传统企业为层级制、中心化、金字塔结构，互联网企业则为扁平化、去中心化、倒金字塔的组织结构，传统企业向互联网企业的演变将不断深化。

（5）实物资产在变虚，虚拟资产在做实。门店、网点、现场、资金、厂房、机器等的重要性在下降。那什么变得越来越重要呢？基于运营、基于业务逻辑流程的数据变得越来越重要，数据已成为企业进步、创新的重要驱动力。

（6）成本高度透明导致竞争越来越激烈。人工成本越来越高、产品和服务价格越来越低。为什么呢？因为数据——信息越来越透明。

1.1.3　管理信息系统的发展趋势

互联网络和信息技术的高速发展，改变了企业的经营管理模式、做事的方法，以及人们的生活方式。全球经济环境不断发展和变化，竞争环境复杂多变，企业的管理思想、管理方法不断创新，计算机网络技术快速发展，促使企业资源计划（Enterprise Resource Planning，ERP）不断发展和变化。管理信息系统总的发展趋势是各种管理思想信息化融合、系统应用网络化、开发平台标准化、业务流程自动化、应用系统集成化和系统运行智能化。

1．各种管理思想信息化融合

社会和科学技术总是不断发展的，适应知识经济的新的管理模式和管理方法也不断涌现：敏捷制造、虚拟制造、精益生产、客户关系管理、供应商关系管理、大规模定制、基于约束理论的 APS（先进计划和排产）、电子商务、商业智能，基于平衡记分卡的企业绩效管理……不一而足。管理信息系统，其实质就是各种管理思想的信息化实现。因此，有不同的管理思想，就有与之对应的管理信息系统，这就使各种类型的管理信息系统层出不穷。管理信息系统蕴涵的管理思想可以归纳为 3 种：面向企业功能的［如办公自动化（Operation Automation，OA）］；面向企业过程的［如制造资源计划（Manufacturing Resources Planning，MRPII）］；面向产品生命周期的［如供应链管理（Supply Chain Management，SCM）］。随着电子商务思想的成熟，管理信息系统会逐步发展成为一种融合各种管理思想的、面向产品生命周期的融合系统。它在 ERP 的基础上，充分利用互联网技术，将供应链管理（Supply Chain Management，SCM）、客户关系管理（Customer Relationship Management，CRM）、商业智能（Business Intelligence，BI）、电子商务（Electronic Commercial，EC）、决策支持系统（Decision Support System，DSS）等功能全面集成，以实现资源共享、数据共享、适应网络经济的充分柔性的企业管理信息系统。

总之，管理信息系统必须不断增加新思想、新方法以适应企业的管理变革和发展要求。

2. 系统应用网络化

我们现在正处在全球经济一体化的年代、网络经济的时代。互联网络和通信技术的高速发展，彻底改变了我们的经营管理模式、生活方式和做事的方法。企业对互联网络的依赖将像其对电力和电话的依赖。管理信息系统的网络化趋势及其重要性是十分明显的。如今成功的企业都依赖于其全球运作的能力，网络的应用和发展使企业的经济活动有可能突破国界而成为全球活动。依靠管理信息系统的网络化的企业有可能建立世界性销售网点、跨国公司，可以跟踪订货、运货、结算，参与世界市场的竞争。以海尔集团为例，它的 10 800 多种产品的市场涉及几百个国家、几万个经销商，每天有 5 万台产品出库，每天平均结算资金达 2 176 亿元。对于这样一个十分复杂的系统，如果不进行网络化的管理，只要千分之一的环节出错，就可能使企业破产。网络化与应用相结合必然产出巨大产业。从历史上看，网络化与它相关的个人应用都产出了巨大的产业。例如，交通网与交通工具相结合产出了轿车工业，电力网与家电相结合产出了家电工业，通信网与个人通信相结合产出电信业。现在，管理信息系统依托互联网向外部发展，已经出现了电子商务、电子政务、供应链信息系统、虚拟企业、网上交易谈判支持系统等许多新的概念。

管理信息系统的网络化为企业营销方式的发展提供了新的机遇。这表现在：企业对目标市场的确定将更加注重对网上信息的分析和利用；可以依靠网络发布商品信息，树立企业形象；可以运用网络和传统相结合的方法开展市场调研，为正确决策创造有利条件；可以打破时空界限搜索货源，利用网络公开招标等采购方法创造更多的贸易机会。

管理信息系统的网络化密切了上、下游企业之间，企业和客户之间的关系，为企业与企业、企业与客户之间提供了更广泛的商业交流机会，促使企业管理由面向内部资源的管理转变为面向整个供应链的管理。供应链管理覆盖了从供应商到供应商、客户到客户的全部过程的管理，包括外购、制造、分销、库存、运输、仓储、客户服务等。这是实现全球范围内的多工厂、多地点跨国经营运作的重要条件。

管理信息系统的网络化大大增加了企业与企业之间信息资源共享的可能性。这就为上、中、下游企业建立虚拟企业创造了条件。为了快速响应客户个性化需求的发展，企业可以通过互联网借助分布在世界各地的其他企业的资源来实现一体化的管理。例如，美国福特汽车公司对某些产品就采取了在美国本土设计，在日本生产发动机，在韩国生产零配件和装配，然后向全世界销售的办法。

电子商务在管理信息系统网络化中占有重要的地位，它打破了对市场的时空限制，使整个社会商业体系结构、客户的消费观念和行为发生变化，作为一种全新的商业模式，其将对社会和企业变革带来深远的影响。

3. 开发平台标准化

计算机技术发展到今天，那种封闭的专有系统已经走向消亡。基于浏览器/服务器的体系结构，支持标准网络通信协议，支持标准的数据库访问，支持 XML 的异构系统互联；实现应用系统独立于硬件平台、操作系统和数据库；实现系统的开放性、集成性、可扩展性、互操作性，这些已成为应用系统必须遵守的标准。不符合上述标准的系统是没有前途的系统。

4. 业务流程自动化

传统 ERP 是一个面向功能的事务处理系统，它为业务人员提供了丰富的业务处理功能。但是每个业务处理都不是孤立的，它一定与其他部门、其他人、其他事务有关，这就构成了一个业务流程。传统 ERP 对这个业务流程缺乏有效的控制和管理。一些业务流程被写死在程序里，非此即彼，必须按其执行，否则就要修改程序，许多流程是由人工离线完成的。工作流管理技术是解决业务过程集成的重要手段，它与ERP或其他管理信息系统的集成，将实现业务流程的管理、控制和过程的自动化，使企业领导与业务系统真正集成，实现企业业务流程的重构。所以工作流管理技术受到了人们的高度重视并得到快速的发展。

5. 应用系统集成化

企业信息化包括了很多内容：技术系统信息化包括计算机辅助设计（Computer Aided Design，CAD）、计算机辅助制造（Computer Aided Manufacturing，CAM）、计算机辅助工艺规划（Computer Aided Process Planning，CAPP）、产品数据管理（Product Data Management，PDM）；管理信息化包括（ERP）、CRM、SRM、BI、EC；生产制造过程自动化包括数控技术（NC）、柔性制造系统（FMS）、自动化立体仓库（AS/RS）、制造执行系统（MES）。所有这些系统都是为企业经营战略服务的，它们之间存在着大量的共享信息和信息交换，在单元技术成功运行的基础上，它们之间要实现系统集成，使其应用效果最大化。

6. 系统运行智能化

随着人工智能技术的发展，以及数据仓库、数据挖掘技术，特别是大数据技术在管理信息系统中的应用，管理信息系统必将向着智能化方向发展。例如，现在已产生了很多的决策支持系统、专家系统等。智能化的管理信息系统具有思维模拟活动，它具有很高的自学习、自组织和进化性，并具有知识创新功能，可以解决非结构化事务，在决策中处于主导地位，是人们行动的向导；在体系上将是大规模分布式计算模式，以基于网络神经元构件的智能网为主。智能化一直是管理信息系统的目标，管理信息系统的发展将以主动性、自适应性、自组织性、柔性为特征，建立更有利、多样化的管理信息系统模型。敏捷制造、虚拟组织都是该思想的体现。

1.2 管理信息系统概述

在"智能+"时代，管理信息系统的应用已相当广泛，人们的日常工作、生活离不开各种不同的管理信息系统。下面我们将从管理信息系统的发展历史和研究对象来认识管理信息系统。

1.2.1 管理信息系统的定义及演化过程

管理信息系统是一个组合词，即管理、信息和系统，但它的概念绝不只是3个词汇简单的组合，而是有其内在的含义，不是简单的信息，更不只是计算机。它是以决策为目的，通过信息技术手段来进行计划和控制的系统。一般来说，信息是基础，是作用的对象；管理提供思路和依据；系统提供方法论。

扫码看视频：

管理信息系统的概念

管理信息系统发展至今，其定义已有很多种，有的偏向理论抽象，有的偏向技术具体；有的偏向组织管理，有的偏向系统实现。

早在20世纪30年代，柏德就写书强调了决策在组织管理中的作用，就有了管理信息系统概念的萌芽。

20世纪50年代，西蒙在管理学上的第1个贡献是提出了管理的决策职能。西蒙在他所著的《管理决策新科学》一书中，用了大量篇幅来总结计算机在企业管理中的应用，特别是计算机在高层管理及组织结构中的应用。西蒙等人认为，决策贯穿管理的全过程，决策是管理的核心。西蒙指出，组织中经理人员的重要职能就是做决策。他认为，任何作业开始之前都要先做决策，制定计划就是决策，组织、领导和控制也都离不开决策。一个企业组织机构的建立及企业的分权与集权不能脱离决策过程而孤立存在，必须要与决策过程有机地联系起来。西蒙等人非常强调信息联系在决策中的作用，他们认为"信息联系是指决策前提，它赖以从一个组织成员传递给另一个成员的任何过程"。西蒙认为，今天关键性的任务不是去产生、储存或分配信息，而是对信息进行过滤，加工处理成各个有效的组成部分。今天的稀有资源已不是信息，而是处理信息的能力。

同一时代，维纳发表了《控制论与管理》，他把管理过程当成一个控制过程，而控制要依赖于信息。1958 年，盖尔写道："管理将以较低的成本得到及时准确的信息，做到较好的控制。"这些都预示着管理信息系统的出现。

管理信息系统一词最早出现在 1970 年，瓦尔特·肯尼万（Walter T. Kennevan）给它下了一个定义："以书面或口头的形式，在合适的时间向经理、职员以及外界人员提供过去的、现在的、预测未来的有关企业内部及其环境的信息，以帮助他们进行决策。"这个定义说明了管理信息系统的主要功能是提供信息。即信息时效是过去、现在和未来的信息；信息的载体是书面的或口头的；信息的内容是企业内部和外部环境的信息；信息提供的时间是在合适的时间；信息提供的对象是经理、职员以及外界人员；目的是帮助他们进行决策。很明显，这个定义是出自管理的，而不是出自计算机的。它没有强调一定要用计算机，它强调了用信息支持决策，但没有强调应用模型、应用数据库。所有这些均显示了这个定义的初始性。

1985 年，管理信息系统的创始人之一，美国明尼苏达大学卡尔森管理学院的教授高登·戴维斯（Gordon B. Davis）给了管理信息系统一个较完整的定义："它是一个利用计算机硬件、软件和手工作业，分析、计划、控制和决策模型以及数据库的用户机器系统。它能提供信息，支持企业或组织的运行、管理和决策功能。"这个定义说明了管理信息系统的目标、功能和组成，而且反映了管理信息系统当时已达到的水平。它说明了管理信息系统的目标是在高、中、低 3 个层次上，即在决策层、管理层和运行层上支持管理活动。它不仅强调了要用计算机，而且强调了要用模型和数据库。它反映了当时的技术水平，即所有管理信息系统均已用上了计算机。

管理信息系统一词在中国出现于 20 世纪 70 年代末 80 年代初出版的《中国企业管理百科全书》上。该定义为："管理信息系统是一个由人、计算机等组成的，能进行信息的收集、传递、储存、加工、维护和使用的系统。管理信息系统能实测企业的各种运行情况；利用过去的数据预测未来；从企业全局出发辅助企业进行决策；利用信息控制企业的行为；帮助企业实现其规划目标。"

《管理现代化》一书中的定义为："管理信息系统是一个由人、机械（计算机等）组成的系统，它从全局出发辅助企业进行决策，它利用过去的数据预测未来，它实测企业的各种功能情况，它利用信息控制企业行为，以期达到企业的长远目标。"这些定义指出了当时国内一些人认为管理信息系统就是计算机应用的误区，再次强调了管理信息系统的功能和性质，再次强调了计算机只是管理信息系统的一种工具。对于一个企业来说，没有计算机也有管理信息系统，管理信息系统是任何企业不能没有的系统。所以，对于企业来说，管理信息系统只有优劣之分，不存在有无的问题。

综上所述，我们可以把管理信息系统总结为：利用计算机的硬、软资源，网络通信设备以及其办公设备，为实现企业整体目标，对信息进行收集、传输、储存、加工、输出，给各级管理人员提供业务信息和决策信息的人机系统。

由此可见，管理信息系统绝不仅仅是一个技术系统，而是把人包括在内的人机系统。近年来，一个比较普遍的趋势是用信息系统代替管理信息系统。应当说，信息系统比管理信息系统有更宽、更广的概念，简言之，用于管理方面的信息系统即为管理信息系统。

1.2.2　管理信息系统的特点

（1）面向管理支持决策：MIS 是管理学的思想方法、管理与决策的行为理论之后的一个重要发展，通过量化方法、预测、计划优化支持管理、调节和控制，为管理决策服务，必须能根据管理的需要及时提供需要的信息，帮助决策者做出决策。

（2）综合性、交叉性和边缘性：MIS 是一个对组织进行全面管理的综合系统。这体现在 3 个方面，即多学科交叉、多种人才结合、软件和硬件的集成。

（3）有预测能力和控制能力：其使用数学模型，如运筹学模型和数理统计模型，来分析数据和信息，以便预测未来，提供决策支持。

（4）是一个集成的"人—机系统"：在 MIS 中，机器占了大部分，但人始终是 MIS 建设的主体，它涉及多方面的人员群体。所以 MIS 也是一个人机结合的系统。各级管理人员既是系统的使用者，又是系统的组成部分。因此，在其开发过程中，我们要根据这一特点，正确界定人和计算机在系统中的地位和作用，充分发挥人和计算机的长处，使系统的整体性能达到最优。

1.2.3 管理信息系统的研究对象以及领域

由定义可知，管理信息系统是将人和管理方面的信息系统（IS）以及其关系作为其研究对象，其目的是揭示信息系统建设过程中的原理、方法等一般规律。

从不同角度考察管理信息系统，其研究对象有不同的表现，一般从工程、经济学或管理学和行为 3 种角度来考察。

（1）基于工程的管理信息系统（Technical MIS）研究起源于工程学（如计算机科学），基本上基于工程设计的思路，围绕完成开发一个新的 IS 所涉及的概念、方法、过程以及工具等，然后以这个系统或方法作为研究对象，评价这个开发过程、系统性能、应用价值，并不断加以改进和创新应用。具体如下。

① 用户需求研究。信息用户的需求是管理信息系统存在和发展的前提条件。用户需求研究的任务是探索和总结与信息用户进行沟通和交流的有效方式和方法，形成科学的、具有指导意义的理论体系。

② 自身研究。即从管理信息系统处理对象和处理方法的角度，研究管理信息系统的概念框架、功能及信息处理方法和技术。

③ 管理信息系统研发研究。即从管理信息系统研制和开发的角度研究认识客观事物和开发管理信息系统的规律，研究系统分析和设计的理论、方法及开发工具等。

④ 管理信息系统应用研究。主语从应用的角度进行细分分为：业务流程重组、电子商务、供应链管理和物流、跨组织信息系统、企业资源规划和客户关系管理、知识管理、其他应用等。

（2）基于经济学或管理学的管理信息系统（Economic MIS）研究主要是使用数学模型和经济学方法研究管理信息系统对企业、人群和宏观经济的影响。包括信息系统战略规划、信息系统战略匹配和对组织的影响、IS 人力资源管理和 IT 组织、IS 评价、利用 IS 提高竞争优势/战略 IS、IS 外包、IS 安全问题等。

（3）基于行为的管理信息系统（Behavioral MIS）研究主要是基于心理学、社会学、人类学等社会科学理论研究 IS 对个人、团队、组织和社会的影响。这个领域的研究比较偏宏观，和通常人们认识的 IS 不完全相同。但越来越多的 IS 研究开始转向 Economic 和 Technical 方向。未来的 IS 领域很可能形成三足鼎立的局面。

本书主要是基于 Technical 并结合 Economic 来探讨管理信息系统的规划、开发、运行维护以及管理。

1.3 管理信息系统的发展规律

管理信息系统的发展必须遵循其内在的发展规律,这些规律表现为 3 个模型,即诺兰模型、西诺特模型和米切模型。

扫码看视频:

管理信息系统的
发展规律

1.3.1 诺兰模型

美国管理信息系统专家诺兰(Richard.L.Nolan)通过对 200 多个公司、部门发展信息系统的实践和经验的总结,提出了著名的信息系统进化的阶段模型,即诺兰模型。

诺兰认为,任何组织由手工信息系统向以计算机为基础的信息系统发展时,都存在一条客观的发展道路和规律。数据处理的发展涉及技术的进步、应用的拓展、计划和控制策略的变化以及用户的状况 4 个方面。1979 年,诺兰将计算机信息系统的发展道路划分为 6 个阶段。诺兰强调,任何组织在实现以计算机为基础的信息系统时都必须从一个阶段发展到下一个阶段,不能实现跳跃式发展。

如图 1-4 所示,诺兰模型的 6 个阶段分别是:初始期、普及期、控制期、整合期、数据管理期和成熟期。

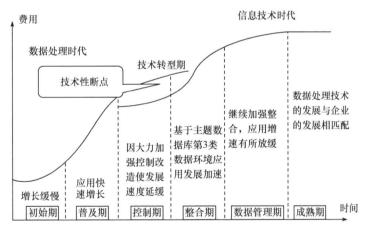

图 1-4 诺兰模型的 6 个阶段

第 1 个阶段是初始期。组织引入了像管理应收账款和工资这样的数据处理系统,各个职能部门(如财务)的专家致力于发展他们自己的系统。人们对数据处理费用缺乏控制,信息系统的建立往往不讲究经济效益。用户对信息系统也是抱着敬而远之的态度。

第 2 个阶段是普及期。信息技术应用开始扩散,数据处理专家开始在组织内部鼓吹自动化的作用。这时,组织管理者开始关注信息系统方面投资的经济效益,但是实质的控制还不存在。

第 3 个阶段是控制期。出于控制数据处理费用的需要,管理者开始召集来自不同部门的用户组成委员会,以共同规划信息系统的发展。管理信息系统成为一个正式部门,以控制其内部活动,部门启动了项目管理计划和系统发展方法。目前的应用开始走向正轨,并为将来的信息系统发展打下基础。

第 4 个阶段是整合期。这时，组织从管理计算机转向管理信息资源，这是一个质的飞跃。从第 1 个阶段到第 3 个阶段，很多独立的实体产生了。在第 4 个阶段，组织开始使用数据库和远程通信技术，努力整合现有的信息系统。

第 5 个阶段是数据管理期。信息系统开始从支持单项应用发展到在逻辑数据库支持下的综合应用。组织开始全面考察和评估信息系统建设的各种成本和效益，全面分析和解决信息系统投资中各个领域的平衡与协调问题。

第 6 个阶段是成熟期。高层管理者开始认识到，管理信息系统是组织不可缺少的基础，投入使用正式的信息资源计划和控制系统，以确保管理信息系统支持业务计划。信息资源管理的效用充分体现出来。

诺兰模型反映了 MIS 应用发展的规律性，前 3 个阶段具有计算机时代的特征，后 3 个阶段具有信息时代的特征，前后之间的"转折区间"在整合阶段。办公自动化机器的普及、终端用户计算环境的变化导致了发展的非连续性。这种非连续性又称为"技术性断点"。诺兰模型的正确性，之后被国际上许多企业的计算机应用发展情况所证实。因此，无论在确定开发管理信息系统的策略，或者在制定管理信息系统规划的时候，企业都应首先明确本单位当前处于哪一生长阶段，进而根据该阶段特征来指导 MIS 建设。

1.3.2　西诺特模型

1988 年，西诺特（W. R. Synnott）参照"诺兰模型"提出了一个新的模型。这是一个过渡性的理论，主要从管理信息系统处理对象的演变角度来考察管理信息系统发展规律。他用 4 个阶段的推移来描述计算机所处理的内容，如图 1-5 所示。从计算机处理原始数据的"数据"阶段开始；逐步过渡到用计算机加工数据并将它们存储到数据库的"信息"阶段；接着，经过诺兰所说的"技术性断点"，到达把信息当作经营资源的"信息资源"阶段；最后到达将信息作为带来组织竞争优势的"武器"，即"信息武器"阶段。

图 1-5　西诺特模型的 4 个阶段

西诺特还提倡，随着计算机处理的信息及其作用的变化，作为信息资源管理者的高级信息主管或称为首席信息官（Chief Information Officer，CIO）的重要性应当受到重视。当前，发达国家都接受了西诺特对诺兰模型的改善，将信息资源管理作为企业的头等大事来抓。纵观国内企业，已有海尔、春兰、长虹、TCL 等先进企业引入 CIO 机制的典型案例。

1.3.3　米切模型

"诺兰模型"和"西诺特模型"均把系统整合（集成）和数据管理分割为 2 个阶段，似乎可以先实现信息系统的整合后再搞数据管理，但后来的大量实践表明这是行不通的。美国的信息化专家米切（Mische）于 20 世纪 90 年代初对此做了修正，揭示了信息系统整合与数据管理密不可分，系统整合期的重要特征就是搞好数据组织，或者说信息系统整合的实质就是数据整合或集成。此前的研究仅仅集中于数据处理组织机构的管理和行为的方面，而没有更多地研究各种信息技术的整合集成，忽视了将信息技术作为企业的发展要素而与经营管理相融合的策略。米切的信息系统发展阶段理论研究成果可以概括为：具有"四阶段、五特征"的企业综合信息技术应用连续发展的"米切模型"，如图 1-6 所示。

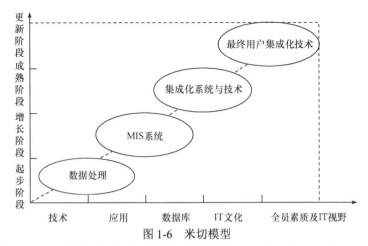

图 1-6　米切模型

　　米切将信息技术应用的连续发展划分为 4 个阶段，即：起步阶段（20 世纪 60 年代至 70 年代）、增长阶段（20 世纪 80 年代）、成熟阶段（20 世纪 80 年代至 90 年代）和更新阶段（20 世纪 90 年代中期至 21 世纪初期）。其特征不只表现在数据处理工作的增长和管理标准化建设方面，而是涉及知识、理念、信息技术的综合水平及其在企业的经营管理中的作用及地位，以及信息技术服务机构提供成本效益和及时性都令人满意的解决方案的能力。

　　决定这些阶段的特征有 5 个，包括技术（指技术状况），应用（指代表性应用和集成程度），数据库（指数据库和存取能力），IT 文化（指信息技术融入企业文化），全员素质及 IT 视野（全员素质、态度和信息技术视野）。其实，每个阶段的具体属性还很多，总括起来有 100 多个不同属性。这些特征和属性可用来帮助企业确定自己在信息技术应用的连续发展中所处的位置。

　　另外，米切模型还对每个阶段的关键性任务进行了以下的描述。

　　（1）起步阶段，信息系统主要是利用信息技术实现一些局部的、有代表性的应用，信息系统主要完成数据处理功能，系统集成程度低。

　　（2）增长阶段，主要实现应用系统和数据管理的初步整合集成，形成管理信息系统并能提供简单的决策。

　　（3）成熟阶段，组织的信息系统不但应该从信息技术、信息资源、纵向管理和组织内横向资源管理方面实现数据的集中和应用系统的整合，还应该在集成过程融入先进的组织文化并在信息系统中体现组织文化。

　　（4）更新阶段，信息系统不但能实现整个组织供应链的管理，为组织提供整体决策，还能提高并体现组织内全员文化及素质，也能影响组织内外所有的最终用户，增强组织的灵敏度和适应度，从而提高组织的核心竞争力。

　　米切模型能帮助企业了解自身信息化发展水平及阶段，确定阶段性目标，并制定相应的改革发展政策。例如，在起步阶段，企业需要处理的关键问题是数据处理；而在增长阶段，比较关键的问题集中在 MIS 系统上。在这一点上，米切模型要优于诺兰模型和西诺特模型。但是，米切模型同样存在着一定的局限性：由于目前还没有企业能够达到第 4 个阶段——更新阶段，所以米切对于此阶段的描述相对模糊，这样容易影响企业对于这一阶段目标的确立。从以上对 3 个企业信息发展阶段模型的介绍和分析来看，米切模型是在总结诺兰模型和西诺特模型的基础上发展出来的，弥补了前 2 个模型割裂发展阶段的不足，所以更适合为企业信息化的阶段确立提供借鉴。

1.4 数字经济对企业管理者的基本要求

如西诺特模型和米切模型所述，现代企业管理者应该是具备业务和管理知识、信息技术知识的融通型创新人才（见图1-7），这种人才在战略层和战术层分别称为CIO和业务分析师。本书的目标就是使读者称为合格的CIO或业务分析师。

图 1-7 融通型人才示意图

扫码看视频：

数字经济对企业管理者的基本要求

1.4.1 首席信息官

由西诺特模型可知，随着信息技术的发展，CIO在企业管理中的作用日显重要，地位也不断提高，而CIO应具备的素质就是企业战略级信息管理者应具备的素质。

CIO的概念起源于美国等信息技术发达国家。按照CIO杂志的定义，CIO是负责对企业内部信息系统和信息资源进行规划及整合的高级行政管理人员。他们通过指导信息技术的利用来支持公司的目标。他们具备技术和业务过程两个方面的知识，具有多功能的观念，常常是将组织的技术调配战略与业务战略紧密结合在一起的最佳人选。

CIO通常归公司首席执行主管（Chief Executive Officer，CEO）、首席运作主管（Chief Operating Officer，COO）或首席财务主管（Chief Financial Officer，CFO）领导。CIO是一个比较新的职位。随着商业领域多极化的竞争与发展，越来越多的企业开始将创新这一概念作为企业持续发展的动力和竞争优势，CIO将成为未来企业重要的职位领导人之一。

一个合格的CIO必须是全能型人才。CIO的工作重点在于通过充分开发和有效利用企业内外的信息资源来强化企业的竞争优势，改进高层管理的战略决策活动。因此，经营管理与决策能力对于CIO来说显得更为重要。而"计算机专业出身且通晓经营者"比重升高及"已是企业高层管理者"比重居高不下说明经营管理能力对于CIO来说尤为重要。综上所述，CIO应具备的基本素质要求如下。

（1）管理经验。作为一个高层管理者，CIO必须对本行业的发展背景有全面的了解，对企业管理的目标有明确的认识，对经营决策和竞争环境的基本情况有充分的掌握，并且有丰富的管理实践经验。实践证明，一个成功的CIO，需要5～8年的管理经验积累。

（2）技术才能。通晓信息技术是CIO安身立命的根本，CIO应具备为企业经营管理与竞争战略发展的需要推荐与开发新技术的能力，对信息技术的发展动向及其对企业的影响有敏锐的洞察力，富有远见和技术创新精神。

（3）经营头脑。CIO的工作必须以提高企业的效益和竞争力为目标。因此，CIO要有精明的商业经营头脑，应了解信息技术何时、何地在何种情况下在哪些方面能为达成这一目标起到关键作用。能够把信息技术投资及时转变成对企业的回报，方可为自己在企业中树立公认的有重大贡献的角色形象。

（4）信息素养。CIO应具有强烈的信息意识和较高的信息分析能力，能够为企业高层的战略决策发挥信息支持作用。特别是对来自外界环境的大量模糊、零碎而杂乱的信息，应有高度的判别能力和挖掘信息价值的艺术，才能使自己的决策能力达到战略决策的高度。

（5）应变能力。面对日新月异的信息技术和急剧变化的竞争环境，CIO 要有较强的应变能力，能够抓住一瞬即逝的机遇，对各种变化做出及时反应。CIO 还应有良好的心理素质，能承担来自技术和环境变化的压力，具有敢于迎接各种困难和挑战的勇气。

（6）表达能力。CIO 必须具备良好的口头和文字表达能力，能够把高深的信息技术向高层管理决策者和基层业务人员都解释清楚，消除企业中的"高技术恐惧症"。特别是对于非技术型用户，要尽量避免采用技术性术语。

（7）协调能力。作为企业信息流的规划者，CIO 要善于协调企业内部各层次、各部门、各环节的关系以及企业与其协作伙伴的关系。要有良好的人际关系和广泛的亲和能力，善于对话和沟通，能够适应企业的文化和传统，使信息技术与管理体制相得益彰。

（8）领导能力。CIO 要有领导威信和支配企业信息资源的权力，能建立一个有效的信息资源管理班子，既能指挥信息部门的工作，也能对企业的信息政策和策略起领导作用。

拓展知识：

CIO 职责定位

总之，CIO 应该是一个兼具技术能力和管理能力的复合型人才，是一个高瞻远瞩、极具洞察力，又脚踏实地、从实际出发的领导者。

1.4.2　业务分析师

来自斯坦迪斯集团（Standish Group）的研究报告显示，只有近 32% 的 IT 项目能够按时、按预算、按质量成功交付，换句话说，也就是近 70% 的 IT 项目无法成功地完成预定的项目目标。而来自美塔集团（Meta Group）的研究显示，有 60%～80% 的项目失败与较差的需求获取、分析和管理直接相关。面对目前严峻的问题，越来越多的企业意识到企业需要"业务需求分析"专家，这些专家一方面要能和企业的业务部门有效沟通，获取和分析业务的需求，同时，提供设计人员能够理解的需求说明，并将业务的要求转换成相应的技术解决方案。这些专业人士我们称之为业务分析师（Business Analyst，BA）。与传统的信息系统分析不同，业务需求分析更关注企业的价值，因此业务分析师必须将技术、分析、业务和管理能力完美结合，才能真正"给力"（见图 1-8）。

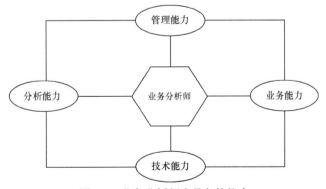

图 1-8　业务分析师应具备的能力

1. 分析能力

业务分析师的主要职责之一就是针对业务提出的问题，将来自各个方面的模糊的、不确定的需求，通过层层深入的分析，最终清晰、明确地表达出来。业务分析师应该深入企业的业务活动，定义和执行业务分析的关键活动，掌握收集、分析、记录和跟踪管理需求的技能，掌握成本/收益分析的方法，以确保业务需求分析的质量；同时业务分析师还应具有系统性思考和创新思维的能力，在业务分析过程中能够发现局部的需求变化对整体业务分析结果的影响；善于提出或引导他人提出创新想法，这对于找到创新的解决方案，有效解决业务问题必不可少。国际业务分析协会（IIBA）在《业务分析知识体系》中给出了业务分析的关键活动及在此过程中用到的主要方法和工具。

2. 业务能力

业务分析师要针对面临的业务问题，找到解决方案。他需要和业务部门的人员协同工作，需要了解企业的战略与业务规划，需要站在业务的角度，以业务的语言对需求进行收集、分析，以确保解决方案的实施为企业带来业务的收益。这就需要业务分析师要具有企业的业务环境、业务运营流程、所在行业的发展趋势等方面的知识，同时具有开发业务案例的能力。

3. 技术能力

一般而言，拥有技术领域的专业知识是担任业务分析师的必要条件。业务分析师应了解 IT 技术或系统如何有效地帮助企业解决业务问题，这也是目前国内绝大部分企业的共识。因此业务分析师应该了解 IT 系统设计的相关知识与原则，了解常用的建模技术，了解企业进行软件开发管理的方法，只有这样才能从企业的真实需求出发将 IT 技术与企业的实际业务需求有效结合；同时业务分析师应该具有良好的技术写作能力，作为业务与 IT 之间的桥梁，业务分析师需要提交高质量的需求文档给技术人员进行系统设计，这是确保交付的 IT 系统确实满足业务需求的基础和保障。

4. 管理能力

企业中的业务分析师通常不是职能管理者，但需要与来自业务、技术及合作各方的各种利益相关者合作，需要识别、发现来自不同人的需求。而从不同角度、不同出发点汇聚的大量需求中，不可避免地会存在矛盾的地方。业务分析师需要对各种存在矛盾的需求进行分析、协商，需要在业务分析过程中给予他人指导和帮助，需要公正、正直地以企业的业务价值为根本出发点，找到最优的解决方案，需要说服团队中不同意见的人员，同时还要有效管理客户及各类人员的期望值。因此业务分析师应具有卓越的领导能力，需要具备充分的自信，影响力，公正、客观的品质，需要良好的协商能力及问题解决与决策能力，同时还要有有效管理客户及团队的能力。业务分析师优秀的领导力是实现成功的业务需求分析的关键。

上述的业务分析师 4 个方面的能力是确保业务需求分析质量的基础。而目前企业中的业务分析师或来自 IT 部门的技术岗位，或来自业务部门，或多或少存在某一方面能力的缺失，特别是分析能力与管理能力相对较弱，这时业务分析师就需要通过一定的培训及在实践工作中的学习来不断提升这些能力。

1.5 管理信息系统的建设架构

1.5.1 建设的依据——系统工程

系统工程（Systems Engineering，SE）的定义有诸多版本，下面给出其中的几个供读者参考。

（1）美国防务系统的定义：系统工程是为了达到所有系统要素的优化平衡，控制整个系统研制工作的管理功能，把目标需求转变为一组系统参数的描述，并综合这些参数以优化整个系统效能的过程。

管理信息系统的
建设架构

（2）中国科学家钱学森的定义：系统工程是组织管理系统的规划、研究、设计、制造、试验和使用的科学方法，是一种对所有的系统都具有普遍意义的方法。系统工程也是一门组织管理的技术。

根据以上观点可以总结出，系统工程一般是针对大型复杂的人工系统和复合系统，考察在一定的目标函数和外界环境约束下，组织协调好系统内各要素的活动，使各要素为实现系统整体目标发挥适当的作用，采用定性和定量相结合的方法，运用现代技术，如计算机及其多种系统软件和应用软件，最终使系统整体目标达到最优的技术和管理相结合的过程。

1.5.2　系统工程方法论

1. 系统工程方法论的概念

所谓方法论，就一般意义来说就是解决问题的辩证程序的总体。人们通过这样的程序把问题和可用的技术联系起来，以求得问题的解决。方法论的意义可以说是设定问题的环境，即解决问题的概念、目标（功能目标和价值目标）、结构关系和过程、途径、方法选择依据等，也常被称为方法框。

系统工程方法论是指建立在系统工程观念的基础上，在更高的层次上指导人们正确地应用系统工程的思想、方法和各种准则去处理问题。系统工程方法论自然就是解决系统工程问题的方法框。从某种意义上讲，系统工程是开发解决问题的系统的思想方法，构成系统工程的主要部分是观念和方法论。

2. 系统工程方法论的主要特点

（1）强调研究方法的整体性。系统工程把研究对象作为一个有机整体，同时把研究过程也看作一个整体。在系统研究中，要把系统作为若干子系统有机结合成的整体来设计，对每个子系统的技术要求应首先从实现系统整体技术协调的观点来考虑，要以整体协调原则来协调子系统之间、子系统与系统整体之间、系统与其所属更大系统之间的矛盾。将研制过程作为整体，要求整个分析过程按逻辑关系分解成各个工作环节，并分析各个工作环节之间的信息、信息传递路线、反馈关系等，把整个研制过程连接成一个整体。

（2）强调技术方法应用的综合性。从系统的总目标出发，合理恰当地综合运用自然科学、工程技术、社会科学的有关思想、理论和技术方法解决系统问题，并使系统达到整体协调和优化。

（3）强调管理工作的科学性。复杂的大型系统的研制有两个并行的过程，一个是工程技术过程，另一个是管理控制过程。在管理控制过程中，包括对系统的规划、组织、控制、决策等一系列过程、系统工程的整体化和综合化要求，管理工作要科学化与现代化。

3. 系统工程方法论的演变过程

（1）系统研究方法最早出现于 20 世纪 30 年代末、40 年代初的运筹学（Operational Research，OR）的方法。

（2）20 世纪 50 年代末、60 年代初形成了先有古德和麦克霍尔（1957），后有霍尔（1962）等提出的系统工程方法；1969 年霍尔提出三维结构（逻辑维、工作维、知识维）距阵。

（3）20 世纪 50 年代，美国兰德公司提出了系统分析（Systems Analysis，SA）的方法论。

（4）1961 年，福雷斯特提出了系统动力学（System Dynamics，SD）。该学科集控制理论、控制论、系统论、信息论、计算机模拟技术管理科学及决策论等学科的知识为一体。

（5）英国的切克兰德在 1981 年提出软系统方法论（Soft System Methodology，SSM）；20 世纪 70 年代到 80 年代出现的"软"的方法论还有定性系统动力学（Qualitative System Dynamics，QSD）、社会技术系统设计（Social Technology System Design，STSD）、管理控制论（Management Cybernetics，MC）、组织控制论（Organizational Cybernetics，OC）、战略选择发展与分析（Strategic Choice

Development and Analysis，SCDA）、社会选择（Social Choice，SC），20 世纪 90 年代初，西方提出了关键系统思考（Critical System Thinking，CST）和关键系统干预法（Critical System Intervention，CSI）。

（6）1984 年，切克兰德在国际应用系统分析所（IIASA）组织的"运筹学和系统分析过程的反思"的讨论会中提出，把 OR、SE、SA、SD 所用的方法叫作硬系统方法论。

（7）20 世纪 80 年代末和 90 年代初出现了 3 个重要的系统方法论，就是钱学森教授等提出的从定性到定量综合集成的方法论、日本椹木义一教授等提出的 Shinayakana（日语为"柔软的"之意）系统方法论和顾基发教授等提出的物理—事理—人理方法论。

4．系统工程方法论的内容

美国系统工程专家霍尔（Hall）于 1969 年提出了系统工程方法论。它的出现，为解决大型复杂系统的规划、组织、管理问题提供了一种统一的思想方法——霍尔方法。

在构建系统工程时，由于不同阶段和不同步骤具有不同的工作内容，我们需要应用各种领域的专业知识能力，包括实验、计算机能力、文字表达能力、语言沟通能力，以及数学、自然科学、环境学、社会学、经济与管理、人文、法律、艺术等知识。图 1-9 所示为霍尔方法的三维结构。

时间维是粗略结构的划分，逻辑维是精细步骤的划分，知识维则指完成上述阶段和步骤所需要的各种知识和技术素养。把各个逻辑步骤和时间阶段综合起来，形成所谓的系统工程活动矩阵，也就是管理信息系统建设的有用工具。

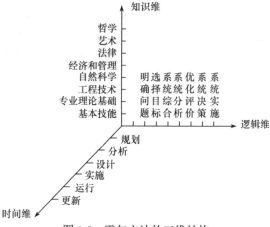

图 1-9　霍尔方法的三维结构

霍尔方法的系统思想体现在把整个工程看作一个过程系统，按时间维划分为 6 个阶段，这些阶段前后衔接，反映工程任务固有的过程结构；再把每个阶段看作一个子过程，按逻辑维把子过程划分为有序衔接的工作步骤，即更深层次的子系统。这样一来，一切难以凭直观经验处理的复杂工程任务，就可以被看作具有相同过程结构的系统，按通用的程序来处理。

1.5.3　管理信息系统的建设思路

将霍尔方法的三维结构映射到管理信息系统建设中，可以形成两个轴线：一是以时间维为核心的管理信息系统构造轴线，二是以逻辑维为核心的管理信息系统管理轴线。这两个轴与知识维度形成一个管理信息系统建设的三维空间。具体来说管理信息系统建设思路是从信息系统的特点出发，以系统工程的原理和方法为主线，以管理科学理论和方法为规范，以信息技术为手段，对由人、计算机及其他外围设备等组成的，能进行信息的收集、传递、存储、加工、维护和使用的系统进行科学有序的建设。

图 1-10 所示的管理信息系统建设的三维结构中,构建维又可按照时间细分为系统建设前期工作，即系统建设商务途径；系统建设后期工作，即系统建设技术方案（详见第 2 章）。管理维按照逻辑顺序可细分为：开发管理、运行管理和数据治理等 3 个阶段（详见第 8 章、第 9 章、第 10 章）。本书的总体思路就是紧紧围绕培养合格的业务分析师这个中心目标，从知识维、构建维和管理维来定义管理信息系统的建设，从而使读者能全面系统地掌握成为合格的业务分析师应该具备的知识。图 1-11 所示为管理信息系统的建设思路。

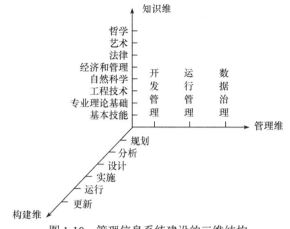

图 1-10　管理信息系统建设的三维结构

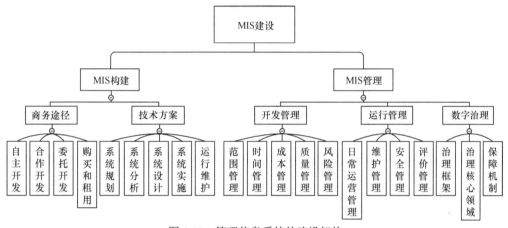

图 1-11　管理信息系统的建设架构

关键术语

复习思考题

1. 在社会经济的重大变革过程中，管理信息系统有哪些作用？
2. 简述管理信息系统的发展趋势。
3. 简述管理信息系统的概念和演化过程。
4. 管理信息系统有哪些特点？
5. 管理信息系统的发展典型模型有哪些，各表述了什么规律？
6. CIO 的职责有哪些？
7. 业务分析师应具备哪些能力？

第2章 | 管理信息系统构建的途径

【学习目的】

通过本章的学习，读者可以掌握管理信息系统构建的途径，即商务途径和技术方案。并了解各种商务途径的特征；也可以掌握管理信息系统构建时 4 种经典的开发方法的概念以及特征。

【本章要点】

- 管理信息系统构建的商务途径以及其各自特点。
- 管理信息系统4种经典开发方法：信息系统发展生命周期法、原型法、螺旋模型法和面向对象方法及它们的比较。

管理信息系统的构建涉及现代科学技术、人与社会多方面的复杂因素，是一个复杂的系统工程，必须遵循复杂的系统工程发展规律。本章介绍管理信息系统构建的商务途径和技术方案。

2.1 | 管理信息系统构建的商务途径

按照系统工程思想，结合管理科学理论，管理信息系统构建途径分为两个：商务途径、技术方案。

从商务角度，获得管理信息系统的方式主要有用户自主开发、委托开发、合作开发、购买或租用软件包等。实际上，在签订合同的时候，构建方就必须确立商务途径。因为不同的商务途径对应不同合同的细则，如知识产权、开发费用、系统维护等有直接的影响。上述 4 种方式各有优点和不足，构建方需要根据自身的技术力量、资金情况、外部环境等因素进行综合考虑和选择。但是，不论哪一种方式都需要构建方的领导和业务人员共同参加，并在 MIS 的整个构建过程中培养和锻炼自己的信息技术队伍。

扫码看视频：

管理信息系统构
建的商务途径

2.1.1 自主开发

自主开发（Self Development）方式又称最终用户开发，适合有较强的信息技术队伍的单位。自主开发的优点是开发费用少，开发的系统能够适应本单位的需求且满意度较高，便于维护；缺点是由于不是专业开发，容易受业务工作的限制，系统优化不足，开发水平较低，且由于开发人员是从所属各单位抽调出来的，在其原部门还有其他工作要做，所以精力有限，容易造成系统开发时间长，系统整体优化较弱，开发人员调动后，系统维护工作没有保证的情况。因此，企业一方面需要大力加强领导，实行"一把手"原则；另一方面可向专业开发人士或公司进行咨询，或聘请他们为开发顾问。

随着软件工具和信息系统生成器的发展，越来越多的单位进行自主开发变为可能。这些工具虽然与常规的编程语言相比运行速度较慢，但由于目前硬件成本越来越低，完全可以弥补软件运行速度的不足，使该方式在技术和经济上可行。另一方面，利用该方式开发的系统的整体性与质量较难保证，易用现代信息技术加固传统的管理方法，不利于推动组织变革，在当今企业面临重组与经济全球化的挑战下，该方式本身也面临挑战。

2.1.2　委托开发

委托开发（Commissioned Development）方式适合企业信息系统的开发力量较弱，但资金较为充足的单位。委托开发方式的优点是省时、省事，开发的系统技术水平较高。缺点是费用高、系统维护需要开发单位的长期支持。此种方式需要企业的业务骨干参与系统的论证工作，开发过程中需要开发单位和企业双方及时沟通，进行协调和调查。

委托开发再往前走一步，就是系统外包。所谓系统外包，是指企业不依靠其内部资源建立信息系统，而是聘请专门从事开发服务的外部组织进行开发，由外部开发商来负责信息系统的构建甚至是日常管理。显然，委托开发多是就一次性项目来签订委托合同，而系统外包则有可能是签订一个长期的服务合同，开发单位对企业有关信息技术的业务进行日常支持。这其中委托的开发单位的选择至关重要。

系统外包之所以流行开来，是因为有些企业发现用系统外包方式建立信息系统比企业维持内部计算机中心和信息系统工作人员更能控制成本。负责系统开发服务的外部开发商能从规模经济（相同的知识、技能和能力由许多不同的用户共享）中降低成本，从而获得收益，并能提供富有竞争力的支付价格。由于一些企业内部的信息系统人员对知识的掌握无法与技术变化同步，所以企业可以借助系统外包进行开发。该方式能较好地推动企业的重组与变革，在我国现阶段与将来将是将主流的开发方式之一。当然，也不是所有企业都能从系统外包中获得好处，一旦不能对系统很好地理解和管理，那么系统外包的缺点也可能给企业带来严重的问题，如失控、战略信息易损、对外部服务商产生依赖、不利于培养企业自身的技术力量等。

2.1.3　合作开发

合作开发（Cooperative Development）又称联合开发，它是自主开发方式与委托开发方式的结合，适合有一定的信息技术人员，但可能对信息系统开发规律不太了解，或者是整体优化能力较弱，希望通过信息系统的开发来完善和培养自己的技术队伍，便于后期的系统维护工作的单位。

合作开发方式需要成立一个临时的项目开发小组，由企业业务骨干（甲方人员）与开发人员（乙方人员）共同组成，项目负责人可由甲方担任或由乙方担任，或者双方各出一位负责人，项目负责人直接对企业的"一把手"负责，紧紧围绕项目开发这一任务开展工作。该项目开发小组开发是一个结构松散的组织，其人员与运作方式随着项目开发阶段的不同，可根据需要随时增减与调整。项目开发小组应严格挑选与控制人员，经验告诉我们，在信息系统开发这种特殊的项目中随意增加人员并不能加快系统开发的进程。该方式强调在开发过程中通过共同工作，逐步培养企业自己的人才。因为项目开发任务完成后，项目开发小组一般会自行解散，后期的系统维护工作将主要由企业自己的人员承担。另外，该方式还强调合作双方的关系的重要性，建立一种诚信的、友好的合作关系对完成项目是至关重要的。

由于合作开发方式具有很强的针对性与灵活性，在我国被广泛采用，曾经是我国管理信息系统项目开发中的主流开发方式。它的优点是相对于委托开发方式比较节约资金，可以培养、增强企业的技术力量，便于系统维护工作。缺点是双方在合作中易出现扯皮现象，需要双方及时达成共识，进行检查和协调。

2.1.4　购买或租用软件包

目前，软件的开发正在向专业化方向发展。一批专门从事信息系统开发的公司已经开发出一批使用方便、功能强大的专项业务信息系统软件。为了避免重复劳动，提高系统开发的经济效益，企业可以购买信息系统的成套软件或开发平台，如财务管理系统、小型企业信息系统、进销存信息系统等。此方式的优点是节省时间和费用、技术水平较高；缺点是通用软件的专用性较差，需要根据使用单位的具体需求对软件进行二次开发。该方式中软件品种与软件供应商的选择是需要花时间进行比较与选择的，价格因素也是不容忽视的，目前商品化应用软件（应用软件包）品种很多，从单一功能的小软件到覆盖大部分企业业务的大系统，价格也从几万元到几百万元不等。

购置现成的商品软件容易使企业管理模式向商品软件的模式靠拢，变动的成分较大，有利于进行企业业务流程重组，但同时也有风险。

总之，不同的开发方式有不同的长处和短处，单位需要根据自身的实际情况进行选择，也可综合使用各种开发方式。表 2-1 对上述 4 种开发方式进行了简单的比较。

表 2-1　　　　　　　　　　　　　　4 种商务途径的比较

商务途径	对构建方开发能力的要求	系统维护的难易	用于构建方内部的费用	用于构建方外部的费用
自主开发	非常需要	容易	多	少
委托开发	不太需要	相当困难	少	多
合作开发	需要	比较容易	中等	中等
购买或租用软件包	不太需要	困难	少	少

根据前面 4 种方式的特点、软件的发展情况，规模较小、商业逻辑较简单的单位可以选择通用软件；在选择供应商时一定要仔细比较，以便软件与自己的经营模式及需求吻合。规模较大，经营模式较复杂的单位，也建议优先选择通用软件，可以为企业节省时间，降低风险；如果找不到合适的通用软件，可以根据自己的开发能力采用委托开发或合作开发的方式。在选择之前，需要建立规划机构进行规划和可行性研究。

2.2　管理信息系统构建的技术方案

管理信息系统构建的技术方案随着信息技术的发展而发展，一般可分为经典的技术方案和现代的技术方案，其中经典的技术方案有信息系统发展生命周期法、原型法、螺旋模型法和面向对象方法。本书着重介绍经典的技术方案。

扫码看视频：

管理信息系统构建的技术方案

2.2.1　信息系统发展生命周期法

任何系统都有一个产生、发展、成熟、消亡（或更新）的过程，这个过程称为系统的生命周期。

信息系统发展生命周期法（System Development Life Cycle，SDLC）就是从时间角度，将 MIS 全过程划分为系统规划、系统分析、系统设计、系统实施、系统运行与维护 5 个阶段，如图 2-1 所示。在实际的 MIS 系统构建中，根据工作的性质、涉及的人员和时间的分布，上述的 5 个阶段又形成系统规划、系统开发和系统运行与维护 3 个阶段。

信息系统发展生命周期法（以下简称"生命周期法"）也称为"结构法""瀑布模型法"（Waterfall Model），于 1976 年由玻姆（Barry Boehm）提出，是 20 世纪 90 年代以前主要的系统开发方法。信息系统发展生命周期法是自顶向下结构化方法、工程化的系统开发方法和生命周期的结合，概括起来说就是自顶向下、逐步求精、分阶段实现的软件开发方法，是一种先整体后局部的信息系统开发方法。

图 2-1　信息系统发展生命周期

其主要思想是将一个庞大的复杂系统按照时间顺序和所采用的工程方法分解成若干容易实现的阶段和任务，按阶段或任务的顺序一个一个地去实现。通常，前一个阶段是后一个阶段的基础，后一个阶段只有在前一个阶段圆满完成后才能正式开始。图 2-2 给出了信息系统发展生命周期法各个阶段的关系图。

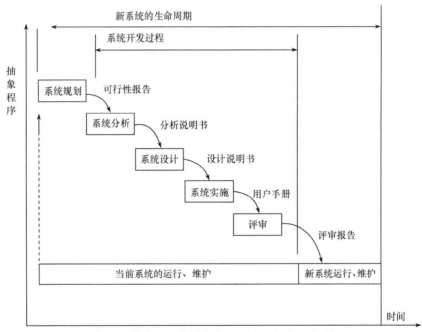

图 2-2　信息系统发展生命周期法各个阶段关系图

信息系统发展生命周期法的基础是结构化设计，是一种面向过程的设计方法。在此仅就系统开发的 3 个阶段做重点介绍。

1. **系统分析阶段**

这个阶段的任务有系统调查、可行性分析、系统需求分析（详细调查、新系统逻辑建模）。系统调查是根据用户提出的任务和要求，进行初步调查研究。调查内容包括：系统概貌、开发工作计划、开发所需资源及成本、预期效益及方案预算等。可行性分析的内容包括：技术可行性、经济可行性和操作可行性分析，即分析是否具备适当的设备、人员和技术力量，是否能够承担系统开发成本开销，是否有足够的经济效益以及是否在系统建立后能立即投入使用等，并写出可行性报告。系统需求分析的内容包括：详细调查，建立新系统的逻辑模型，然后写出系统分析报告。

2. **系统设计阶段**

系统设计阶段的任务有概要设计（体系结构设计）和详细设计（接口设计、构件设计）。企业首先在系统分析的基础上进行概要设计，建立系统的物理模型，内容包括：体系结构设计，数据/类设计。然后在此基础上进行详细设计，内容包括：代码设计、数据库设计、接口设计、构件级设计，以及正确性、可靠性设计等。

3．系统实施

系统实施阶段的任务有：系统硬件的购置、安装和调试，程序的编制和调试，系统测试，系统切换等。

信息系统发展生命周期法的主要优点是：整个开发过程清楚，每一阶段均有明确的成果，这些成果以可行性分析报告、系统分析说明书（需求规格说明书）、系统设计说明书等文档形式表现出来，并作为下一阶段工作的依据。整个项目按阶段可以划分为许多活动过程，各活动过程可各自独立地开展工作，这有利于整个项目的管理与控制。

2.2.2 原型法

原型法（Prototyping Method）是 20 世纪 80 年代发展起来的，旨在改变信息系统发展生命周期法的缺点的一种系统开发方法，该方法的开发思路是首先根据用户的要求，由用户和开发者共同确定系统的基本要求和主要功能，利用系统快速生成工具，建立一个系统模型，再在此基础上与用户交流，将模型不断补充、修改、完善。如此反复，直至用户和开发者都比较满意，从而形成一个相对稳定、较为理想的管理信息系统。

信息系统发展生命周期法基于两个基本的假定：一是系统目标反映了用户的要求，二是系统开发的环境，包括系统内部的关系都不发生变化。适于信息系统发展生命周期法开发的系统是一个固定模式系统，它与用户多变的需求及环境的不确定性产生了矛盾。原型法也称为"快速原型法"。它的基本原理是：系统开发者在初步了解用户需求的基础上，投入少量人力和物力，尽快构造和开发一个系统原始模型，该模型就称为原型。这个原型是一个可以实现的系统应用模型，而不是设想的模型，使用户可以及时运行和看到模型的概貌和使用效果，并提出改进意见，由开发人员进一步修改完善，如此迭代循环，直到得到一个用户满意的模型。

从原型法的基本思想中可以看出，使用原型法，用户能及早看到系统模型，在循环修改和完善的过程中，用户的需求日益明确，从而消除了用户需求的不确定性，同时从原型到模型的生成，周期短、见效快，对环境变化的适应能力较强。

图 2-3 所示为原型法的开发过程。

原型法的开发过程可分为以下 4 个阶段。

（1）确定用户初步需求阶段。用户提出基本的要求和应用范围，这些要求是概略的、不完全的，但是是最基本的，易于描述和定义。根据用户的基本需求，开发者对系统给出初步定义。

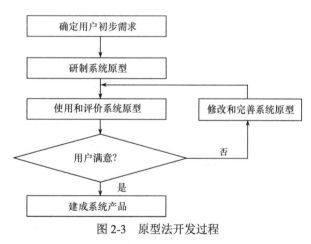

图 2-3 原型法开发过程

（2）研制系统原型阶段。该阶段的主要工作是根据用户基本需求开发出一个可以应用的系统。

（3）使用和评价系统原型阶段。该阶段的主要工作是让用户试用模型，根据实际运行情况，明确原型存在的问题，进一步提出需求和修改意见。

（4）修改和完善系统原型阶段。该阶段的主要工作是根据用户提出的问题和修改意见，与用户共同研究确定修改原型的方案，经过修改和完善后得到新的模型。

这样经过有限次的循环反复，逐步提高和完善，直到得到一个用户满意的系统模型。

2.2.3 螺旋模型法

1988 年，玻姆正式发表了软件系统开发的"螺旋模型法"（Spiral Method）。此方法将信息系统发展生命周期法和原型法结合起来，强调了其他方法所忽视的风险分析，特别适合大型复杂的系统。螺旋模型法和原型法一样以不断进化的开发方式为中心，在每个项目阶段使用信息系统发展生命周期法。这种模型的每一个周期都包括需求定义、风险分析、工程实现和评审 4 个阶段，由这 4 个阶段进行迭代。螺旋模型法是一种引入了风险分析与规避机制的过程模型，是信息系统发展生命周期法、原型法和风险分析方法的有机结合。螺旋模型法的特点是：信息系统发展生命周期法（系统化）+原型法（迭代过程）+风险分析。

如图 2-4 所示，螺旋模型法沿着螺线进行若干次迭代，图 2-4 中的 4 个象限代表了以下活动。

（1）制定目标：确定软件目标，选定实施方案，弄清项目开发的限制条件。

（2）风险分析：分析评价所选方案，考虑如何识别和消除风险。

（3）实施工程：实施软件开发和验证。

（4）客户评估：评价开发工作，提出修正建议，制订下一步计划。

每轮循环包含如下 6 个步骤。

（1）确定目标及方案，弄清限制条件。

（2）识别并化解风险。

（3）评估可选项。

（4）开发并测试当前阶段。

（5）规划下一阶段。

（6）确定进入下一阶段的方法步骤。

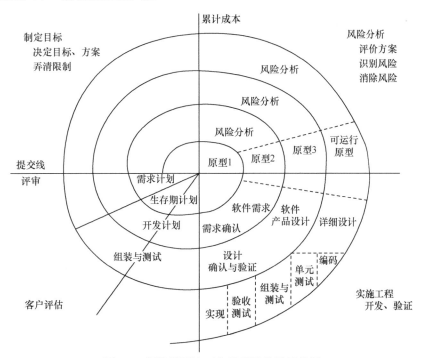

图 2-4　螺旋模型法下信息系统发展示意图

螺旋模型法强调风险分析，使开发人员和用户对每个演化层出现的风险有所了解，继而做出应有的反应，因此特别适用于庞大、复杂并具有高风险的系统。

螺旋模型法允许并鼓励用户反馈信息，在项目早期就能消除严重的曲解。开发首先关注重要的业务和问题，通过测试和质量保证，做出客观的评估，在项目早期就发现不一致问题，从第 1 次迭代就开始测试，在早期就找出并关注风险。

2.2.4 面向对象方法

面向对象方法（Object Oriented Method，OOM）是由在 20 世纪 80 年代出现的各种面向对象的程序设计语言（如 Smalltalk、C++等）逐步发展而来的。采用面向对象方法是为了提高软件系统的可重用性、可扩充性和可维护性，使软件系统向通用性方向发展。下一节将重点介绍该方法，本节仅介绍其中的基本概念。

该方法采用"喷泉"形式的软件生命周期模型，将软件开发过程划分为需求分析（需求阶段和规格说明阶段）、系统设计、系统实现（编码阶段、集成与测试阶段）等 5 个阶段，允许自低向上的从已定义的基本对象类出发，逐步构造新的对象类，因此具有良好的应变能力。"喷泉"模型（见图 2-5）使得生命周期内各阶段过渡比较平滑，而且相互间能实现可逆互操作。由于对象独立封装，模块的可构造性、可扩充性、可重用性也大大加强。

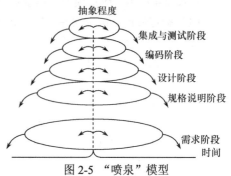

图 2-5 "喷泉"模型

2.2.5 几种经典管理信息系统构建技术方案的比较

上述 4 种典型的管理信息系统构建技术方案既相互联系又有区别，每种方案各有不同的长处和短处，企业需要根据自己的实际情况进行选择，也可综合使用各种开发方法。

表 2-2 所示是 4 种经典开发方法的优缺点一览表

表 2-2　　　　　　　　　　4 种经典开发方法的优缺点一览表

	优点	缺点	适用范围
信息系统发展生命周期法	• 从系统整体出发，强调在整体优化的条件下"自上而下"地分析和设计，保证了系统的整体性和目标的一致性。 • 面向用户，遵循用户至上的原则。 • 严格区分系统开发的阶段性；每一阶段的工作成果是下一阶段的依据，便于系统开发的管理和控制。 • 文档规范化，按工程标准建立标准化的文档资料	• 容易出现用户或系统分析师和管理者之间的沟通问题。 • 开发周期长，文档过多，难于适应环境变化。 • 结构化程度较低的系统，在开发初期难以锁定功能要求。 • 各阶段的审批工作困难	适用于大型系统（规模较大，结构化程度较高）的开发
原型法	• 能充分利用最新软件工具，使系统开发周期短，费用相对少。 • 用户参与开发过程，有利于开发人员与用户的交流、沟通，系统更加贴近实际，易学易用，减少用户的培训时间。 • 开发系统的过程循序渐进，符合人们认识事物的规律，信息反馈及时性强，确保了较好的用户满意度。 • 构造用户"看得见，摸得着"的系统原型，缩小了理解和认识上存在的差距	• 不适合大规模系统的开发。 • 开发过程管理要求高，整个开发过程要经过"修改—评价—再修改"的多次反复。 • 用户过早看到系统原型，误认为系统就是这个模样，易使用户失去信心。 • 开发人员易将原型取代系统分析；缺乏规范化的文档资料。 • 需要较高的系统开发环境支持，如系统开发工具、软硬件、开发环境、开发人员及用户素质等	处理过程明确、简单的系统；涉及面窄的小型系统

续表

	优点	缺点	适用范围
螺旋模型法	• 设计具有灵活性，可以在项目的各个阶段进行变更。 • 以小的分段来构建大型系统，使成本计算变得简单容易。 • 客户参与每个阶段的开发，保证了项目不偏离正确方向及项目的可控性。 • 客户始终掌握项目的最新信息，能够和管理层有效地交互。 • 客户认可这种公司内部的开发方式带来的良好的沟通和高质量的产品	• 要求项目成员有较高的素质，擅长寻找可能的风险并准确分析这些风险，有较高的项目管理水平	只适用于大规模软件项目
面向对象法	• 分析、设计中的对象和软件中的对象具有一致性。 • 实现软件复用，增强了系统的适应性，简化程序设计。 • 系统易于维护、稳定性、可重用性及可维护性好。 • 缩短了开发周期	• 系统在分析阶段对对象的抽象困难。 • 需要一定的软件基础支持才能应用。 • 面向对象的开发方法与结构化系统开发方法在系统开发中相互依存、不可替代	不易于超大系统的开发

关键术语

复习思考题

1．管理信息系统构建途径的依据是什么，有哪些途径？

2．管理信息系统工程的基本定义、特点是什么？

3．简述系统工程方法论。

4．管理信息系统构建的商务途径有哪些，各自具有什么特点？

5．某企业管理信息系统开发力量较弱，但资金较为充足，该企业要进行管理信息系统开发，选择什么开发方式比较好？这种开发方式的优缺点有哪些？

6．管理信息系统开发通常有哪些方法？

7．简述信息系统发展生命周期法各个阶段的主要任务，并说明其优缺点。

8．简述原型法的开发过程，并说明其主要优点及局限性。

9．叙述面向对象方法的基本思想及开发过程。

10．面向对象方法的优势有哪些？

第3章 | 构建工具：面向对象方法与统一建模语言（UML）

【学习目的】

掌握面向对象方法的基本思想，认识面向对象系统开发的过程、模型与技术；了解统一建模语言（UML）的基础知识。

【本章要点】

- 面向对象方法的基本概念。
- 面向对象方法论。
- 统一建模语言中的视图。
- 统一建模语言组成。
- 统一建模语言与MIS构建。

在第2章中，我们初步介绍了面向对象方法的优势。那么什么是面向对象方法，该方法建模的工具又是什么？本章将详细介绍。

3.1 面向对象方法简介

面向对象方法是一种把面向对象的思想应用于管理信息系统构建过程，指导系统构建活动的系统方法，简称OO（Object-Oriented）方法，是建立在"对象"概念基础上的方法学。

扫码看视频：

面向对象方法
简介

3.1.1 面向对象的基本概念

什么是面向对象？科德（Coad）和尤登（Yourdon）给出的定义是：

面向对象=对象（Objects）+分类（Classification）+继承（Inheritance）+通信（Communication）。

1. 面向对象的基本要素

面向对象的基本要素包括对象、类、消息等基本概念，下面进行简要介绍。

（1）对象

对象（Object）是系统中用来描述客观事物的一个实体，它是构成系统的一个基本单位。对象可以用来描述要研究的任何事物，从一本书到一个图书馆、单个整数到整数列、庞大的数据库、极其复杂的自动化工厂、航天飞机都可看作对象，它不仅能表示有形的实体，也能表示无形的（抽象的）规则、计划或事件。对象由数据（描述事物的属性）和作用于数据的操作（体现事物的行为）构成一个独立整体。从程序设计者来看，对象是一个程序模块，从用户来看，对象为他们提供所希望的行为。对内的操作通常称为方法。

（2）类

类（Class）是对象的模板，即类是对一组有相同数据和相同操作的对象的定义。一个类所包含的方法和数据描述一组对象的共同属性和行为。类是在对象之上的抽象，对象则是类的具体化，是类的实例。类可有其子类，也可有其他类，形成类层次结构，如图 3-1 所示。

如图 3-2 所示，类具有属性，它是对象的状态的抽象，用数据结构来描述类的属性。类具有操作，它是对象的行为的抽象，用操作名和实现该操作的方法来描述。

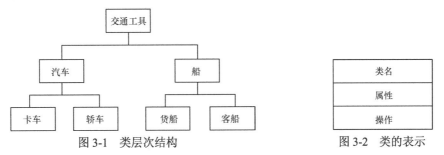

图 3-1 类层次结构　　　　　　　　　　　图 3-2 类的表示

（3）消息

对象之间进行通信的事件叫作消息（Message）。在对象的操作中，当一个消息发送给某个对象时，消息包含接收对象去执行某种操作的信息。发送一条消息至少要包括说明接受对象的对象名、发送该消息的对象名。一般还要对参数加以说明，参数可以是"认识"该消息的对象所知道的变量名，或者是所有对象都知道的全局变量名。

类中操作的实现过程叫作方法，一个方法有方法名、参数、方法体。消息传递的一个示例如图 3-3 所示，反映了对象、类和消息的关系。对象经过抽象成为一般性的类，而类经过实例化成为对象。

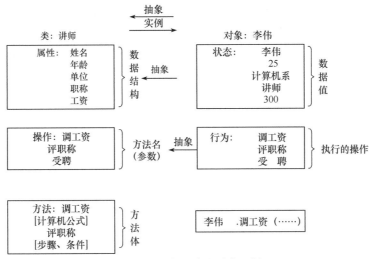

图 3-3 对象、类和消息示例

2. 面向对象的基本特征

（1）封装性

封装（Encapsulation）是一种信息隐蔽技术，是面向对象的重要特性。封装使数据和加工该数据的方法（函数）封装为一个整体，以实现独立性很强的模块，使得用户只能见到对象的外特性（对象能接受哪些消息，具有哪些处理能力），而对象的内特性（保存内部状态的私有数据和实现加工能力的算法）对用户是隐蔽的。封装的目的在于把对象的设计者和对象的使用者分开，使用者不必知晓行为实现的细节，只需用设计者提供的消息来访问该对象。

（2）继承性

继承性（Inheritance）是"子类"自动共享"父类"之间数据和方法的机制。它由类的派生功能体现。一个类直接继承其他类的全部描述，同时可修改和扩充。

继承分为单继承（一个子类只有一个父类）和多继承（一个子类有多个父类）。类的对象是各自封闭的，如果没有继承性机制，则类对象中的数据、方法就会出现大量重复。继承不仅支持系统的可重用性，而且还促进系统的可扩充性。

图 3-4 所示是单继承的例子。其中，交通工具（Vehicle）是父类，地面交通工具（Ground Vehicle）和空中交通工具（Transatmospheric Vehicle）是子类。

图 3-5 所示是多继承的例子。其中子类鸟（Bird）同时继承飞行物（Flying Thing）和动物（Animal）两个父类。

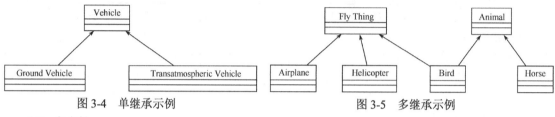

图 3-4　单继承示例　　　　　　　　　图 3-5　多继承示例

（3）多态性

多态（Polymorphism），字面意思是有多种形态。在 OO 方法中，多态是指一个事物在不同上下文中具有不同意义或用法的能力。同一消息为不同的对象接受时可产生完全不同的行动，这种现象称为多态性。利用多态性，用户可发送一个通用的信息，而将所有的实现细节都留给接受消息的对象自行决定，如此，同一消息即可调用不同的方法。例如，将"Print"消息发送给一张图或一个表时调用的打印方法与将同样的"Print"消息发送给一个正文文件而调用的打印方法完全不同。

多态性的实现受到继承性的支持，利用类继承的层次关系，把具有通用功能的协议存放在类层次中尽可能高的地方，而将实现这一功能的不同方法置于较低层次，这样，在这些低层次上生成的对象就能给通用消息以不同的响应。在面向对象程序设计语言（Object-Oriented Programming Language，OOPL）中可通过在派生类中重定义基类函数（定义为重载函数或虚函数）来实现多态性。

综上可知，在 OO 方法中，对象和传递消息分别表现事物及事物间相互联系的概念；类和继承是适应人们一般思维方式的描述范式；方法是允许作用于该类对象上的各种操作。这种对象、类、消息和方法的程序设计范式的构成基础是对象的封装性和类的继承性。我们通过封装能将对象的定义和对象的实现分开，通过继承能体现类与类之间的关系，以及由此带来的动态联编和实体的多态性，从而构成了面向对象基本概念间的联系，如图 3-6 所示。

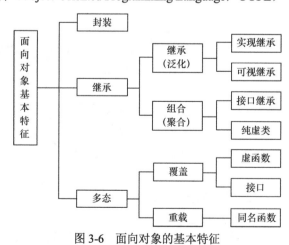

图 3-6　面向对象的基本特征

3.1.2　面向对象方法论

面向对象方法论即 OO 方法遵循一般的认知方法论的基本概念（即有关演绎——从一般到特殊、

归纳——从特殊到一般的完整理论和方法体系）而建立的 OO 方法等基础。

面向对象方法论要点之一：认为客观世界是由各种"对象"所组成的，任何事物都是对象，每一个对象都有自己的运动规律和内部状态，每一个对象都属于某个对象"类"，都是该对象类的一个元素。复杂的对象可以是由相对简单的各种对象以某种方式构成的。不同对象的组合及相互作用就构成了我们要研究、分析和构造的客观系统。

面向对象方法论要点之二：通过类比，发现对象间的相似性，即对象间的共同属性，这就是构成对象类的依据。在"类""父类""子类"的概念构成对象类的层次关系时，若不加特殊说明，则处在下一层次上的对象可自然地继承位于上一层次上的对象的属性。

面向对象方法论要点之三：认为对已分成类的各个对象，可以通过定义一组"方法"来说明该对象的功能，即允许作用于该对象上的各种操作。对象间的相互联系是通过传递"消息"来完成的。消息就是通知对象去完成一个允许作用于该对象的操作，至于该对象将如何完成这个操作的细节，则是封装在相应的对象类的定义中的，细节对于外界是隐蔽的。

可见，OO 方法具有很强的类的概念，因此它就能很自然地直观地模拟人类认识客观世界的方式，亦即模拟人类在认知进程中的由一般到特殊的演绎功能或由特殊到一般的归纳功能。类的概念既反映了对象的本质属性，又提供了实现对象共享机制的理论根据。

我们遵照面向对象方法论的思想进行软件系统开发时，首先要进行面向对象的分析（Object Oriented Analysis，OOA），其目的是了解问题域所涉及的对象、对象间的关系和作用（即操作），然后构造问题的对象模型，力争该模型能真实地反映所要解决的"实质问题"。在这一过程中，抽象是最本质、最重要的方法。应针对不同的问题性质选择不同的抽象层次，过简或过繁都会影响对问题的本质属性的了解和解决。

其次就是进行面向对象的设计（Object Oriented Design，OOD），即设计软件的对象模型。根据所应用的面向对象软件开发环境的功能强弱，在对问题的对象模型的分析基础上，可能要对它进行一定的改造，但应以最少改变原问题域的对象模型为原则。然后就在软件系统内设计各个对象、对象间的关系（如层次关系、继承关系等）、对象间的通信方式（如消息模式）等，总之是设计各个对象应做些什么。

最后阶段是面向对象的实现（Object Oriented Implementation，OOI），即软件功能的编码实现，它包括：每个对象的内部功能的实现；确立对象哪一些处理能力应在哪些类中进行描述；确定并实现系统的界面、输出的形式及其他控制机理等，总之是实现在 OOD 阶段所规定的各个对象所应完成的任务。

用 OO 方法进行面向对象程序设计，其基本步骤如下。

（1）分析确定在问题空间和解空间出现的全部对象及其属性。

（2）确定应施加于每个对象的操作，即对象固有的处理能力。

（3）分析对象间的联系，确定对象彼此间传递的消息。

（4）设计对象的消息模式，消息模式和处理能力共同构成对象的外部特性。

（5）分析各个对象的外部特性，将具有相同外部特性的对象归为一类，从而确定所需要的类。

（6）确定类间的继承关系，将各对象的公共性质放在较上层的类中描述，通过继承来共享对公共性质的描述。

（7）设计每个类关于对象外部特性的描述。

（8）设计每个类的内部实现（数据结构和方法）。

（9）创建所需的对象（类的实例），实现对象间应有的联系（发消息）。

3.2 统一建模语言（UML）概述

3.2.1 UML的产生背景和发展史

1. UML 的产生背景

计算机由软件和硬件两部分组成，从计算机诞生到现在，硬件技术始终比软件技术的发展速度快。20 世纪 60 年代，"软件危机"出现，硬件技术的迅速发展使得计算机价格下降，计算机成了普通人可以用得起的工具；同时，人们对软件系统的需求越来越多，但是，当时的软件开发模式很难开发出复杂的软件，即使开发出来，其可靠性、可维护性也较差，这就是所谓的"软件危机"。

扫码看视频：

统一建模语言
（UML）概述

为了解决"软件危机"，人们提出了"软件工程"的概念，试图将工程化的思想引入软件业。在这一阶段，很多开发方法诞生了，其中包括面向对象的开发方法。由于面向对象的各种优点，这种开发方法得到了大家的普遍关注，催生了 Simula、C++、Java、C#等面向对象的语言，和各种面向对象的建模方法（OMT、OOSE、Booch 等）。这些建模方法各有区别，对于开发人员来讲，如同几门不同的语言，使用不同语言的开发人员不能很好地交流。

因此，人们期待一种统一的建模语言，如同建筑设计图一样，符号简单、没有二义性，而且人人都能够看懂，便于交流。就这样，UML 诞生了。UML 提出了一套 IT 专业人员期待多年的统一的标准建模符号。通过使用 UML，人们能够阅读和交流系统架构和设计规划，就像建筑工人多年来所使用的建筑设计图一样。

2. UML 的发展历史

UML 的发展历史可以分为以下几个阶段。

第一个阶段是 3 位 OO 方法学专家布奇（Booch）、伦波（Rumbaugh）和雅各布森（Jacobson）共同努力，发布了 UML 0.9。

第二个阶段是公司的联合行动，十几家公司（DEC、HP、I-Logix、IBM、Microsoft、Oracle、TI、Rational Software 等）组成了 UML 成员协会，将各自意见加入 UML，以完善和促进 UML 的定义工作，形成了 UML 1.0 和 UML 1.1,并向对象管理组织（Object Management Group，OMG）申请成为建模语言的规范。

第三个阶段是在 OMG 控制下对 UML 版本不断修订和改进，其中 UML 1.3 是较为重要的修订版。

UML 的诞生对信息系统构建的影响是巨大的。翻开近十年来出版的软件开发书籍，其中若提到建模，使用的表示法大都是 UML。建模工具的数量和种类出现了爆炸性的增长，形成了一个产业。UML 也被 ISO 吸纳为标准：ISO/IEC 19501 和 ISO/IEC 19505。

3.2.2 什么是UML

统一建模语言（UML）是一个通用的可视化建模语言，用于对软件进行描述、可视化处理、构造和建立软件系统制品的文档。它记录了对必须构造的系统的决定和理解，可用于对系统的理解、设计、浏览、配置、维护和信息控制。UML 适用于各种软件开发方法、软件生命周期的各个阶段、各种应用领域以及各种开发工具，是一种总结了以往建模技术的经验并吸收了当今优秀成果的标准建模方法。

UML 包括概念的语义、表示法和说明，提供了静态、动态、系统环境及组织结构的模型。它可被交互的可视化建模工具所支持，这些工具提供了代码生成器和报表生成器。UML 标准并没有定义一种标准的开发过程，但它适用于迭代式的开发过程。它是为支持大部分现存的 OO 开发过程而设计的。

UML 描述了一个系统的静态结构和动态行为。UML 将系统描述为一些离散的相互作用的对象并最终为外部用户提供具有一定功能的模型结构。静态结构定义了系统中的重要对象的属性和操作以及这些对象之间的相互关系；动态行为定义了对象的时间特性和对象为完成目标而相互进行通信的机制。从不同但相互联系的角度对系统建立的模型可用于不同的目的。

UML 还包括可将模型分解成包的结构组件，以便于软件开发小组将大的系统分解成易于处理的块结构，并理解和控制各个包之间的依赖关系，在复杂的开发环境中管理模型单元。它还包括用于显示系统实现和组织运行的组件。

UML 不是一门程序设计语言，但可以使用代码生成器工具将 UML 模型转换为多种程序设计语言代码，或使用反向生成器工具将程序源代码转换为 UML。UML 也不是一种可用于定理证明的高度形式化的语言，是一种通用建模语言。对于一些专门领域，如用户图形界面（GUI）设计、超大规模集成电路（VLSI）设计、基于规则的人工智能领域，使用专门的语言和工具可能更适合。另外，UML 是一种离散的建模语言，不适合对诸如工程和物理学领域中的连续系统建模，而适合对诸如由计算机软件、固件或数字逻辑构成的离散系统建模。

3.3 UML的构成

UML 是一种定义明确、易于表达、功能强大且普遍适用的建模语言。它融入了软件工程领域的新思想、新方法和新技术。它的作用域不限于支持 OO 的分析与设计，还支持从需求分析开始的软件开发的全过程。

3.3.1 UML的体系结构

UML 的体系结构如图 3-7 所示，可见，UML 由 3 部分组成：基本构造块、规则和公用机制。

其中基本构造块又包括 3 种类型：事物、关系和图。事物划分为以下 4 种类型。

（1）结构事物。包括类、接口、协作、用例、主动类、组件和节点。

（2）行为事物。包括交互机和状态。

（3）分组事物。UML 中的分组事物是包。整个模型可以看作一个根包，它间接包含了模型中的所有内容。子系统是另一种特殊的包。

（4）注释事物。注释给建模者提供信息，它提供了关于任意信息的文本说明，但是没有语义作用。

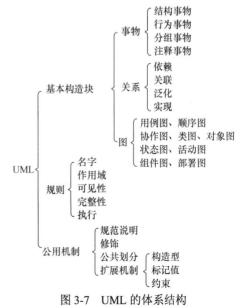

图 3-7 UML 的体系结构

3.3.2　UML的模型元素

UML把可以在图中使用的概念统称为模型元素（结构事物）。UML用丰富的图形符号表示模型元素的语法，并用这些图形符号组成元模型表达语义，组成模型描述系统结构（或称为静态特征）以及行为（或称为动态特征）。图3-8所示为UML的模型元素。

UML定义了两类模型元素的图形表示。一类模型元素用于表示模型中的某个概念，如图3-8所示，给出了类、对象、状态、节点、包和组件等模型元素的符号图例；另一类模型元素用于表示模型元素之间相互连接的关系。常见的关系有关联、继承、依赖和实现。这些关系的图形符号如图3-9所示。

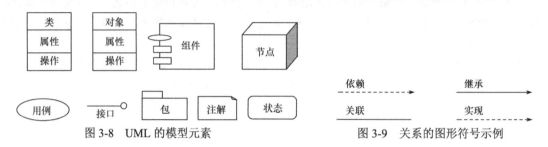

图3-8　UML的模型元素　　　　　　图3-9　关系的图形符号示例

3.3.3　UML的视图和图

1. UML视图

对于复杂系统建模需要从多个不同的方面来描述。UML用视图来表示被建模系统的各个方面，它是在某一个抽象层次上对系统的抽象表示。UML把软件模型划分为5个视图，每一个视图代表完整系统描述的投影，显示系统的一个特定方面。每一个视图又由一种或多种模型图构成。模型图描述了构成相应视图的基本模型元素及它们之间的相互关系。一个特定视图中的图应该足够简单，便于交流，而且一定要与其他图和视图连贯一致，因而所有视图结合在一起（通过它们各自的图）就描述了系统的完整画面。图3-10显示了UML的视图。

另外，通过视图可以把建模语言和系统开发时选择的方法或过程连接起来。

（1）用例视图

用例视图（Use Case View）用来支持软件系统的需求分析，它定义系统的边界，关注的是系统应该交付的功能，也就是外部参与者所看到的功能。它从系统参与者的角度描述系统的外部行为和静态的功能组

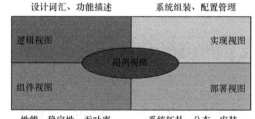

图3-10　UML的视图

合。用例视图的使用者是客户、开发人员及测试人员。客户对系统的期望用法（也就是要求的功能）被当作多个用例在用例视图中进行描述，一个用例就是对系统的一个用法的通用描述。

用例视图是UML视图的核心，它的内容驱动其他视图的开发。系统的最终目标，也就是系统将提供的功能是在用例视图中描述的。同时该视图还有其他一些非功能特性的描述。因此，用例视图将会对所有其他的视图产生影响。另外，我们通过测试用例视图，可以检验和最终校验系统。这种测试来自两个方面：一方面是客户，可以询问客户"这是您想要的吗？"；另一方面就是已完成的系统，可以询问"系统是按照要求的方式运作的吗？"。

（2）逻辑视图

逻辑视图（Logical View）定义系统的实现逻辑。它描述了为了实现用例视图中提出的系统功能，

在对软件系统进行设计时所产生的设计概念（设计概念又称为软件系统的设计词汇）。逻辑视图的使用者主要是开发人员和设计人员。它关注系统的内部，既描述系统的静态结构（类、对象及它们之间的关系），也描述系统内部的动态协作关系。这种协作发生在为了实现既定功能，各对象之间进行消息传递的时刻。另外，逻辑视图也定义永久性和并发性这样的特性，同时还定义类的接口和内部结构。对逻辑视图的描述在原则上与软件系统的实现平台无关。它的图形模型包括类图、对象图、状态图、顺序图、协作图及活动图等。

（3）组件视图

组件视图（Component View）描述系统的实现模块及它们之间的依赖关系。它的使用者主要是开发人员中的软件集成人员。组件是不同类型的代码模块，通过代码模块的结构和依赖关系来表示。组件视图中也可以添加组件的其他附加的信息，如资源分配（为组件服务）或者其他管理信息（如开发工作的进度报告）等。

（4）实现视图

实现视图（Implementation View）描述的是组成一个软件系统的各个物理部件，这些部件以各种方式（例如，不同的源代码经过编译，构成一个可执行系统；或者不同的软件组件配置成为一个可执行的系统；以及不同的网页文件，以特定的目录结构，组成一个网站等）组合起来，构成一个可实际运行的系统。实现视图的使用者是开发人员和系统集成人员。该视图由动态图（状态图、协作图，以及活动图）和实现图（组件图和部署图）组成。

（5）部署视图

部署视图（Deployment View）描述软件系统在计算机硬件系统和网络上的安装、分发和分布情况。例如，计算机和设备（节点），以及它们之间是如何连接的。部署视图的使用者是开发人员、系统集成人员和测试人员，并且该视图由部署图表示。部署视图也包括一个显示组件如何在物理结构中部署的映射，如一个程序或对象在哪台计算机上执行。

2. UML 的图

模型通常以一组图呈现出来。由图 3-11 可知，UML 的图有 13 种，它们是类图、对象图、包图、组件图、部署图、复合结构图、用例图、活动图、顺序图、通信图/协作图、交互概览图、定时图、状态图。

类图、对象图、组件图和部署图主要用来描述软件系统的静态结构。其中，类图包含类、接口、协同及其关系，用来描述逻辑视图的静态属性；对象图包含对象及其关系，用来表示某一类图的一组类的对象在系统运行过程中某一时刻的状态，它也是软件系统的逻辑视图的一个组成部分；组件图用来描述系统的物理实现，包括组成软件系统的各部件的组织和关系，类图里的类在实现时，最终会映射到组件图的某个构件上，一个组件可以实现多个类，组件图是软件系统实现视图的组成部分；部署图用来描述系统的构件在运行时在运行节点上的分布情况，一个节点可包含一个或多个组件，部署图是软件系统部署视图的组成部分。

用例图、活动图、交互图和状态图用来描述软件系统的动态特性。其中，用例图用来描述系统的边界及其系统功能，它由用例和系统外部参与者及其之间的关联关系组成，用例图是用例视图的重要组成部分和内部的动态特性；顺序图和协作图中包含对象和消息，它们是用例视图和逻辑视图的重要组成部分；状态图和活动图主要用于描述对象的动态特性，状态图强调对象对外部事件的响应及相应的状态变迁，活动图描述对象之间控制流的转换和同步机制。

UML 的图之间存在着或直接或间接的关系（见图 3-12），这体现了 UML 中的辩证法。用例图主要用来描述系统的外部行为；类图和对象图用来定义类和对象以及它们的属性和操作；状态图描述类的对象所有可能的状态以及事件发生时状态的转移条件；顺序图显示对象之间的动态合作关系，它强调对象之间消息发送的顺序，同时显示对象之间的交互；协作图强调对象间的动态协作关系；

活动图描述满足用例要求所要进行的活动以及活动间的约束关系，有利于识别并行活动；包图用于描述系统的分层结构；组件图描述代码部件的物理结构及各部件之间的依赖关系；部署图定义系统中软硬件的物理体系结构。

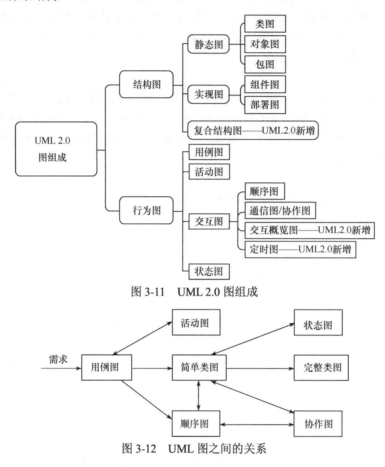

图 3-11　UML 2.0 图组成

图 3-12　UML 图之间的关系

3.3.4　UML建模规则

UML 的模型图不是由 UML 语言成分简单地堆砌而成的，它必须按特定的规则有机地组成合法的 UML 图。一个完备的 UML 模型图必须在语义上是一致的，并且和一切与它相关的模型和谐地组合在一起。UML 建模规则包括了对以下内容的描述。

（1）名字：任何一个 UML 成员都必须包含一个名字。

（2）作用域：UML 成员所定义的内容起作用的上下文环境。某个成员在每个实例中代表一个值，还是代表这个类元的所有实例的一个共享值，由上下文决定。

（3）可见性：UML 成员能被其他成员引用的方式。

（4）完整性：UML 成员之间互相连接的合法性和一致性。

（5）运行属性：UML 成员在运行时的特性。

一个完备的 UML 模型必须对以上内容给出完整的解释。完备的 UML 模型是建造系统时所必需的，但是当它在不同的视图中出现时，出于不同的交流侧重点，其表达可以是不完备的。在系统的开发过程中，模型可以：

（1）被省略。即模型本身是完备的，但在图上某些属性被隐藏起来，以简化表达；

（2）不完全。即在设计过程中某些元素可以暂时不存在；

（3）不一致。即在设计过程中暂时不保证设计的完整性。

提出上述 3 条建模原则的目的是使开发人员在设计模型时把注意力集中在某一特定时期内对分析设计活动最重要的问题上，而暂时不迷恋于细节的完美，使模型逐步趋向完备。

3.3.5　UML的公用机制

以图的方式建立模型是不够的，对于各种图中的建模元素，还要按一定的要求进行详细的说明和解释，即用图加上说明规范的方式构成完整的模型。

在 UML 模型图上使用 UML 成员进行建模时，需要对 UML 成员进行描绘。UML 使用公用机制为图附加一些信息，这些信息通常无法用基本的模型元素表示。UML 对不同的 UML 成员使用共同的描绘方式，这些方式称为 UML 共用机制。使用这些共用机制，可使建模的过程更易于掌握，模型更容易被理解。共用机制可被分解为以下 4 个方面。

1. 规范说明

UML 的图形符号是简洁、形象、直观的，而一个有效的软件模型必须提供足够的详细信息以供建造之用，这些构成一个完备模型的详细信息就是模型的规范说明。在模型图上被省略的内容并不代表它不存在于模型之中，模型的完整的或完备的信息是被保存在模型的规范说明中的。

2. 修饰

在图的模型元素上添加修饰，可为模型元素附加一定的语义。例如，类的属性的可见性就是可以选择地被显示出来的。

3. 公共划分

在面向对象的设计中，有许多事物可以划分为抽象的描绘和具体的实例这两种存在形式。

UML 提供的事物的这种二分法表达，被称为公共划分。例如，对象和类使用同样的图形符号。类用长方形表示，并用名字加以标识，当类的名字带有下划线时，则它代表该类的一个对象。另外，还有一种二分法是接口和实现的二分划分。接口定义了一种协议，实现是此协议的实施。UML 里这样的接口与实现的二分划分包括接口/类或组件、用例和协同，以及操作和方法。

4. 扩展机制

如同人类的语言需要不断扩充词汇，以描述各种新出现的事物一样，UML 也提供了扩展机制。扩展机制为 UML 提供了扩充其表达内容的范围的能力。UML 的扩展机制包括构造型、标记值及约束。构造型是对类的进一步的分类。标记值用来扩充 UML 成员的规范说明。虽然在 UML 中已经预定义了许多特性，但是用户也可以定义自己的特性，以维护元素的附加信息。任何一种信息都可以附属到某个元素，包括：特定方法的信息、关于建模过程的管理信息、其他工具使用的信息（如代码生成工具）或者用户希望将其连接到元素的其他类型的信息。约束用来扩充 UML 成员的语义。

3.4　UML与管理信息系统构建

UML 建模的基本过程一般是遵循信息系统生命周期模型展开的。当采用 OO 技术构建系统时，UML 模型描述一般是在系统分析阶段介入，可以延续到系统运行与维护阶段。如图 3-13 所示，具体过程如下。

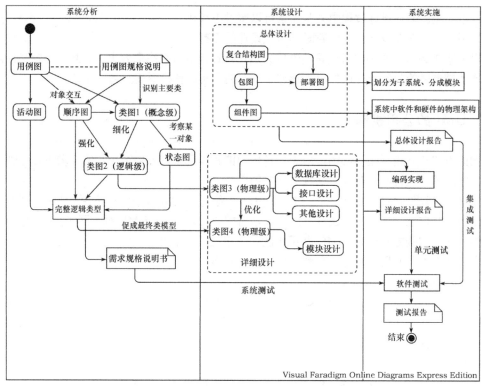

图 3-13 UML 图与管理信息系统构建关系图

3.4.1 系统分析

系统分析阶段可以分为需求获取及定义、需求分析两个过程。在需求获取及定义时，利用用例图用来客户的需求，角色/参与者以及系统功能是通过用例图来表达的。它们之间的关系建模被用于角色和用例。每个用例都代表了客户的需求。需求分析不仅适用于软件系统开发，而且适用于建筑工程行业。需求分析过程是寻找问题，就是"找刺"，需要考虑系统可能遇到的问题。借助静态视图和动态视图实现。系统的静态视图由类图来建模，系统的动态视图则是由协作图、顺序图、活动图和状态图来建模。注意，这里只是列出系列的问题和稍微给一点解决思路，不做出详细的解决方案，只是大方向上做出引导，给出提纲，具体细节需要下一阶段结合实际来分析。

3.4.2 系统设计

系统设计阶段可以分为总体设计、详细设计两个过程。在总体设计时将系统分析阶段列出的问题进行汇总，再利用复合结构图、包图和部署图，把分析结果演化成可具体物理实现的技术层次的解决方案；在详细设计过程中，通过对类图的优化完成数据库设计、接口设计和其他的设计，其中将要用到类图、顺序图、状态图、定时图等 UML 图。

3.4.3 系统实施

系统实施阶段可分为编码实现和软件测试两个过程。在编码实现过程中，把设计阶段的类转换成某种 OOPL 的代码。注意只能在构造阶段实现代码的转变，其他阶段不能。在对用 UML 表述的分析和设计模型进行转换时，最好不要直接把模型转化成代码。在早期阶段，模型是理解系统并对系统进行模块化的依据。软件测试阶段的任务是根据测试目标完成单元测试、集成测试、系统测试和确认（验收）测试这 4 个测试。在软件测试阶段，UML 模型还可以作为测试阶段的依据。如单元测试使用类图和类规格说明；集成测试使用组件图和协作图；系统测试用用例图来验证系统的行为；验收测试由用户进行，以确认系统测试的结果是否满足在分析阶段确定的需求。

综上可知，UML 图在管理信息系统构建过程中，特别是在管理信息系统开发过程中起着很重要的作用。图 3-14 所示就是 UML 图与管理信息系统构建关系的导图。

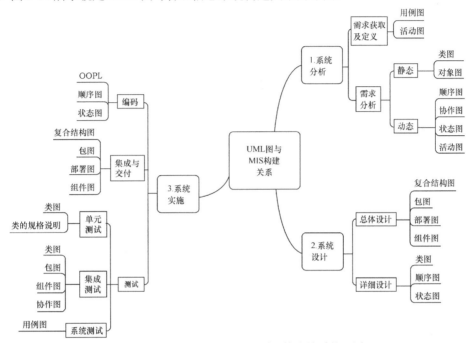

图 3-14　UML 图与管理信息系统构建关系的导图

关键术语

复习思考题

1. 面向对象方法论的要点有哪些？
2. 使用面向对象方法进行面向对象程序设计，其基本步骤有哪些？
3. 面向对象分析的关键步骤有哪些，应建立哪几个模型？
4. UML 中有哪几类视图，它们的作用分别是什么？
5. 简述 UML 中视图间的相互关系。
6. 简述 UML 的体系结构。
7. UML 的模型元素有哪些？
8. UML 的建模规则是什么？
9. 举例说明类和对象的关系。

第2部分
管理信息系统构建

思维导图

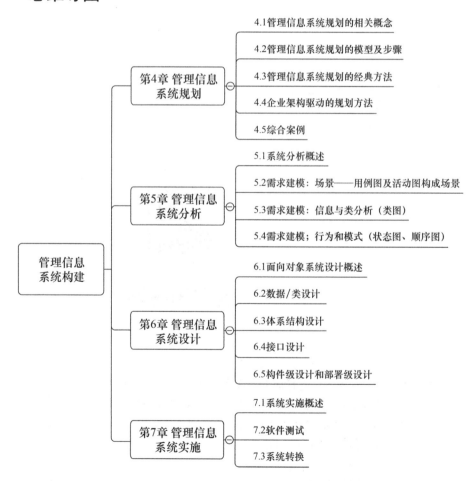

管理信息系统构建

第4章 管理信息系统规划
- 4.1管理信息系统规划的相关概念
- 4.2管理信息系统规划的模型及步骤
- 4.3管理信息系统规划的经典方法
- 4.4企业架构驱动的规划方法
- 4.5综合案例

第5章 管理信息系统分析
- 5.1系统分析概述
- 5.2需求建模：场景——用例图及活动图构成场景
- 5.3需求建模：信息与类分析（类图）
- 5.4需求建模：行为和模式（状态图、顺序图）

第6章 管理信息系统设计
- 6.1面向对象系统设计概述
- 6.2数据/类设计
- 6.3体系结构设计
- 6.4接口设计
- 6.5构件级设计和部署级设计

第7章 管理信息系统实施
- 7.1系统实施概述
- 7.2软件测试
- 7.3系统转换

【学习目的】

了解管理信息系统规划的重要性，理解规划的相关概念（规划和企业构架），掌握管理信息系统规划的一般过程（SAM模型、三阶段模型）和方法。

【本章要点】

- 管理信息系统规划的相关概念。
- 管理信息系统规划的内容。
- 管理信息系统规划的方法。
- 企业架构驱动的的规划方法。

系统的生命周期是管理信息系统构建的主线，系统的生命周期的第1个阶段是系统规划。管理信息系统构建以系统规划作为新系统构建的起点，为后续的系统分析、设计和实施打下坚实的基础。

4.1 管理信息系统规划的相关概念

引导案例：沃尔玛成功的原因

沃尔玛的理念："信息技术始于战略，而不是系统。"1991年，沃尔玛年销售额突破400亿美元，成为全球大型零售企业之一。据1994年5月美国《财富》杂志公布的全美服务行业分类排行榜，沃尔玛1993年销售额高达673.4亿美元，比上一年增长约118亿美元，超过了1992年排名第一位的西尔斯（Sears），雄居全美零售业榜首。1995年，沃尔玛销售额持续增长，并创造了零售业的一项世界纪录，实现年销售额936亿美元，在《财富》杂志1995年美国最大企业排行榜上名列第四。此后沃尔玛一路高歌猛进，分别在2006年、2007年、2008年、2010年、2011年、2014年6度跃居世界500强榜首，2013年排名第二、2012年排名第三。近10年稳居前三。沃尔玛的成功在于其信息化理念和战略。

扫码看视频：

系统规划成功案例

沃尔玛创始人山姆·沃尔顿在创业初始就特别重视信息的沟通和信息系统的建设。在公司进入规模化市场扩张及发展阶段后，公司率先在行业内使用各种先进技术的电子商务信息系统化管理模式。沃尔玛的信息化管理贯穿于整个价值链，以先进的信息化技术为手段，以信息流为中心，带动物流和资金流的运动，通过整合全球供应链资源和全球用户资源，实现零库存、零营运资本和与用户的零距离。对沃尔玛而言，信息化管理不应仅是一个系统，而被提高到战略的高度，不应被投入到大量低价值的维护与运作事宜中。正如沃尔顿所坚持的："信息技术始于战略，而不是系统。"

将信息化提到战略高度正是沃尔玛成功的重要原因之一。一方面，沃尔玛通过供应链信息化系统实现了全球统一采购及供货商自己管理上架商品，使得产品进价比竞争对手降低10%；另一方面，沃尔玛还通过卫星监控全国各地的销售网络，对商品进行及时的进货管理和库存分配。这些庞大的系统得以顺利实现，得益于沃尔玛公司非常重视信息化的规划。

了解系统规划的重要性之后，接下来的任务就是认识系统规划的定义和内容。

4.1.1　管理信息系统规划的定义

管理信息系统规划的定义涉及以下词汇：规划、战略、战略规划等。

1. 规划

规划（Planning），是指个人或组织制订的比较全面而且长远的发展计划，是基于对未来整体性、长期性、基本性问题的思考和考量，设计的未来整套行动的方案。

扫码看视频：

管理信息系统
规划的相关
概念

规划与计划基本相似，不同之处在于：规划具有长远性、全局性、战略性、方向性、概括性和鼓动性。规划从时间尺度来说侧重于长远，从内容角度来说侧重战略层面，重指导性或原则性；计划从时间尺度来说侧重于短期，从内容角度来说侧重战术层面，重执行性和操作性。计划是规划的延伸与展开，计划是规划的子集，即"规划"里面包含着若干"计划"，它们既不是交集的关系，也不是并集的关系，更不是补集的关系。

规划活动的类别如下所示。

（1）战略性规划（5年以上）。对于企业而言，战略性规则内容包括：公司经营什么？如何筹集资金？如何分配资源？

（2）策略性规划（1～5年）。对于企业而言，该规划内容包括：如何配置资源以获取最大利润？如何安排产品？如何做投资计划？

（3）作业性计划（1～12个月）。对于企业而言，该规划内容包括：原料获取、产品来源、库存量、分销系统

（4）当时的安排。

2. 战略以及战略规划的含义

战略（Strategy）一词最早是军事方面的概念，指作战的谋略或指导战争全局的计划和策略。该词用在经济领域中就是设计用来开发核心竞争力、获取竞争优势的一系列综合的、协调的约定和行动。如果选择了一种战略，公司即在不同的竞争方式中做出了选择。从这个意义上来说，战略选择表明了这家公司打算做什么，以及不做什么。

战略规划（Strategic Planning）是组织领导者关于组织的概念的集合：组织的使命和长期目标，组织的环境约束及政策，组织当前的计划和计划指标的集合。

战略规划有效性包括两个方面，一方面是战略正确与否，正确的战略应当做到组织资源和环境的良好匹配；另一方面是战略是否适合该组织的管理过程，也就是和组织活动匹配与否。一个有效的战略规划一般有以下特点。

（1）目标明确。战略规划的目标应当是明确的，不应是二义的。其内容应当使人得到振奋和鼓舞。目标要先进，但经过努力可以达到，其描述的语言应当是坚定和简练的。

（2）可执行性良好。好的战略规划的说明应当是通俗的、明确的和可执行的，它应当是各级领导的向导，使各级领导能确切地了解它，执行它，并使自己的战略和它保持一致。

（3）组织人事落实。制定战略的人往往也是执行战略的人，一个好的战略规划只有有了好的人员执行，它才能实现。因而，战略规划要求一级级落实，直到个人。高层领导制定的战略一般应以方向和约束的形式告诉下级，下级接受任务，并以同样的方式告诉再下级，这样一级级细化，做到深入人心，人人皆知，战略规划也就个人化了。

个人化的战略规划明确了每一个人的责任，可以充分调动每一个人的积极性。这一方面激励了大家动脑筋想办法，另一方面增加了组织的生命力和创造性。在一个复杂的组织中，高层领导一个人是难以识别所有机会的。

（4）灵活性好。一个组织的目标可能不随时间而变，但它的活动范围和组织计划的形式无时无刻不在改变。战略规划只是一个暂时的文件，应当进行周期性的校核和评审，灵活性强使之容易适应变革的需要。

3．管理信息系统规划的含义

管理信息系统规划（以下简称"系统规划、IT规划"）通常又称为管理信息系统的战略计划，是对组织总的管理信息系统目标、战略、管理信息系统资源和开发工作的一种综合性计划，属于组织对管理信息系统最高层次管理的范畴。因此，IT规划是一个组织的战略规划的重要组成部分，是关于管理信息系统长远发展的规划。

IT规划，从表面意思上看，是侧重于信息化的规划。虽然定义很简单，但在具体的规划项目中还是要明确，什么样的企业用哪个层次的规划。

如图4-1所示，从广义上讲，系统规划包含3个层面：IT战略规划、IT应用架构规划、IT技术架构及IT资源部署方式。从内容上来说，IT战略规划是对IT手段和企业战略进行匹配分析，在企业战略的指导下，明确IT的战略目标、方向和具体信息化建设方向；IT应用架构规划是根据IT战略，具体确定运营层面的IT架构；IT技术架构及IT资源部署方式指明信息化建设所采用的具体技术手段和必要的技术保障，其是建立在IT管理组织、制度、流程以及人员基础上的。

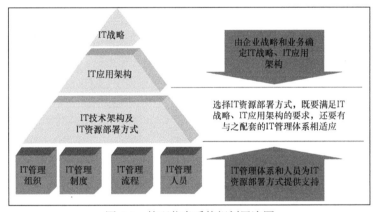

图 4-1　管理信息系统规划层次图

对IT规划而言，要想成功实施规划项目，企业必须具有两个条件，一是组织架构确定，二是管理模式/流程清晰。对于IT战略规划项目，企业对管理模式/流程可以不做太多的关注，只要能够明确企业的战略方向和整个行业的发展趋势，基本上就能够确定企业的IT战略。对于IT架构项目，企业首先要保证有独立的信息部门，可能信息部门在企业内部的地位不高，但企业内部的管理模式和流程必须要相对清晰。之所以要具备这样的条件，是因为IT手段的引入是对管理模式/流程的支撑，如果管理模式不清晰，所进行的IT架构规划也很难落到实处，规划成果很难为客户带来价值。对于IT治理项目，企业内部不但要存在独立的信息部门，而且，作为一个独立的职能部门，其在企业内部的作用不亚于主要业务部门，只有具有了这两个条件，IT治理项目才能顺利地开展，并且规划的内容更能够为客户带来价值。

4.1.2　管理信息系统规划的内容

管理信息系统总体规划的复杂性依据组织的规模和复杂程度而有所差别。规划的时间尺度一般为5年以上并且至少有前2年的详细计划。总体规划的内容应包括以下几个方面。

（1）对组织的战略规划和有关营运规划的概述

① 环境的评述：预测和预测过程中的假设，包括可能的危机和机会。

② 对组织的评价：组织的优势与不足。

③ 组织的目标与战略。

④ 组织的未来和设想。

（2）管理信息系统规划概述

① 管理信息系统环境的情况：对未来技术和用户环境的预测、预测的前提假设、信息系统的危机与机会分析。

② 信息系统的评价：优势与不足、原因分析。

③ 管理信息系统的目标。

④ 数据处理组织结构的设计。

（3）目前的能力

① 已有的设备、通用性软件、应用系统、人员和技术储备、费用分析和设备利用情况。

② 正在进行的项目情况。

（4）可行性分析

① 项目及其优先级。

② 获取主要硬件、软件和人员的成本/效益分析。

（5）具体规划（至少有前2年的详细计划）

① 通用应用软件的购置计划。

② 应用系统的开发计划。

③ 软件维护和更新安排。

④ 人力资源的开发计划，包括培训计划。

⑤ 资金需求计划。

⑥ 管理信息系统评价方法的叙述。

（6）为了使总体规划有效实施所必须的行动计划

以上所列的是一个全面的管理信息系统总体规划，它的前提是组织已经建立了比较成熟的战略规划过程。在这样的组织中，管理信息系统的规划就容易实现。如果组织本身还没有一个成熟的规划，管理信息系统规划制订起来就比较困难。在这种情况下，规划的内容也就需要相应地调整和简化，实施的控制也会受到影响。

4.2 管理信息系统规划的模型及步骤

在了解了管理信息系统规划的相关概念后，如何进行管理信息系统规划的问题就呈现出来。依据什么理论或模型进行规划？规划的步骤有哪些？规划方法有哪些？下面就来做具体介绍。

扫码看视频：

管理信息系统
规划的模型

4.2.1 管理信息系统规划的模型

1. 战略一致性模型

随着企业信息化的逐步推进，IT已经成为企业整合内外资源、获取竞争优势的有力武器。更多的企业认识到信息化规划决定着企业IT战略投资的有效性并极大地影响着企业战略目标的实现。因此，企业信息化战略与自身发展战略的一致性匹配成为企业信息化规划的根本要求，两者之间相互影响、相互支持，两者的一致性也直接影响着企业信息化的成效。战略一致性模型（Strategy Alignment Model，SAM）正是基于对企业信息化战略规划和企业战略规划的一致性匹配展开研究与实践的。约翰·亨德森（John Handerson）于1994年在哈佛商学院提出了SAM模型，其主要目的正是帮助企业检查经营战略与信息架构之间的一致性。

如图4-2所示，SAM模型把企业战略规划（BSP）和信息化规划（ISP）的关系划分为内、外两大部分。其中，外部区域是指企业所面临的外部竞争环境，如产品或IT市场等；内部区域包括企业组织结构、整体信息架构和业务流程等。模型由企业经营战略、组织与业务流程、信息技术战略、信息架构和流程四大领域构成。

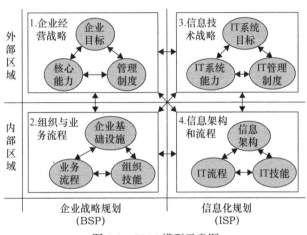

图 4-2　SAM 模型示意图

在SAM模型中，通过"战略适配"可以实现BSP-ISP的内、外部环境的协调，通过"战略集成"可以完成BSP、ISP在战略和业务层面的一体化，最终实现企业经营战略与组织及业务流程的匹配，企业信息技术战略与信息架构和流程的匹配，以及横向企业经营战略与信息技术战略、组织与业务流程、信息架构和流程间的一致性匹配。SAM模型把企业信息技术战略从传统的企业内部区域的定位提升到获取竞争优势的使能器地位，即提升到外部区域；同时，内部区域中的组织与业务流程、信息构架和流程的结合又制约着企业战略和信息技术的形成，这也进一步体现了企业战略规划和信息化规划之间的相互作用、相互促进的关系，是企业战略目标实现的关键。

经营战略是企业根据外部环境和自身的竞争能力所做的关于发展的目标和规划，信息技术战略则是企业信息化建设的目标、远景、指南和规划的总称，而信息技术的应用需要企业内部信息有一个总体的、一致的结构作为支撑，即信息架构。参照上述模型，企业在进行信息化建设时，会采取以下3条不同的路线。

路线 1　业务部门根据现有的业务流程和组织直接提出信息化需求，信息技术部门按照各自独立的需求分别实施，如财务部门提出财务电算化的需求，运作部门提出库存管理的需求，信息技术部门会分别独立实施。这是处于信息化管理初级阶段的企业的典型做法，即组织与业务流程→信息架构。

路线 2　企业制定整体的经营战略，业务部门根据公司经营战略和目标，对现有的业务流程和组织进行变革（业务流程再造与组织重构），然后由不同的业务部门分别提出信息化需求，分别独立地与信息技术部门协作实施，即经营战略→组织与业务流程→信息架构。

路线 3　企业根据整体的经营战略，通盘考虑组织和业务流程，确定各业务部门的信息化需求，制定全局的信息技术战略，统一规划，分步实施，即经营战略→信息技术战略→信息架构。

这3条路线的比较如表4-1所示，不难看出，只有路线3是整体考虑了信息技术应用过程中的3个重要影响因素：企业经营战略、组织与业务流程、信息架构，而信息技术战略是连接这3个因素的重要工具和方法。信息技术战略如同桥梁，使企业信息化建设、信息架构与企业经营战略保持一致。

表 4-1 3 条路线的比较

	路线 1	路线 2	路线 3
IT 投资与经营战略的一致	未考虑	有所考虑	考虑
业务流程和组织优化	未考虑	考虑	考虑
信息架构的集成	未考虑	未考虑	考虑
信息架构的应变能力	未考虑	未考虑	考虑

因此，企业应根据自己的组织战略，站在企业级的高度，认真审视信息与信息技术的作用，思考自身发展的规划，同时结合当前信息技术手段的支持能力，科学地规划信息技术的应用，保持信息化建设战略与组织发展战略一致，建立和完善企业信息架构，并合理地规划组织变革、系统实施等，如何才能规避信息化建设的各种风险，从而充分发挥信息技术的价值。

2．三阶段模型

如何规划才能实现战略一致性呢？包曼（Bowman）等人通过对IT规划实践的观察、对文献的研究和对用于计划过程方法论的分析，提出了一个基本的、一般性的IT规划模型。在这一模型中，IT规划由以下3个阶段组成（见图4-3）。

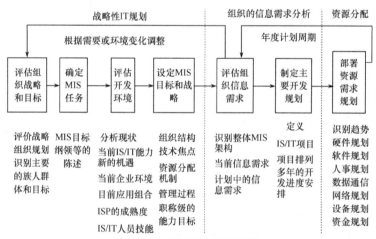

图 4-3 三阶段模型示意图

（1）战略性IT规划：在总的组织规划与IT规划之间建立关系。

（2）组织的信息需求分析：识别组织的广泛的信息需求。建立战略性的信息系统的总体结构，指导具体的应用系统开发规划。

（3）资源分配：对MIS的应用系统开发资源进行管理。

依照这一模型，包曼等人概括性地总结了国际上比较常用的10种规划和设计方法论，并将它们分别与3个阶段建立了对应关系，如图4-4所示。尽管三阶段模型只是对管理信息系统总体规划做了简单的概括，但其对于明确总体规划不同阶段的内涵及针对不同阶段对方法论的选择起着非常重要的指导作用。

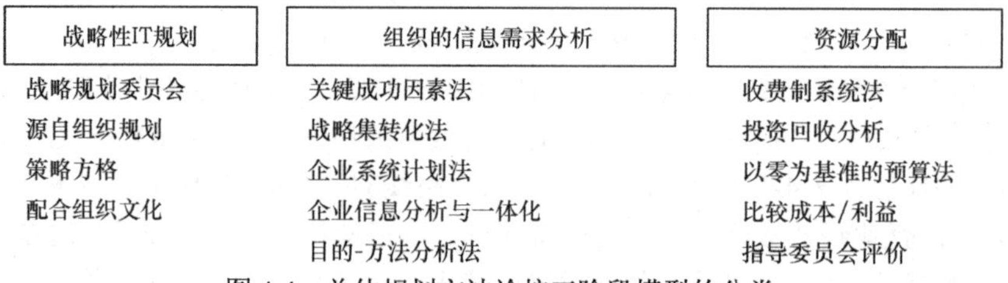

战略性IT规划	组织的信息需求分析	资源分配
战略规划委员会	关键成功因素法	收费制系统法
源自组织规划	战略集转化法	投资回收分析
策略方格	企业系统计划法	以零为基准的预算法
配合组织文化	企业信息分析与一体化	比较成本/利益
	目的-方法分析法	指导委员会评价

图 4-4 总体规划方法论按三阶段模型的分类

从方法论研究的角度，比较重要的是对组织的信息需求分析阶段所使用的方法，即如何识别和定义正确、完善的信息需求，确定一个组织的信息系统总体结构，并识别应用系统和它们的优先次序。在后面我们将介绍企业系统计划法和关键成功因素法，这是两个用得非常广泛的总体规划方法。

MIS目标和战略的获得是来自组织战略的某种映射，这种映射过程是比较复杂的，难以按照一种结构化的方法来完成。它更依赖分析人员的洞察力。因此，在战略性IT规划、阶段正式的规范化方法很少。事实上，目前所知的与战略性IT规划阶段相关联的也只有战略集转化的方法。不过这一方法还不够结构化，还带有人的主观性，在使用中需要有更多的管理者的参与和评价。

在资源分配阶段的一些方法，往往来自更一般的规划方法。因为这一阶段所涉及的主要问题是从整个组织的角度分配MIS的开发和运行资源，制订分配的规划，因而带有一般资源分配问题的共性。

4.2.2　管理信息系统规划的步骤

根据SAM模型和三阶段模型，管理信息系统的战略规划一般应包括以下阶段（共分为9个步骤）。

第 1 个阶段　企业战略规划，包括环境分析、企业战略分析、分析与评估企业现状和业务流程分析与优化4个步骤。

（1）环境分析

对企业所处的环境进行分析是IT规划必不可少的工作，它是规划的依据。在这部分工作中，企业需要深入分析企业所处的国内外宏观环境、行业环境、企业具有的优势与劣势、面临的发展机遇与威胁等。其中，以下3点尤为重要，第一，要分析行业的发展现状、发展特点、发展动力、发展方向，以及信息技术在行业发展中的作用，第二，要分析并掌握信息技术本身的发展现状、发展特点和发展方向。第三，要了解竞争对手对信息技术的应用情况，包括具体技术、实现功能、应用范围、实施手段，以及成果和教训等。

（2）企业战略分析

企业信息化是为企业战略目标实现服务的。为了进行企业信息化规划，在这部分，企业要明确企业的发展目标、发展战略和发展需求。明确了为了实现企业级的总目标，企业各个关键部门要做的各种工作。同时还要理解企业发展战略在产业结构、核心竞争力、产品结构、组织结构、市场、企业文化等方面的定位。在此基础上，通过分析，明确上述各个要素与信息技术特点之间的潜在关系，从而确定信息技术应用的驱动因素，使信息化与企业战略实现融合。

（3）分析与评估企业现状

对企业的现状分析与评估应该从两个方面着手：企业的业务能力现状和企业的IT能力及现状。企业的业务能力现状分析是对企业业务与管理活动的特征、企业各项业务活动的运作模式、业务活动对企业战略目标实现的作用进行分析，揭示现状与企业远景之间的差距，确定关键问题，探讨改进方法。企业IT能力及现状分析主要分析企业当前的信息化状况，包括基础网络、数据库、应用系统状况，分析MIS对企业未来发展的适应能力，给出信息化能力评估。

（4）业务流程分析与优化

业务流程分析与优化即在前3步的基础上，分析并确定那些流程中不合理、效率低、与企业战略目标不符的流程及环节，发现能够在现有环境中实现企业战略目标，并使企业获得竞争力的关键业务驱动力以及关键流程，从而根据企业战略目标和外部环境，进一步优化流程。

MIS的特点如果能够和这些直接创造价值的关键业务流程融合，则对信息技术投资回报的贡献是非常巨大的，也是信息化建设成败的一个衡量指标。这一步要实现信息化与企业业务上的融合。

第 2 个阶段　信息化分析，包括信息化需求分析、信息化战略的制定。

（1）信息化需求分析

信息化需求分析是指在企业战略分析和现状评估的基础上，按照优化流程的业务运作模式，制定适应企业未来发展的信息化战略，指出信息化的需求。信息化需求分析主要分析系统基础网络平台、应用系统、信息安全、数据库等需求。

（2）信息化战略的制定

信息化战略的制定即制定和调整企业信息化的指导纲领，争取让企业以最适合的规模，最适合的成本，去做最适合的信息化工作。这里包括以下3个方面的工作。

① 首先根据本企业的战略需求，明确企业信息化的远景和使命，定义企业信息化的发展方向和企业信息化在实现企业战略过程中应起的作用。

② 其次起草企业信息化基本原则。它是指为加强信息化能力而提出的基本的准则和指导性的方针。信息化基本原则犹如宪法，它代表着信息技术部门在管理和实施工作中要遵循的企业条例，是有效完成信息化使命的保证。

③ 最后制定信息化目标。它是企业在未来几年为了实现远景和使命而要完成的各项任务。对于所形成的每一个业务构想，明确信息化对其支持的理想状态，即信息化战略目标。

第 3 个阶段 信息化实施，包括总体架构和标准、信息化项目分解和信息化保障分析。

（1）总体架构和标准

企业在发展战略目标的指导下，基于业务发展需求和对信息化的需求，从系统功能、信息架构和系统体系3个方面对MIS应用进行规划，确定信息化体系结构的总体架构。同时，还需要拟定信息技术标准。这一部分涉及对具体技术产品、技术方法和技术流程的采用。它是对信息化总体架构的技术支持。通过选择具有工业标准、应用最为广泛、发展最有前景的信息技术为标准，企业可使信息化具有良好的可靠性、兼容性、扩展性、灵活性、协调性和一致性。从而提供安全、先进、有竞争力的服务，并且降低开发成本和时间。

（2）信息化项目分解

信息化项目分解即分析整个信息化过程中的资源投入和工作重点中存在的问题，确定弥补差距所需要的行动，将整个信息化过程分解为相互关联、互相支撑的若干子项目，定义每一个项目的范围、业务前提、收益、优先次序以及预计的时间、成本和资源；并对项目进行分派和管理，选择每一项目的实施部门或小组，确定对每一项目进行监控与管理的原则、过程和手段。

（3）信息化保障分析

信息化保障分析指针对每个项目，进行保障性分析，即按重要性排列优先顺序，进行准备评分，并根据结果做出初步取舍，形成路标规划。然后对项目进行财务分析，根据公司财力，决定取舍。

4.3 管理信息系统规划的经典方法

用于管理信息系统规划的方法很多，主要有关键成功因素法（Critical Success Factors，CSF）、战略目标集转化法（Strategy Set Transformation，SST）和企业系统规划法（Business System Planning，BSP），还有企业信息分析与集成技术（BIAIT）、产出/方法分析（E/MA）、投资回收法（ROI）、征费法（Chargout）、零线预算法等。以下将重点介绍3种国际上常用的方法，即关键成功因素法、战略目标集转化法和企业系统规划法。这些方法中的一些重要概念对我国管理信息系统界也有广泛的影响，特别是企业系统规划，对国内的许多大型管理信息系统总体规划的制订起到了重要的作用。

扫码看视频：

管理信息系统规划的经典方法

4.3.1 关键成功因素法

1970年，哈佛大学教授威廉·萨尼（William Zani）在MIS模型中用了关键成功变量，这些变量是确定MIS成败的因素。10年后，麻省理工学院教授约恩·瑞卡尔特（Jone Rockart）将CSF提高成为MIS的战略。作为一个例子，有人把这种方法用于数据库的分析与建立，它包含以下几个步骤。

（1）了解企业目标。

（2）识别关键成功因素。

（3）识别性能的指标和标准。

（4）识别测量性能的数据。

这4个步骤可以用一个图表示，如图4-5所示。

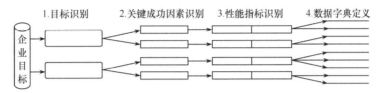

图 4-5 关键成功因素法

关键成功因素法通过目标分解和识别、关键成功因素识别、性能指标识别，产生数据字典。关键成功因素法就是要识别联系系统目标的主要数据类及其关系。识别关键成功因素所用的工具是树枝因果图。其中关键成功因素的识别是一个很重要的环节，可以采用德尔菲法来确定关键成功因素，可以通过判别矩阵的方法定性识别行业关键成功因素。其具体操作过程是采取集中讨论的形式对矩阵中每一个因素打分，一般采用两两比较的方法，如果A因素比B因素重要就打2分，同样重要就打1分，不重要就打0分。在对矩阵所有格子打分后，横向加总，依次进行科学的权重分配，一般权重最高的因素就成为行业关键成功因素。表4-2所示为运用判别矩阵方法设计的关键成功因素分析表。

表 4-2   关键成功因素分析表

得分矩阵	权重
A 因素得分矩阵 =（1,1,2,0）	权重 = 0.25
B 因素得分矩阵 =（1,1,2,0）	权重 = 0.25
C 因素得分矩阵 =（0,0,1,0）	权重 = 0.0625
D 因素得分矩阵 =（2,2,2,1）	权重 = 0.4375（因素 D 为关键成功因素）

如图4-6所示，某企业有一个目标——提高产品竞争力，可以用树枝因果图画出影响它的各种因素，以及影响这些因素的子因素。

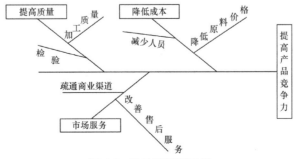

图 4-6 树枝因果图示例

关键成功因素法在战略高层应用，一般效果较好。

4.3.2 战略目标集转化法

战略目标集转化法由威廉·金（William King）于1978年提出。金把整个战略目标看成"信息集合"，由使命、目标、战略和其他战略变量组成，MIS的战略规划过程就是把组织的战略目标转变为MIS战略目标的过程。其步骤如下。

第1步 识别组织的战略集，先考查一下该组织是否有成文的战略式长期计划，如果没有，就要去构造这种战略集合。可以采用以下步骤。

（1）描绘组织各类人员结构，如卖主、经理、雇员、供应商、顾客、贷款人、政府代理人、地区社团及竞争者等。

（2）识别每类人员的目标。

（3）对于每类人员识别其使命及战略。

第2步 将组织战略集转化成MIS战略。MIS战略应包括系统目标、约束以及设计原则等。这个转化的过程包括首先对应组织战略集的每个元素识别对应的MIS战略约束，然后提出整个MIS的结构。最后，选出一个方案送总经理，如图4-7所示。

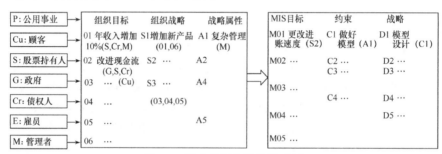

图 4-7　战略目标集转化法示例

从由图4-7中我们可以看出，目标是由不同群体引出的。例如，组织目标01由股票持有人S、债权人Cr以及管理者M引出；组织战略S1由组织目标01和06引出，以此类推。这样就可以列出MIS的目标、约束以及设计战略。

4.3.3 企业系统规划法

IBM公司在20世纪70年代初将BSP作为用于内部系统开发的一种方法，BSP主要基于用信息支持企业运行的思想。在总的思路上BSP和上述的方法有许多类似之处，它也是自上而下识别系统目标、识别企业过程、识别数据，然后再自下而上设计系统以支持目标，如图4-8所示。

BSP的工作原理是：从企业目标入手，逐步将企业目标转化为MIS的目标和结构，从而更好地支持企业目标的实现。它摆脱了MIS对原组织结构的依从性，从企业最基本的活动过程出发，进行数据分析，分析决策所需数据，然后自下而上设计系统，以支持系统目标的实现。

BSP就是把企业目标转化为MIS战略的全过程。它支持的目标是企业各层次的目标。工作步骤如图4-9所示。

进行企业系统规划是一项系统工程性工作，要进行很好地准备。准备工作包括接受任务和组织队伍。一般接受任务由一个委员会承担。这个委员会要明确规划的方向和范围，在委员会下应有一个系统规划组，其组长应全时工作，并具体参加规划活动。委员会委员和系统组成员在思想上要明确"做什么"（what）、"为什么做"（why）、"如何做"（how），以及"希望达到的目标"是什么。要准备必要的条件：一个工作控制室、一个工作计划、一个采访交谈计划、一个最终报告的提纲，还有一些必要的经费。所有这些均落实后，还要得到委员会主任认可。在这里我们要再强调一下，要做好准备工作，如果准备工作没做好，不要仓促上阵。我国许多企业现在仍存在未认真做好准备工作而就上马MIS的情况，结果欲速则不达，危害整个工程。

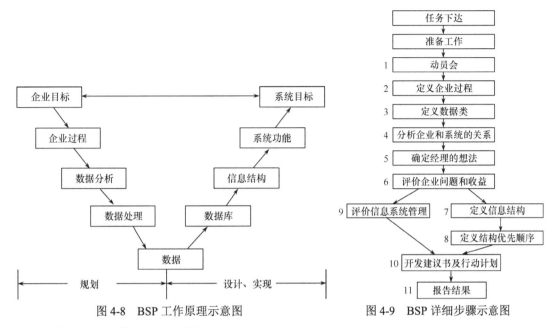

图 4-8 BSP 工作原理示意图

图 4-9 BSP 详细步骤示意图

下面我们对BSP的主要活动进行介绍。

1. 动员会

动员会要说清工作的期望和期望输出。系统组要简介企业的现状，包括政治上、经济上、管理上的敏感问题，还应介绍企业的决策过程、组织功能、关键人物、用户的期望、用户对现有信息系统的看法等。信息系统负责人介绍信息人员对于企业的看法，同时应介绍现有项目状况、历史状况以及信息系统的问题。通过介绍让大家对企业和对信息支持的要求有个全面的了解。

2. 定义企业过程

定义企业过程是BSP核心。系统组每个成员均应全力以赴识别它们、描述它们，对它们要有透彻的了解。只有这样BSP才能成功。企业过程定义为逻辑上相关的一组决策和活动的集合，这些决策和活动是管理企业资源所需要的。

整个企业的管理活动由许多企业过程组成。识别企业过程可使我们对企业如何完成其目标有个深刻的了解。识别企业过程可以作为信息识别构成MIS的基础。按照企业过程所建造的MIS，在企业组织变化时可以不必改变，或者说MIS相对独立于组织。定义企业过程的步骤如图4-10所示。

任何企业的活动均由3项组成：计划/控制、产品/服务、支持资源。它们可以说是3个源泉，任何活动均由这3项导出。

从第1项计划/控制出发，经过分析、讨论、

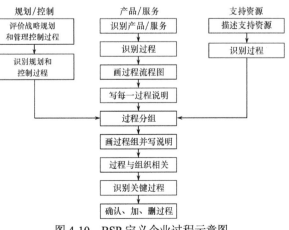

图 4-10 BSP 定义企业过程示意图

研究、切磋，可以把企业战略规划和管理控制过程列于表4-3中。

表 4-3

战略规划	管理控制	战略规划	管理控制
经济预测 组织计划 政策开发 放弃/追求分析	市场/产品预测 工作资金规划 雇员水平规划 运营计划	预测管理 目标开发 产品线模型	预测 测量与评价

识别产品/服务过程与此稍有不同。我们知道任何一种产品均有"生老病死"，或者说有要求、获得、服务、退出4个阶段组成的生命周期。对于每一个阶段，用一些过程对它进行管理，我们就可以沿着这条线去摸清这些过程。这些过程如表4-4所示。

表 4-4

要求	获得	服务	退出
市场规划 市场研究 预测 定价 材料需求 能力规划	工程设计开发 产品说明 工程记录 生产调度 生产运行 购买	库存控制 接受 质量控制 包装储存	销售 订货服务 运输 运输管理

支持资源识别企业过程，其方法类似于产品/服务。我们由资源的生命周期出发列举企业过程。一般来说，企业资源包括资金、人事、材料和设备等（见表4-5）。

表 4-5

资源	生命周期			
	要求	获得	服务	退出
资金	财务规划 成本控制	资金获得 接收	公文管理 银行账 会计总账	会计支付
人事	人事规划 工资管理	招聘 转业	补充和收益 职业发展	终止合同 退休
材料	需求生产	采购 接收	库存控制	订货控制 运输
设备	主设备规划	设备购买 设备管理	机器维修 家具、附属物	设备报损

定义过程是BSP成功的关键，输出应有以下文件。

（1）一个过程组及过程表。

（2）每一过程的简单说明。

（3）一个关键过程的表，即识别满足目标的关键过程。

（4）产品/服务过程的流程图。

（5）系统组成员能很好地了解整个企业的运营是如何管理和控制的说明。

至此定义过程才能告一段落。

3. 定义数据类

这里采用企业实体法来定义企业数据，企业实体是顾客、产品、材料以及人员等客观存在的东西。企业实体法的第1步是列出企业实体，一般来说要列出7～15个实体；第2步是列出一个矩阵，将企业实体列于水平方向，在垂直方向列出数据类，如表4-6所示。

表 4-6 数据/企业/实体矩阵

企业实体\数据类	产品	顾客	设备	材料	卖主	现金	人员
规划/模型	产品规划	销售领域 市场规划	能力规划 设备规划	材料需求 生产调度		预算	人员规划
统计/汇总	产品需求	销售历史	运行 设备利用	开列需求	卖主行为	财务统计	生产率
库存	产品 成本 零件	顾客信息	设备 机器负荷	原材料 成本 材料单	卖主信息	财务 会计总账	雇用工资 技术
业务	订货	运输		采购 订货	材料 接收	接收 支付	

4. 分析企业和系统的关系

分析企业和系统的关系主要用几个矩阵来实现，其一是组织/过程矩阵，它在水平方向列出各种过程，垂直方向列出各种组织，如果该组织是该过程的主要负责者或决策者，则在对应的矩阵元中画"*"；若为主要参加者就画"×"，若为部分参加者就画"/"，这样就一目了然了。如果企业已有现行系统，我们可以画出组织/系统矩阵。在矩阵元中填C，表示该组织用该系统，如果该组织以后想用某系统，可以在矩阵元中填入P，表示该组织计划用该系统。同理可以画出系统/过程矩阵，用以表示某系统支持某过程。同样可以用C和P表示现行和计划。用同样的方法还可以画出系统/数据类矩阵。

5. 确定经理的想法

确定经理的想法就是确定企业领导对企业前景的看法。系统组的成员应当很好地准备采访提纲、很好地进行采访以及很好地进行分析总结等。采访的主要问题参考如表4-7所示。

表 4-7 主要问题参考表

你的责任领域是什么？	这些改善的价值是什么？
基本目标是什么？	什么是你最有用的信息？
你去年达到目标所遇到的 3 个最主要的问题是什么？	你如何测量？
什么东西妨碍你解决它们？	你如何衡量你的下级？
为什么需要解决它们？	你希望做什么样的决策？
较好的信息在这些领域的价值是什么？	你的领域明年和 3 年内的主要变化是什么？
如果有更好的信息支持，你在什么领域还能得到最大的改善？	你希望本次规划研究达到什么结果？
	规划对你和企业将起什么作用？

以上问题供参考，均应根据具体情况增删。一般来说，所提问题应是"Open up"型的，即"打开话匣子"型，而不应当是"close down"型的，即"只要求回答是否"式的问题。

6. 评价企业问题和收益

在采访经理以后应当根据这些资料来评价企业的问题，如图4-11所示。

根据图4-11，第1步 总结采访数据，这些数据可以汇集到一个表上，如表4-8所示。

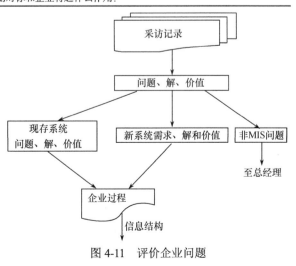

图 4-11 评价企业问题

表 4-8 采访数据汇总

主要问题	问题解	价值说明	信息系统要求	过程/组影响	过程/组起因
由于生产规划影响利润	规划机械化	改善利润 改善顾客关系 改善服务和供应	生产规划	生产	生产

第2步 分类采访数据，任何采访的数据均要分为3类，即现存系统的问题、解和价值，新系统需求、解和价值，以及非MIS问题。第3类问题虽不是MIS所能解决的，但也应充分重视，并整理递交总经理。

第3步 把数据和过程关联起来，可以用问题/过程矩阵表示，表4-9中的数字表示这种问题出现的次数。

表 4-9 问题/过程矩阵

问题＼过程	市场	销售	工程	生产	材料	财务	人事	经营
市场/顾客选择	2	2						2
预测质量	3							4
产品开发			4			1		1

7. 定义信息结构

本活动实际上是划分子系统。BSP是根据信息的产生和使用来划分子系统的，它尽量把信息产生的企业过程和使用的企业过程划分在一个子系统中，从而减少了子系统之间的信息交换。具体作法是用U/C图表示，U表示使用（Use），C表示产生（Create），具体如图4-12所示。

企业过程＼数据类	客户	订货	产品	工艺流程	材料表	成本	零件规格	材料库存	成本库存	职工	销售区域	财务计划	规划	设备负荷	物资供应	任务单	列号Y
经营规划		U			U							U	C				1
财务规划					U						U	C	C				2
资产规模													U				3
产品预测	C		U								U						4
产品设计开发	U		C	U	C		C						U				5
产品工艺			U		C		C	U									6
库存控制							C	C						U	U		7
调 度		U	U											U		C	8
生产能力规划			U											C	U		9
材料需求			U		U											C	10
操作顺序				C										U	U		11
销售管理	C	U	U						U		U						12
市场分析	U	U	U								C						13
订货服务	U	C	U						U		U						14
发 运		U	U						U		U						15
财务会计	U	U								U	U	U					16
成本会计	U	U				U						U					17
用人规划										C							18
业绩考评										U							19
行 号X	1	2	3	4	5	6	7	8	9	10	11	12	13	14	15	16	

图 4-12 U/C 图

图4-12所示U/C的左列是企业过程，最上一行列出数据类，如果某过程产生某数据，就在某行某列矩阵元中写C，如果某过程使用某数据，则在其对应元中写U。开始时数据类和过程是随机排列的，U、C在矩阵中的排列也是分散的。我们以调换过程和数据类的顺序的方法尽量使U、C集中到

对角线上排列，然后把U、C比较集中的区域用粗线条框起来，这样形成的框就是子系统，如图4-13所示。在框外的U表示一个系统用另一个子系统的数据，图中用带箭头的线表示。这样就完成了子系统划分，即确定了信息结构的主流。

此时，最好进行数据正确性的分析，要用到的就是数据守恒原则，包括以下几项。

（1）原则上每一列只能有一个C。如果没有C，则可能是数据收集有错；如果有多个C，则有两种可能：其一是数据汇总有错，误将其他几处引用数据的地方认为是数据源，其二是数据栏是一大类数据的总称，应将其细化。

（2）每一列至少有一个U，如果没有U，则一定是调查数据或建立U/C图时有误。

（3）不能出现空行或者空列。出现空行或空列，则可能因为出现了下列两种情况：其一，数据项或业务过程的划分是多余的；其二，在调查或建立U/C图过程中可能漏掉了它们之间的数据联系。

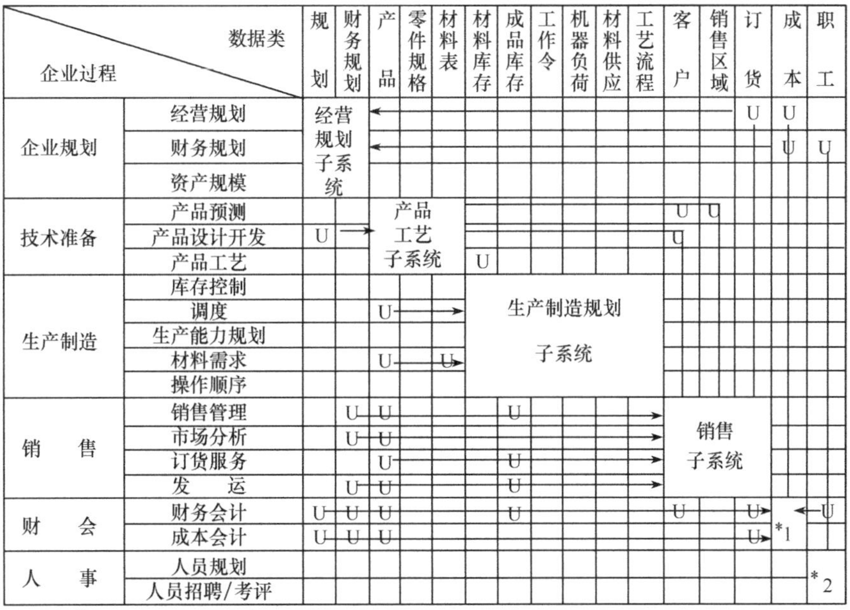

企业过程	数据类	规划	财务规划	产品	零件规格	材料表	材料库存	成品库存	工作令	机器负荷	材料供应	工艺流程	客户	销售区域	订货	成本	职工
企业规划	经营规划	经营规划子系统													U	U	
	财务规划															U	U
	资产规模																
技术准备	产品预测			产品工艺子系统									U	U			
	产品设计开发	U→											U				
	产品工艺					U											
生产制造	库存控制						生产制造规划子系统										
	调度			U→													
	生产能力规划																
	材料需求			U→	U→												
	操作顺序																
销售	销售管理		U	U			U							销售子系统			
	市场分析		U	U													
	订货服务		U	U			U										
	发运		U	U			U										
财会	财务会计	U	U	U			U						U		U	U	←U
	成本会计	U	U	U			U								U	*1	
人事	人员规划																*2
	人员招聘/考评																

注：*1——财会子系统；*2——人事档案子系统。

图4-13　整理后的 U/C 图

4.3.4　CSB方法

前几节介绍的规则的经典方法中，CSF能抓住主要矛盾，使目标的识别突出重点。但是该方法最有用的只是在确定管理目标上。

SST从另一个角度识别管理目标，它反映了各种人的要求，而且给出了按这种要求的分层，然后转化为MIS目标的结构化方法。它能保证目标比较全面，疏漏较少，但它在突出重点方面不如前者。

BSP虽然也首先强调目标，但它没有明显的目标引出过程。它通过管理人员酝酿"过程"引出了系统目标，企业目标到系统目标的转换是通过组织/系统、组织/过程以及系统/过程矩阵的分析得到的。这样可以定义新的系统以支持企业过程，也就把企业的目标转化为了系统的目标，所以我们说定义企业过程是BSP战略规划的中心，绝不能把BSP的中心内容当成U/C图。

我们把上述3种方法结合起来生成新方法，即CSB方法。这种方法先用CSF确定企业目标，然后用SST补充完善企业目标，并将这些目标转化为信息系统目标，用BSP校核2个目标，并确定信息系统结构，这样就弥补了单个方法的不足。当然这也使得整个方法过于复杂，而削弱了单个方法的灵活性。可以说迄今为止IT规划方法没有十全十美的。由于战略规划本身的非结构性，唯一解可能永远也找不到。进行任何一个企业的规划均不应照搬以上方法，而应当具体情况具体分析，选择以上方法中可取的思想，灵活运用。

4.3.5　常用传统IT规划方法的比较

自20世纪70年代以来，随着信息技术的发展，许多专家和学者对IT规划方法进行了探索和研究，并且形成了多种IT规划的方法，其主要的比较如表4-10所示。这些方法的共同点均是采用自顶向下的规划步骤，其不同是在规划周期、需求来源、关注点和主要目标上。这些方法可以从某个侧面捕捉企业的信息化需求，但没有从整体上考虑企业的信息化需求。

表 4-10　　　　　　　　　　　　　　IT 规划方法的比较

方法	规划周期	需求来源	关注点	主要目标
企业系统规划法（BSP）	长周期	内部需求	技术	创建一致的 MIS 框架
战略目标集转化法（SST）	长周期	内部需求	管理	保证 MIS 与战略一致
关键成功因素法（CSF）	持续性	外部需求	管理	明确信息需求、支持需求变化
应用系统组合法（APA）	中长期	外部需展	管理	从战略出发进行 MIS 优先级划分
价值链分析法（VCA）	中短期	外部需求	市场	标识关键增值环节
战略系统规划法（SSP）	持续性	外部需求	组织	创建竞争优势

4.4
企业架构驱动的规划方法

上节介绍的方法将关注点放在了IT战略规划与IT执行规划两个层面，如CSF和SST的重心在战略层，而BSP的重点在技术执行层面。前面介绍的方法对IT架构层重视不够，由战略一致性模型（SAM）可知，一个完善的IT规划至少应该遵循两个原则：一是IT战略与业务战略相匹配；二是保证每一个IT项目（或MIS）真正与战略相关联。从图4-1中可知，IT规划应包括3个层面：IT战略层、IT应用架构规划与IT技术架构及IT资源部署方式层。这3个层面是相互依托，相互促进的，其中架构（IT应用架构层、IT技术架构）是核心。与业务战略相匹配的IT战略明确了信息化远景目标，与业务战略以及业务流程、组织架构相匹配的IT架构是承接业务战略，架构是IT战略与IT支撑的桥梁，IT支撑是每一个具体IT系统建设的目标范围、方案、实施计划与投资。本节介绍企业架构驱动的规划方法。

4.4.1　企业架构的基本概念

1. 架构

在《韦氏词典》中"架构"（Architecture）的定义是，"作为一种意识过程结果的形态或框架；一种统一或有条理的形式或结构；建筑的艺术或科学"。这个定义的关键部分是："具有特定结构的，体现某种美感的事物以及针对该事物的有意识的、有条理的方法"。

建立架构时，通常会建立一个共有的远景，并考虑外部的约束、客户的需求、内部约束、技术约束等，通过有条理的逻辑推理来最终实现该结构。架构包含了在架构构建过程中连接概念到实施的工具、流程、文档、计划和蓝图的集合。IT行业普遍采用"架构"的历史并不是很长，但在使用方法上则遵循了相同的规则。

2. 企业架构

企业架构（Enterprise Architecture，EA）的定义有很多，主要有以下几种。

（1）扎克曼（Zachman）的定义：EA是构成组织的所有关键元素和关系的综合描述。企业架构框架（EAF）是一个描述EA方法的蓝图。

（2）1996年克林格-科恩（Clinger-Cohen）法案的定义：EA是一个集成的框架，用于演进或维护存在的信息技术和引入新的信息技术来实现组织的战略目标和信息资源管理目标。

（3）The Open Group的定义：EA是关于对所有构成企业的不同企业元素，以及这些元素怎样相互关联的理解。

（4）美塔集团（MetaGroup）的定义：EA是一个系统过程，它表达了企业的关键业务、信息、应用和技术战略以及它们对业务功能和流程的影响。关于信息技术怎样以及应该如何在企业内实施，EA提供了一个一致、整体的视角，以使它与业务和市场战略一致。

总之，EA研究如何将业务功能与需求映射到IT系统，并为选择、设计、开发和部署企业所有的IT系统提供一种符合企业战略和业务功能需求的平衡方法。

在EA的定义下，一些概念衍生出来，作为EA概念的组成部分，包括企业业务架构、信息架构、技术架构、软件架构等。

3. 企业业务架构

企业业务架构（Enterprise Business Architecture，EBA）是企业关键业务战略以及它们对业务功能和流程的影响的表达。通常包含业务功能、流程和信息价值链的当前和将来的状态模型，通过信息架构、技术架构以及应用投资组合来进行实施，可定义为支撑竞争优势的业务设计。

4. 企业信息架构

企业信息架构（Enterprise Information Architecture，EIA）是一个由EBA驱动的模型集，用来描述企业信息价值链，主要包括建立关键信息流模型、描述业务事件的关键输出信息、扩展组织边界到外部信息来源和流向、使企业能快速进行业务决策和信息共享。

5. 企业技术架构

企业技术架构（Enterprise Technology Architecture，ETA）是一个逻辑一致的技术原理集合，指导组织MIS和技术基础结构的工程化。ETA是对整个IT战略的表达。

6. 软件架构

在IT行业，架构的一个更早更普遍的概念应用是"软件或应用程序的架构"。软件架构（Software Architecture，SA）起源于软件工程，是关于软件系统的有机组织的决策集合、结构化元素的选择以及元素之间的接口，通过这些接口以及元素间的协作构成软件系统。

4.4.2 企业架构理论的发展

美国架构规划专家扎克曼在20世纪90年代初就建立了企事业架构标准框架（Zachman Enterprise Architecture Framework）。扎克曼的架构规划框架模型是国际上最为权威的企事业IT架构规划模型，美国国防部、财政部等政府部门，在20世纪90年代，率先基于这个框架进行了IT架构的规划工作，并结合本部门的特点，制定了指导本部门信息化建设的架构框架标准。随后，政府、企事业单位、咨询和研究机构、厂商广泛参与，企事业架构标准化的工作越来越重要，也产生了一些研究团体和标准框架，如The Open Group架构框架（The Open Group Architecture Framework，TOGAF）。

由图4-14可知，构架理论有三大学派。第一个学派是Zachman学派；第二个学派是美国国防部学派，第三个学派是美国联邦CIO委员会学派。

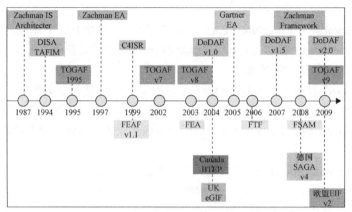

图 4-14　企业架构理论的发展历程

4.4.3　TOGAF介绍

　　TOGAF不是单一的企业架构框架，而是发展企业架构的一套通用方法和模板。它在杰克·韦尔奇的"无边界"管理模式的基础上，提出了"无边界信息流"的愿景，即企业可以通过使用开放标准的构件，将多个信息源结合起来，以安全的方式，在合适的时间、地点、使用环境中向需要使用该类信息的人或系统提供信息。

　　TOGAF作为一个开放框架，目前已发行至第9版。TOGAF 第9版主要包括6个模块：架构开发方法（ADM）、架构内容框架、TOGAF参考模型、架构开发指引和技术、企业连续系列与架构存储库，以及架构能力框架，如图4-15所示。

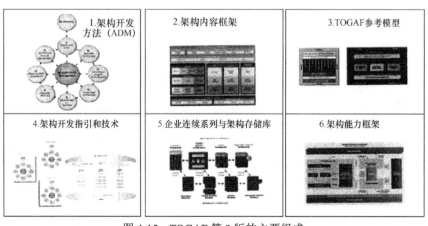

图 4-15　TOGAF 第 9 版的主要组成

　　其中，ADM是开发和使用企业架构的迭代方法，贯穿TOGAF第9版的始终。架构内容框架是最终形成企业架构成果的标准框架，以元模型为基础，提供全面、易整合的架构工作产品清单，具体成果包括交付物、交付物内的制品和构建块。架构开发指引和技术是帮助用户更好地应用ADM的指导（如迭代、安全等）和技术（定义原则、业务场景、差距分析、迁移计划、风险管理等）。企业连续系列与架构存储库是对架构和解决方案制品分类的方法，TOGAF第9版定义了4种架构，共同构成架构连续系列，从基础架构到共同系统架构到行业架构再到组织特定架构，依次具有承接上一级的关系；架构存储库是企业的架构资产管理系统，用于存储所有的架构成果。架构能力框架是为确保架构功能在企业中能够被成功运用，提供一系列参考材料，包括组织结构、流程、角色、责任和技能来实现其自身的企业架构能力。以下主要介绍前 3 个部分。

1. 架构开发方法

TOGAF的关键是ADM，这是一个行业公认的、开放的、可靠的、用于开发满足业务需求的企业架构的方法。目前TOGAF企业版的最新版本为第9版，其企业架构开发流程如图4-16所示。

（1）架构开发流程

在图4-16所示的10个阶段中，A～D是目标架构的开发，相当于传统IT规划的信息技术战略的制定。D～F是目标架构的实施计划的开发，相当于传统IT规划的信息技术实施计划的制订。以下是10个阶段的具体内容。

① 预备阶段（Preliminary Phase）描述一些筹备工作和初始活动，满足新的企业架构的业务指导的需求，包括一个特定组织架构框架和组织原则的定义。主要完成定义架构的范围、架构的组成元

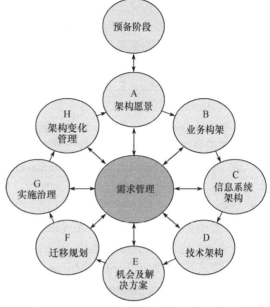

图 4-16　TOGAF 第 9 版企业架构开发流程

素、如何将各子架构整合在一起、如何调整框架以适应企业的实际状况；定义重用原则，重申业务原则、业务目标和战略业务驱动力；定义业务原则，包括使命、愿景、战略和目标。

② 架构愿景（Phase A: Architecture Vision）描述架构开发周期的初期阶段，包括范围的定义信息、利益相关者的确认、建立架构愿景以及获得企业各方面的支持和认可。明确企业想要解决什么问题，而不是要建立什么系统；问题解决了对企业意味着什么。

③ 业务架构（Phase B: Business Architecture）描述业务架构的开发以支持企业架构愿景。目的是改善企业业务流程；考虑人和组织的变革，实现业务流程的改善；考虑企业各种相关的环境因素，定义当前业务架构和目标业务架构，分析二者之间的差距；选择相关架构视角，论证企业利益相关者所关注的问题如何处理。

④ 信息系统架构（Phase C: Information Systems Architectures）描述信息系统架构的开发，包括数据架构和应用架构。数据架构用来确认支持业务流程的数据，尤其是核心流程数据，同时要清楚数据的所有者，做好数据质量的管理。数据架构包括概念数据模型、逻辑数据模型和物理数据模型。应用架构用于确定处理数据、支持业务处理的应用系统的种类，决定系统类型，确立系统如何对数据进行管理以及如何与用户进行交互，确定独立于具体技术的系统应用功能，使应用可以在任何时候、任何地点以正确的形式为用户提供正确的数据。

⑤ 技术架构（Phase D: Technology Architecture）描述技术架构的开发过程，是一项平衡考虑可用性、必要性、标准、战术和战略的活动。在技术架构的开发过程中，需要考虑以下因素。

- 架构因素：从业务架构的角度，既要考虑服务水平协议、安全性和隐私性，还要考虑访问控制权和信息的正确性及准确位置；在数据架构方面，要考虑数据元素、需求和速度、空间等；而在应用架构方面，则需考虑信息的正确格式。
- 企业因素：要考虑技术合并策略、技术技能和技术方向。
- 总体拥有成本：既要考虑输入成本，又要考虑输出成本。
- 预期寿命：从应用系统的寿命和技术的寿命两个方面考虑。

⑥ 机会和解决方案（Phase E: Opportunities & Solutions）组织架构实施规划，确认架构实现途径。这是直接关系架构实施的第一个阶段，确定主要的工作任务和项目，考虑企业提出的活动并将其映射到技术或业务参考架构中，强调技术上的灵活选择，战术和战略的业务需求。企业领导和架构师要达成一个共同的愿景，不仅在技术迁移和实施方面，同时也要考虑变革为企业带来的风险；还要充分考虑理想的解决方案和实用的方案之间的平衡和选择。

⑦ 迁移规划（Phase F: Migration Planning）制订一套详细的架构迁移规划来支持架构的实施，也就是制订如何使未来架构成为现实的规划。这一阶段的任务是开发一个项目列表和规定项目优先序列，帮助企业实现未来架构。这一时期，项目组合管理非常重要，还要考虑企业当前的投资，还要考虑新项目组合、外部强制项目以及基础设施项目等。

⑧ 实施治理（Phase G: Implementation Governance）提供架构实施的监管，保证通过变化管理实现未来架构。监管的层次结构有公司治理、技术治理、信息技术治理以及架构治理，包括实施治理和架构合同等。

⑨ 架构变化管理（Phase H: Architecture Change Management）设计管理架构变化的程序。因为企业的未来架构是一个动态的架构，因而也就必须随着技术的变化以及企业业务环境的变化而变化。

⑩ 需求管理（Requirements Management）通过ADM检查管理架构需求的流程，包括架构需求、业务需求、系统需求、组织变革需求、实施需求和利用需求等。

（2）ADM迭代过程

ADM是一种迭代的方法，在开发企业架构时，一个新的决定产生，就会出现一次迭代。它可能是一次具有完整的企业架构开发生命周期的迭代，也可能嵌套在另一个迭代过程中。ADM中一般包含4种重要迭代，即架构背景迭代、架构定义迭代、过渡规划迭代和架构管控迭代，如图4-17所示。下面依托这4种迭代对ADM包含的几个阶段进行介绍。

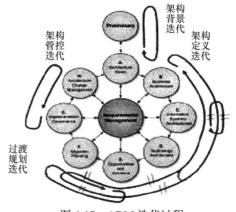

图 4-17　ADM 迭代过程

架构背景迭代包括预备阶段和架构愿景阶段。预备阶段的目标是使企业为建立成功的企业架构做好准备，如建立组织环境、识别利益相关者及定义架构原则等，它向需求管理流程提供输入，并启动架构愿景阶段。架构愿景阶段的目标是充分考虑利益相关者的观点，勾勒企业架构愿景，并正式启动一个ADM的迭代周期。

架构定义迭代包含3个具体阶段，分别是业务架构阶段、信息系统架构阶段和技术架构阶段，统称为BCD阶段。其中，业务架构描述关于业务领域的架构工作，架构愿景阶段中对于业务现状与愿景进行了详细说明，给出差距分析，并根据差距得出具体的路线图。信息系统架构阶段说明了IT系统如何满足企业的业务目标，具体又分为应用架构与数据架构2个子领域。实际上，由于ADM是一种迭代方法，两者并没有先后顺序。同业务架构一样，在信息系统架构阶段也要定义基线架构和业务架构，找出差距分析，并得出具体的路线图。技术架构阶段利用硬件、软件和网络等技术，定义架构的物理实现方式。

过渡规划迭代包括机会及解决方案阶段和迁移规划阶段。前者的目标是汇总从BCD阶段得到的差距，评审目标业务的目标及能力，形成解决方案构建块来满足这些能力。后者的目标是进行成本和业务效益的分析，对所有工作包、项目和构建块划分优先顺序，与利益相关者确认一个过渡架构，创建、推进和监控具体的实施与迁移计划。

架构管控迭代包括实施治理阶段和架构变化管理阶段。前者的目标是制订每个项目实施的建议，确保所部属的解决方案与目标架构一致。这一阶段最终输出符合架构的解决方案。后者提供持续的监测和变更管理流程，评估架构的性能并提出变更意见，通过架构和持续运营使业务价值最大化。

此外需要说明的是，以上每个阶段都需要与需求管理交互。需求管理定义了一个管理需求流程，解决处于各阶段的需求识别、保管和交付问题，是ADM流程的中心。

TOGAF的ADM是一种通用的架构开发方法，它不是一成不变的，可以满足绝大多数系统和组织的需求，但是企业经常需要采取必要的方式来修改这种方法，以适应企业的特定需求。企业在应用ADM前要从应用性的角度综合衡量架构组件，然后适当修改以适应企业特定的环境，从而形成基于"特定企业"的ADM。TOGAF的最大优点是给出了企业架构解决方案，提出了各种模型和模型的建立方法，但是在规划方法、框架治理以及信息架构方面阐述较少，缺少针对性。

（3）流程各阶段主要任务和交付物

明确了开发迭代方式和各个步骤后，接下来就需要确定每个阶段具体有哪些工作和交付物，图4-18所示为各阶段的主要任务和交付物。

预备阶段 原则目录	阶段 B. 业务架构 组织/施动者目录 驱动力/目标/目的目录 角色目录 业务服务/功能目录 位置目录 流程/事件/控制/产品目录 契约/测度目录	阶段 C. 数据架构 数据 实体/数据构件目录 数据 实体/业务功能矩阵 系统/数据矩阵 类图 数据发布图 数据安全图	阶段 D. 应用架构 应用组合目录 接口目录 系统/组织矩阵 角色/系统矩阵 系统/功能矩阵 应用互动矩阵 应用通信图
阶段 A. 架构愿景 利益关系者映射矩阵 价值链图 解决方案概念图	业务互动矩阵 施动者/角色矩阵 业务轨迹图 业务服务/信息图 功能的分解图 产品生命期图 目标/目的/服务图 用例图 组织分解图 流程图 事件图	类阶层图 数据迁移图 数据生命周期图	应用和用户位置图 系统用例图 企业可管理性图 流程/系统实现图 软件工程图 应用迁移图 软件分布图
阶段 E. 技术架构 技术标准目录 技术组合目录 系统/技术矩阵 环境和位置图 平台分解图 处理图 网络计算/硬件图 通信工程图		阶段 F. 机会及解决方案 项目背景图 效益图	需求管理 需求目录

图 4-18　各阶段主要任务和交付物

2. **架构内容框架**

TOGAF第9版的架构内容框架提供了一个详细的架构工件模型，包括交付物、交付物的工件和架构构建块。TOGAF通常要处理4个架构：业务架构、数据架构、应用架构和技术架构。在开发这些架构的过程中，架构开发方法ADM是最关键的，这是一个经过检验的、可靠的、行之有效的方法，包括建立一个企业架构框架、开发架构内容、架构迁移和架构实施过程的治理及监控。所有这些活动都是在一个连续的架构定义和架构实现的循环往复过程中进行的，以一种可控的方法去转变企业，从而实现业务目标，寻找业务机会。具体如图4-19所示。

其中关键点介绍如下。

（1）架构原则、愿景、需求组件的目的是获取正式的架构模型的周边环境，包括总体架构原则、战略背景下形成的输入架构建模，并从结构中产生需求。该组件通常处在收集环境信息的预备和架构愿景阶段。

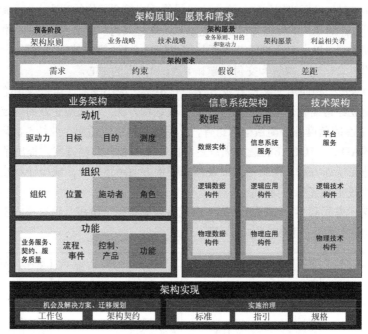

图 4-19　架构内容框架

（2）业务架构组件是为了获取业务运作模型，特别是关注那些促使企业变化的动机，从组织上看企业是如何组成的，或者企业有什么功能。

（3）信息系统构架组件是为了获得IT系统架构模型，特别关注在TOGAF ADM方法中的应用和数据。

（4）技术架构组件是为了引导获得用来执行和实现信息系统解决方案的技术资产。

（5）构架实现组件跟踪变化路线图，该图显示架构的状态和用于引导和控制架构的实现绑定声明之间的转变。

3. TOGAF 参考模型

TOGAF参考模型的作用是促进组织间的沟通，使系统分析前后保持一致。TOGAF第9版本身提供了两个参考模型，即技术参考模型（Technology Reference Model，TRM）和集成信息基础架构参考模型（Integrated Information Infrastructure Reference Model，III-RM）。

TRM提供了一个通用平台服务的模型和分类法，主要模型如图4-20所示。

侧面视图　　　　　　　　　　　　　　　自上而下视图

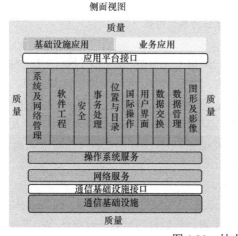
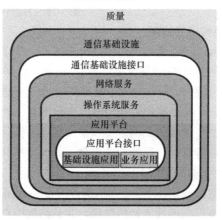

图 4-20　技术参考模型

　　TRM是通用的平台服务模型和分类，分类定义的术语，并提供了其组件的相关描述。它的目的是得到信息系统的概念性描述。TRM是分类法的图形表示，用于帮助用户理解。

　　III-RM描述了一个典型的应用平台环境中的技术模型，该模型包括在企业连续体之中，着眼于应用软件的空间。III-RM是一个"通用系统架构"的企业连续体术语。

　　如图4-21所示，III-RM只是TOGAF TRM的整体范围的一个子集，但它也扩展了TRM的某些部分，特别是在商业应用和基础设施应用的部件。III-RM提供了解决当今企业架构师面临的关键挑战的服务，即设计一个综合信息基础设施来实现无边界信息流。

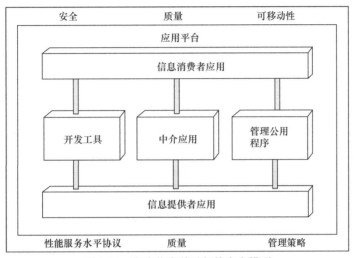

图4-21　集成信息基础架构参考模型

　　TOGAF第9版还提供了构架开发引导和技术、企业连续系列、构架能力框架等，在此不做介绍。

　　TOGAF第9版还鼓励企业在开发特定架构时参考自身所处行业的标准模型。架构能力框架是帮助企业架构成果最终落地的一整套资源，包括架构委员会、架构合规、架构合约、架构治理、架构成熟度模型和架构技能框架。

4.5 综合案例

【案例背景】

　　××木业有限公司于2000年成立，现有固定资产11.9亿元，职工1500人，年生产人造板能力为50万立方米，是国家高新技术企业、国家农业产业化重点龙头企业。企业实行三级管理，如图4-22所示。企业实施信息化多年，每年在信息化建设方面投入了大量的人力和财力。公司已建立OA办公自动化系统、财务系统、人力资源系统等，并已搭建公司广域网、局域网。在木材行业里有这样一个共识，信息化的管理手段是木材业生存和发展的命脉，没有信息化就没有木材业的未来。经过分析讨论，公司领导层认为目前提升公司利润有两种方法，一种是实现规模效益，降低总的营运成本，走集约化经营的路子；另一种方法是直接提升利润，为顾客提供个性化的服务。两种方法都必须以信息化作为支撑。公司下属单位情况复杂：既有全资木材厂，也有控股农场；经营规模差异大，新厂老厂并存；区域跨度大，只有以整个业务协同的管理信息系统为载体，充分发挥管理信息系

扫码看视频：

案例分析

统规范、高效的特质，才能在公司整体范围内打破管理边界，起到集团化管控、降低运营成本的作用。

但公司目前的管理信息系统都是以职能部门为单位建立的，过分关注职能部门业务功能的实现，缺乏与公司战略层面的融合匹配，因此各管理信息系统各自为政，业务之间没有联系，缺少协同，既造成信息化重复建设、资源冗余，又产生了横向的信息"孤岛"和纵向的信息"烟囱"。此外，公司主要依赖管理信息系统、管理信息技术的功能是处理基层业务，公司对管理信息化建设的战略地位认识存在差距，对管理信息系统推动管理模式和业务战略的作用认识不足，对管理信息系统规划对企业发展和竞争战略成败具有的关键作用认识不够深刻。因此，公司需要进行系统的思考，重新确立公司管理信息系统规划的战略地位，建立与公司战略匹配的管理信息系统模型。

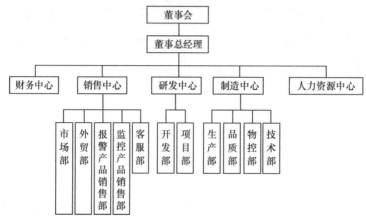

图 4-22　××木业有限公司组织架构参考模型

【解决方案】公司请来信息化专家成立了规划课题组，其目标是在分析公司产品线建设、运营模式对信息化需求的基础上结合信息化的具体现状，对信息化建设进行总体规划。图4-23所示是公司信息化规划蓝图。

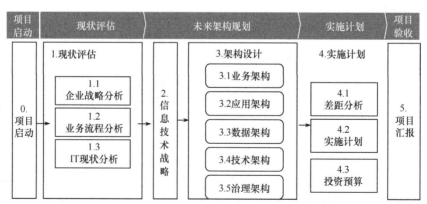

图 4-23　××木业有限公司信息化规划蓝图

将图4-23所示的××木业有限公司信息化规划蓝图细化成××木业有限公司信息化规划路线图，如图4-24所示。

第1步　分析公司业务发展战略规划，梳理业务主要流程，找到主要成功因素（图4-25所示是该公司主要成功因素"鱼刺"图），提炼业务组件，建立企业业务架构模型。各大业务从功能上可划分成若干相对独立的基本业务单元（即业务组件），这些基本业务组件对组织结构的变化具有相对的独立性。

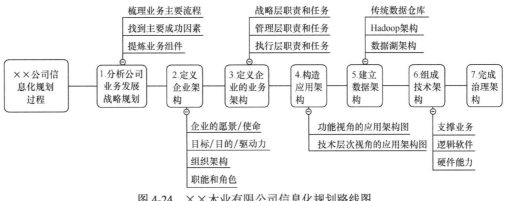

图 4-24 ××木业有限公司信息化规划路线图

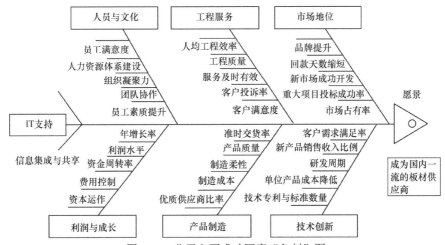

图 4-25 公司主要成功因素"鱼刺"图

第2步 定义公司架构。公司架构如同战略规划，可以辅助公司完成业务及IT战略规划。根据 TOGAF及其ADM来定义公司的愿景/使命、目标/目的/驱动力、组织架构、职能和角色。在此，利用 TOGAF及ADM将公司架构定义为业务架构、应用架构、数据架构和技术架构。图4-26所示是公司架构示意图，它反映了企业战略与具体项目管理间的关系。公司架构是承接公司业务战略与IT战略之间的桥梁与标准接口，是公司信息化规划的核心。

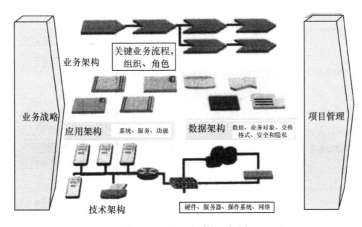

图 4-26 公司架构示意图

第3步 定义公司的业务架构。业务架构将高层次的业务目标转换成可操作的业务模型，描述业务应该以何种方式运作才能满足成功必须的能力和灵活性要求。定义企业内部实体（业务实体之间）和外部实体之间（企业与客户、内部和外部的协作与合作伙伴、利益相关者等）的各种交互关系。

业务架构是一个全面的IT战略和IT体系架构的基础，因为业务体系架构是应用、数据/信息、技术的驱动。在开始设计IT架构之前，需要对公司的业务架构有很深刻的认识。图4-27所示是该公司的业务构架图。该图从二维上描述了公司的各职能部门在战略层、管理层和执行层这3个层次上所具有的职责和任务。

	技术部门	品质部门	采购部门	生产部门	销售部门	财务部门
战略层	● 战略规划动态管理 ● 产品开发关键绩效指标（KPI）管理	● 新品质量目标控制	● 采购成本目标控制	● 制造成本目标控制	● 市场分析与决策 ● 客服能力目标控制	● 投资融资战略 ● 预算与计划管理 ● 利润分配管理
管理层	● 产品质量先期决策（APQP）项目管理 ● 关键节点目标监控 ● 开发能力分析决策	● 质量控制能力分析 ● 试制质量标准控制	● 成本分析控制 ● SDM过程控制	● 工艺开发过程控制 ● 生产能力分析对策	● 市场推广活动管理 ● 客服基础整备控制	● 组织资金运动 ● 加强资金管理 ● 提高经济效益
执行层	● 开发指令发布更新 ● 初始物料清单（BOM）设计管理 ● 并行设计协同管理 ● 产品试制管理 ● 试验评价管理 ● 生产件批准程序（PPAP）审查及批准 ● 项目过程控制监控	● 制品入厂检验管理 ● 试制结论发布管理 ● 三阶段提交协议（3PC）分析及对策 ● 产品静态及动态评价	● SDM业务管理 ● 供应商合同管理 ● 成本统计及发布	● 工艺设计管理 ● 生产能力统计发布	● 市场推广活动效果 ● 市场限制对策管理 ● 备件BOM设计管理 ● 维修手册编制	● 日常财务核算 ● 确保资金正常运转 ● 执行财务决算 ● 财务会计凭证

图 4-27 公司的业务架构图

第4步 构造应用架构。应用架构（Application Architure）描述了IT系统功能和技术实现的内容。

公司级的应用架构：公司层面的应用架构起到了统一规划、承上启下的作用，向上承接了公司战略发展方向和业务模式，向下规划和指导企业各个IT系统的定位和功能。在公司架构中，应用架构是最重要和工作量最大的部分，它包括了公司的应用架构蓝图、架构标准/原则、系统的边界和定义、系统间的关联关系等方面的内容。

应用架构主要以架构图的方式描述系统的组成和框架，一般从系统功能和系统技术层次两个架构视角进行设计。

（1）系统功能视角的应用架构图（见图4-28）。

图 4-28 系统功能视角的应用构架

（2）系统技术层次视角的应用架构图（见图4-29）。

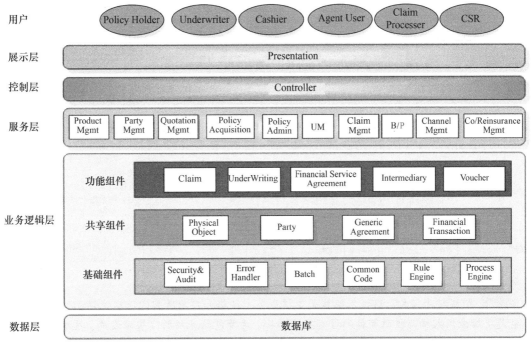

图 4-29　系统技术层次视角的应用构架

第5步　建立数据架构。数据架构将公司业务实体抽象为信息对象，将公司的业务运作模式抽象为信息对象的属性和方法，建立面向对象的公司数据模型。数据架构实现从业务模式向数据模型的转变、业务需求向信息功能的映射、公司基础数据向企业信息的抽象。应用架构以数据架构为基础，建立支撑公司业务运行的各个业务系统，通过应用系统的集成运行，实现公司信息自动化流动。

随着大数据技术的发展，数据分析工作也有了长足的发展，数据构架技术经历了传统数据仓库、Hadoop架构和数据湖架构这3个发展阶段。从扩展性、数据多样性、技术融合等多个角度对比3种架构可得出表4-11所示的数据。

表4-11　　　　　　　　　　　　　　3种数据架构比较表

架构 特性	传统数据仓库	Hadoop 架构	数据湖架构
扩展性	垂直扩展，扩展性较差	横向扩展，存储计算需一起扩展	横向扩展,存储计算可独立扩展
数据存储规模	GB 级数据	TB、PB 级数据	TB、PB 级数据
性能	计算能力较弱	大规模计算	大规模计算
数据多样性	只能存储结构化数据	结构化、非结构化、流数据	结构化、非结构化、流数据
数据实时性	离线	离线、实时	离线、实时
技术融合	只能使用数据库的 SQL 技术	只能使用 Hadoop 体系相关技术	可任意使用各种计算技术，包括Hadoop，并且与云技术深度融合
数据共享	数据库直接抽取，影响自身的计算性能	直接抽取，影响自身的计算性能	上层应用和部门可共用一份数据，无须抽取
安全、多租户	通过用户隔离，计算资源，存储资源无法隔离	安全体系较弱，无授权体系，只能隔离	具有租户资源隔离和共享功能、敏感数据可加密
场景多样性	离线计算、统计报表	商线计算、实时流计算、机器学习、交互式查询	离线计算、实时流计算、机器学习、交互式查询、数据共享

根据该公司的实际情况，该公司的数据架构采用Hadoop结构，如图4-30所示。

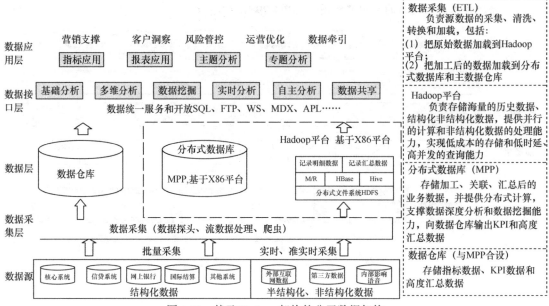

图 4-30　基于 Hadoop 架构的公司数据架构

第6步 组成技术架构。IT技术架构是支撑业务、数据和应用所需的逻辑软件和硬件能力的描述，也是支撑应用架构与数据架构的技术基础结构，主要包括底层的IT基础设施、技术平台、组件、技术标准、技术逻辑等，具体包括安全管理、应用软件、应用平台、物理环境、系统管理。随着技术的发展，企业的技术架构也会做出对应的调整，通常模式服务化、技术平台的整合、系统的优化是架构中固定的部分。结合生产企业的实际情况，该公司业的IT技术架构如图4-31所示。

图 4-31　该公司的 IT 技术架构

第7步 完成治理架构。IT治理的目的是使IT与组织业务有效融合,其出发点首先是组织的发展战略,以组织发展战略为起点,遵循组织的风险与内控体系,制定相应的IT建设运行的管理机制。IT治理的关键要素涵盖IT组织、IT战略、IT架构、IT基础设施、业务需求、IT投资、信息安全等,主要确定这些要素或活动中"做什么决策?谁来决策?怎么来决策?如何监督和评价决策?"围绕着IT建设全生命周期过程,构建持续的信息化建设长效机制,是IT治理的目标。因此,整个IT建设生命周期都是IT治理的对象,包括IT组织与规划、IT建设与交付、IT运行与维护、IT评估与优化。IT治理的国际最佳实践基于各个对象治理的成熟的方法论和工具,包括CobiT、ITIL、ISO 27001等。该公司的IT治理架构如图4-32所示。

图 4-32 该公司 IT 治理架构

以上我们结合一个生产企业(××木业有限公司)的信息化过程,利用TOGAF及ADM详细描述了如何定义业务架构、数据架构、应用架构和技术架构,是IT战略规划的最佳实践指引。公司架构是承接公司业务战略与IT战略之间的桥梁与标准接口,是公司信息化规划的核心。通过图4-26至图4-33对××木业有限公司业务层、应用层(技术层、数据层)、IT治理层进行了架构,给出了该公司实现信息化的蓝图,为下一步的具体建设打下了坚实基础。

IT系统规划的关系矩阵可反映各个知识点之间的关系,如图4-33所示。

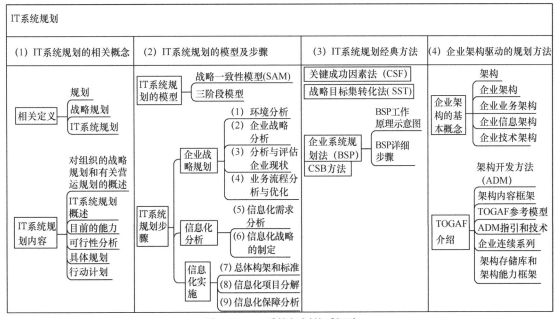

图 4-33 IT 系统规划关系矩阵

关键术语

复习思考题

1. 管理信息系统规划与企业计算机应用计划有什么区别？

2. 为什么要进行管理信息系统的总体规划？

3. 简述管理信息系统规划的相关概念：规划、战略、战略规划、企业战略规划。

4. 简述管理信息系统规划的主要内容。

5. 简述战略一致性模型和三阶段模型的含义和内容。

6. 管理信息系统规划的步骤有哪些？

7. 简述关键成功因素法。

8. 简述战略目标集转化法。

9. 简述企业系统规划法。

10. 比较企业系统规划法、关键成功因素法和战略目标集转化法的作用。

11. 如何用关键成功因素法来确认信息系统的机会？

12. 简述企业系统规划法的定义过程。

13. 简述企业系统规划法定义信息结构的工具U/C矩阵的过程。

14. 简述企业架构的定义。

15. 企业架构的定义下衍生的概念有哪些？

16. 简述企业架构理论的发展历史。

17. 简述TOGAF的定义。

18. TOGAF第9版主要包括哪几个模块？

19. 简述架构开发方法。

20. 简述TOGAF架构内容框架。

【学习目的】

理解系统分析的概念，熟练掌握使用面向对象分析方法建立系统分析模型的方法，重点掌握 UML 中的用例图、顺序图、类视图的概念和画法，了解状态图、活动图、包图，并能建模。

【本章要点】

- 系统分析的定义、内容和方法。
- 用例图、活动图。
- 类图、状态图、顺序图。

系统生命周期的第 2 个阶段是系统分析，它是根据系统规划的蓝图要求对管理信息系统进一步深入调研，为下一步系统设计打下坚实的基础。

5.1 系统分析概述

5.1.1 系统分析的定义

分析（Analysis）通常是指对现有系统的内、外情况进行调查、分析、研究、分解、剖析，以明确问题或机会所在，认识解决这些问题或把握这些机会的必要性，为确定有关活动的目标和可能的方案提供科学依据。

系统分析（Systems Analysis）有广义与狭义之分。

广义的解释——系统分析作为系统工程的同义语，就是系统工程。

狭义的解释——系统分析是系统工程的一个逻辑步骤。系统工程在处理大型

扫码看视频：
系统分析概述

复杂系统的规划、研制和运用问题时，必须经过这个逻辑步骤。所谓系统分析，就是为了实现系统的功能及达到系统的目标，利用科学的分析方法和工具，对系统的目的、功能、结构、环境、费用与效益等问题进行周详的分析、比较、考察和试验，而制订一套经济有效的处理步骤或程序，或提出对原有系统改进方案的过程。它是一个有目的、有步骤的探索和分析过程，为决策提供所需要的科学依据和信息。

系统分析也指应用系统思想和系统科学的原理进行分析工作的方法与技术。具体地说，系统分析明确主要问题，确定系统目标；选择开发可行方案，建立系统模型，进行定性与定量相结合的分析，全面评价和优化可行方案，从而为领导者选择最优方案或满意方案提供可靠的依据。

本节所讨论的系统分析是指在管理信息系统开发生命周期中的系统分析阶段的各项活动和方法。

5.1.2 系统分析的目标和任务

系统分析阶段的目标，就是按系统规则所定的，在某个开发项目范围内明确系统开发的目标和

用户的信息需求，提出系统的逻辑方案。软件开发的第一步是系统分析，系统分析要回答新系统"做什么"这个关键性的问题。只有明确了问题，才有可能解决问题。把要解决哪些问题，满足用户哪些具体的信息需求调研分析清楚，从逻辑上，或者说从信息处理的功能需求上提出系统的方案，即逻辑模型，为下一阶段进行物理方案（即计算机和通信系统方案）设计，解决"怎么做"提供依据。

系统分析的任务：在系统规划的指导下，运用系统的观点和方法，对系统进行深入详细的调查研究，通过问题识别、可行性分析、详细调研、系统化分析等工作来确定新系统的逻辑模型。具体就是系统分析员要在总体规划的基础上，与用户密切配合，用系统的思想和方法，对企业的业务活动进行全面的调研分析，详细了解有关的工作流程，收集票据、账单、报表等资料，分析现行系统的局限性和不足之处，找出制约现行系统的"瓶颈"，确定新系统的逻辑功能，根据企业的条件找出几种可行的解决方案，分析比较这些方案的投资和可能的收益。

5.1.3　系统分析工作的特点

系统分析工作具有以下特点。

（1）工作内容涉及面广，不确定性大。

（2）系统分析工作主要面向组织管理问题，工作方式主要是和人打交道。此阶段系统开发过程是用户参与的最主要的阶段。用户是需求调研的对象，是系统需求的直接来源，用户的参与态度和提供的信息直接影响系统需求信息的真实和完整。同时，开发人员所做的需求定义必须得到用户的理解和认可，否则，需求分析毫无意义可言。

（3）系统分析工作追求的是有限目标。分析工作是从表入里，不断深入、不断补充、不断完善的反复过程，不能指望一劳永逸。我们要在分析阶段尽量通过反复的调研、分析、建模、修改过程逐步确定系统的需求定义，并在随后的工作中进行完善。

（4）系统分析的主要成果是文档，包括可行性分析报告和系统需求规格说明书等。

5.1.4　系统分析的基本步骤

系统分析的工作分两个阶段来完成。第1个阶段的工作是进行系统初步调研和可行性研究，第2个阶段的工作是在完成可行性报告并通过审定后，对系统进行详细调研和逻辑设计工作。第2个阶段工作的内容主要包括：现行系统的详细调研、建立新系统的逻辑模型、提交系统需求规格说明书。

总之，系统分析阶段的主要活动有：系统初步调研、可行性分析、详细调研、构建新系统逻辑模型。表5-1所示为系统分析阶段的基本步骤及其产生的文档。

表5-1　　　　　　　　　　系统分析阶段的基本步骤及其产生的文档

基本步骤	①系统初步调研	②可行性分析	③详细调研	④构建新系统逻辑模型
产生文档	初步调研报告	可行性分析报告	详细调研报告	系统需求规格说明书

【例5-1】下面继续通过为××木业有限公司建立管理信息系统的案例介绍系统分析的基本步骤。

××木业有限公司的领导对该公司的信息化规划（详见4.5节）非常满意，决心加大管理信息系统建设的投资。

公司王总指派CIO张翔组织协调这项工作。张翔接手后的第1项工作就是组建公司信息化工作小组，该小组直接对王总负责。小组成员有懂技术且原则性很强、能全身心投入的马副主任，熟悉计算机硬件及系统软件的小范及其同事们，共10人。

第2项工作，张翔找到了在该领域内有丰富经验的李教授，通过对李教授进行咨询，决定为了使企业中上层领导对企业管理自动化有一个知识性的了解并配合企业管理信息系统的开发工作，在请示王总后邀请李教授及其他的团队在集团内举办针对中级以上领导的企业管理及信息化的培训班。

之后他们进行了以下工作。

在进行调研之前应该学习一些与调研有关的知识。

拓展知识：

调研知识准备

步骤 1 系统初步调研

系统初步调研是系统分析的基础和必要条件。

（1）系统初步调研的目的

系统初步调研的对象是现行系统（包括手工系统和已采用计算机的管理信息系统），目的在于完整掌握企业的战略以及目标、现行系统的现状，发现问题和薄弱环节，收集资料，为下一步的可行性分析做好准备。

（2）初步调研的范围与内容

调研的范围应该是围绕组织内部信息流所涉及领域的各个方面。但应该注意的是，信息流是通过物流产生的，物流和信息流又都是在组织中流动的，故我们所调研的范围就不能局限于信息和信息流，应该包括企业的生产、经营、管理等各个方面。

调研的具体内容主要包括以下几项。

① 组织机构和功能业务。

② 组织目标和发展战略。

③ 工艺流程和产品构成。

④ 业务流程与工作形式。

⑤ 管理方式和具体业务的管理方法。

⑥ 决策方式和决策过程。

⑦ 可用资源和限制条件。

⑧ 现存问题和改进意见。

步骤 2 可行性分析

在管理信息系统的目标需求确定后，系统分析人员就可以开始对项目的可行性进行分析。事实上，可行性分析是任何一项大型工程正式投入力量之前必须进行的一项工作。这对于保证资源的合理使用、避免浪费是十分必要的，也是项目一旦开始以后能顺利进行的必要保证。可行性是指在当前情况下，企业研制这个管理信息系统是否有必要，是否具备必要的条件。可行性的含义不仅包括可能性，还包括必要性、合理性。

（1）管理信息系统的可行性分析

管理信息系统的可行性分析包括技术可行性、经济可行性和社会可行性 3 个方面的内容。

① 技术可行性是指：根据现有的技术条件，能否达到所提出的要求；所需要的物理资源是否具备。技术条件分析包括以下几个方面。

硬件，如分析计算机的存储量、运算速度，外部设备的功能、效率、可靠性，通信设备的能力、质量是否满足要求等。

系统软件，如分析操作系统提供的平台是否符合需要，数据库管理系统、程序设计语言、网络软件的功能和性能是否满足需要等。

应用软件，如分析是否已有专用的软件。

技术人员，分析各类技术人员的数量、水平、来源。

② 经济可行性分析要估计项目的成本和效益，分析项目经济是否合理。如果不能提供研制系统

所需要的经费，或者不能提高企业的利润，或一定时期内不能回收它的投资，该项目就不应该开发。即经济可行性要解决两个问题：资金可行性和经济合理性。

资金可行性，先要估计成本，计算项目投资总额。成本包括初始成本与日常维护费用。系统的初始成本包括各种软、硬件及辅助设备的购置、运输、安装、调试费用；机房及附属设施（电源、通信、地板等）的建设费用；其他（差旅、办公、不可预见）费用。日常维护费用包括系统维护（软件、硬件、通信）、人员薪资、易耗品（表格、磁带、磁盘）、内务开销（公用设施、建筑物、远程通信、动力）等。应注意防止成本估计过低的倾向（经验表明，该费用往往低估2～4倍），如只计算开发费用而不计算维护费用、只考虑硬件而忽视软件等。

经济合理性，要说明经济合理性，需计算管理信息系统带来的效益。效益可分为直接经济效益和间接经济效益。直接经济效益是系统投入运行后，对利润的直接影响，如节省多少人员、压缩多少库存、增加多少产量及减少多少废品等。这些效益可直接折合成货币形式。管理信息系统的效益大部分是难以用货币形式表现出来的社会效益。例如，系统运行后可以更及时地得到更准确的信息，对管理者的决策提供有力的支持；改善企业形象，增加竞争力等。

③ 社会可行性是指所建立的管理信息系统能否在该企业实现，在当前操作环境下能否很好地运行，即组织内外是否具备接受和使用新系统的条件。从组织内部来讲，管理信息系统的建立，可能导致某些制度，甚至管理体制的变动。从组织外部来讲，管理信息系统运行后，报表、票证格式的改变，是否为有关部门认可和接收，将直接影响企业的营业额。对于涉及社会经济现象的系统，还应考虑原始数据的来源有无保证。

在可行性研究结束之后，应该将分析结果用可行性报告的形式编写出来，形成正式的工作文件。这个报告是非常必要的，因为我们把项目的目标用专门的语言表达出来，并按照我们的理解把它明确化、定量化，列出优选顺序并进行权衡考虑，这些是否符合使用者的原意，有没有偏离使用者的目标，都还没有得到验证。虽然我们是尽力去体会使用者的意图，但由于工作背景和职业的差别，仍难免发生一些误解与疏漏。因此，与使用者交流，请他们审核可行性分析报告是十分必要的。对可行性分析报告的讨论是研制过程中的关键步骤，大家必须在项目的目标和可行性问题上取得一致的认识，才能正式开始项目的详细调研研究。

（2）可行性报告内容模板

可行性报告包括总体方案和可行性论证两方面，具体包括以下几项。

① 引言：说明系统的名称、项目的由来等。

② 系统建设的背景、必要性和意义。

③ 组织概况。包括组织的战略目标、业务现状、存在的问题、拟建系统目标和功能。

④ 拟建系统候选方案。这部分要提出系统的逻辑配置方案，可以提出一个主要方案及几个辅助方案。

⑤ 可行性论证。从技术、经济、社会3个方面对规划进行论证。报告要用较大的篇幅说明总体规划调研、汇总的全过程，使人信服调研是真实的、汇总是有根据的、规划是可信的。

⑥ 几个方案的比较：若结论认为是可行的，则给出系统开发的计划，包括各阶段人力、资金、设备的需求和开发进度。

⑦ 可行性研究结论。

（3）可行性分析报告参考样本

一、引言
编写目的
本报告是对木材加工工业管理信息系统（Wood Processing Industry Management Information

System，WMIS）研究的综合报告。

二、系统建设的背景、必要性和意义

三、组织概况

（一）组织目标和战略

（二）业务概况

（三）存在的主要问题

（四）WMIS信息化架构规划

（以上为4.6节案例的规划部分）

四、拟建系统候选方案

拟建项目计划于20××年6月开工建设。开发期6个月，试运行期3个月，系统计划于20××年5月1日正式投入运行。

拟建系统的开发目标：能够提高工作效率、扩大服务范围、增加公司收入、及时获取信息、减少决策失误、减少库存积压、提高资金周转。

按照WMIS信息化架构规划要求，该公司对信息化现状进行了全面的调研和分析，挖掘造成问题的深层次原因，并以行业内的最佳实践标杆为依据，对拟建立的信息系统提出了4种候选方案，如表5-2所示。

表 5-2   4 种候选方案

选取方案	方案 1：对现有系统稍加改善，采用 C/S 二层架构	方案 2：对现有系统稍加改善，采用 B/S 二层架构	方案 3：购买现成的 ERP 软件包	方案 4:采用 Spring MVC 多层架构开发
可满足多少指定的目标	55%	75%	60%	95%

五、可行性论证（在此仅对候选方案1进行论证）

（一）经济可行性分析（见表5-3）

1. 支出

表 5-3   WMIS 信息系统费用支出表

项目	费用类别		费用构成		
1. 系统开发总费用：96.945 万元	① 人员费用 （每人/年按 8 万元计算，每年有效工作周按 30 周计算：开发期和试运行期需要 89 周，折合为 3 人每年） 人员费用约为 24 万元		开发期的有效工作周（15 周）	5 人	15×5=75 周
			试运行期 7 周	2 人	7×2=14 周
	② 硬件设备费 费用为：51.5 万元		服务器	5 台	16 万元
			微机	40 台	28 万元
			打印机	8 台	1.2 万元
			条形码扫描仪	10 台	1.8 万元
			网络设备和布线		4 万元
			不间断电源	5 台	1.5 万元
			工作台	40 台	0.8 万元
	③ 软件费：系统所需购买软件费用为：5.8 万元		Windows Server 2012	1 套	2 万元
			SQL Server	1 套	2.4 万元
			Java 环境	1 套	5 000 元
			Rose 建模工具	1 套	5 000 元

续表

项目	费用类别	费用构成		
1. 系统开发总费用：96.945 万元	④ 耗材费：0.8 万元			
	⑤ 咨询和评审费：1.2 万元			
	⑥ 调研和差旅费：1.0 万元			
	⑦ 不可预见费：按开发总费用的15%计算			
2. 系统运行费用：67.26 万元	① 系统维护费	一年需要 0.5 人每年，维护费为0.5×8=4万元	运行期为 10 年	4×10=40万元
	② 设备维护费（设备的运行更新期5年，设备更新费为13.26万元。设备日常故障维护费每年0.6万元）	则平均每年设备维护费为：13.26/10+0.6=1.926万元	运行期为 10 年	1.926×10=19.26万元
	③消耗材料费	每年消耗材料费0.8万元	运行期为 10 年	0.8×10=8万元

系统总支出：系统开发和运行总费用为164.2万元，折合16.42万元每年。

2. 收益

（1）经济效益

① 提高工作效率，减少人员费用。

本系统累计可以综合提高工作效率达30%，可以减少现有15%的工作人员。公司现有管理人员按300人计算，可减少45人。每人月平均工资按1 500元计算，节约人员工资81（0.15×12×45）万元每年。

② 扩大服务范围，增加收入。

假定在原有基础上可以增加10%的销售量。公司每年的总利润按1 000万元计算，可以增加收入100万元。

③ 及时获取信息，减少决策失误，为领导决策提供有力支持。

本系统的建设可以及时获取运输市场信息，提高调度的合理性和准确率。估计每年可以增加收入24万元以上。

④ 改进服务，增强顾客信任感，提高企业的竞争地位，提高资金周转率。

通过仓库的计算机管理，公司领导可以及时获取库存信息，争取最优库存，提高资金的周转率。每年可以因此减少库存积压浪费18万元以上。

通过以上计算，本系统每年可以获得经济效益223（81+100+24+18）万元/年，累计10年获经济效益2 230万元。

（2）社会效益

① 提高工作效率，减少用户办事时间。

② 改善工作条件，提高工作效率，减轻工作人员的劳动。

③ 提高工作质量，促进体制改革，增加用户对公司管理的信任感和亲善感，改善公司形象。

④ 提高管理水平。系统能够及时提供运输市场各种信息，提高决策正确率。

3. 支出/收益分析

在10年期内，系统总投入：164.2万元，系统总收入：2 230万元，1年可以收回开发投资。从经济上考虑，本系统完全有必要开发。

（二）技术可行性分析

（1）信息系统开发方法：开发小组中有熟练掌握面向对象方法开发软件系统的资深的系统分析员和程序员。在信息系统开发方法上不存在任何问题。

（2）网络和通信技术：本开发小组有专门的网络技术人员，有5年的大型网络组网经验。

（3）C/S结构规划和设计技术：开发小组有丰富的C/S开发经验。

（4）数据库技术：开发小组有丰富的应用数据库开发经验。

（5）Java开发技术：开发小组能够熟练使用Java编程。

综上，本系统开发技术是完全可行的。

（三）社会可行性分析

目前已有很多成功开发了公司管理信息系统的先例，社会需要公司管理的现代化和信息化。公司管理信息系统的开发和运行与国家的政策法规不存在任何冲突和抵触之处。另外，公司信息系统所采用的操作和工作方式符合工作人员和用户的日常习惯，而且操作方便灵活，便于学习，具有可行性。

六、几个方案的比较（略）

七、可行性研究结论

通过经济、技术和社会等方面的可行性分析，可以确定本系统的开发完全必要，而且是可行的，可以立项开发。

步骤3 详细调研

（1）详细调研的目的和原则

详细调研的对象是现行系统（包括手工系统和已采用计算机的管理信息系统），目的在于完整掌握现行系统的详细状况，在初步调研的基础上进一步收集组织内各个部分（环节）的资料，为下一步的系统化分析和提出新系统的逻辑设计做好准备。

详细调研应遵循用户参与的原则，即由使用部门的业务人员、主管人员和设计部门的系统分析人员、系统设计人员共同进行。设计人员虽然掌握 IT 技术，但对使用部门的业务不够清楚，管理人员则熟悉本身业务而不一定了解 IT 技术，两者结合就能互补不足，更深入地发现对象系统存在的问题，共同研讨解决的方案。

（2）详细调研的内容

在项目调研过程中，所需要了解的内容是多方面的，通常可以分为机构组织、日常操作、数据、专业人员、系统软件和系统硬件 6 大类。每类问题又可以分为现在和将来两种状态。表 5-4 列出了各类常用调研问题。

表 5-4   各类常用调研问题

类别	状态	问题
机构组织	现在	① 现行机构的组织结构。有关的部门有哪些？ ② 各组织的职责及执行的任务 ③ 有什么不足或缺陷？ ④ 短期内有什么变动？ ⑤ 现行机构的书面材料
	将来	① 是否有改变缺陷的计划？ ② 新的软件系统实施以后有什么机构会变更？ ③ 是否有书面计划？ ④ 资金状况如何
日常操作	现在	① 各部门的日常工作职责是什么？ ② 各日常工作的流程。每天、每月、每年的工作是什么？ ③ 各项工作的优先次序 ④ 目前的问题及需要解决的优先次序 ⑤ 有关的书面资料
	将来	① 理想的工作流程是怎样的？ ② 是否有新的职责加入？若有，优先权如何？ ③ 是否有书面资料？ ④ 长短期的变化是什么？

类别	状态	问题
数据	现在	① 目前使用的各种数据的种类、内容及表达方式 ② 问题是什么？ ③ 数据样本 ④ 各种数据使用的频率，更新和维护的方式 ⑤ 数据与各常规任务的关系 ⑥ 数据在机构间的流通程序 ⑦ 各类数据重要性程度如何？ ⑧ 共享性如何？ ⑨ 各类数据清单
	将来	① 数据的内容、种类和表达方式需要有哪些变化？ ② 是否有新的数据？若有，与各常规工作的关系如何？ ③ 是否有书面的材料或样本？ ④ 各类数据清单
专业人员	现在	① 日常的各种任务是由哪个部门的哪些人来完成的？ ② 人员的专业知识水平和对软件的理解 ③ 人员设置的缺陷 ④ 各类人员的联络方式 ⑤ 技术人员共享性如何？
	将来	① 是否会有人员的变动？ ② 专业水平是否有提高的潜力，对新技术的态度如何？ ③ 专业人员对其日常工作的理想设想
系统软件	现在	① 现在各种在用的软件有哪些，分属哪些部门？ ② 目前设置的缺陷 ③ 网络功能如何？ ④ 共享性如何？ ⑤ 软件清单及目前放置一览表
	将来	① 需要增减的软件可能是哪些，何时会发生？ ② 是否有资金来增、减设施？ ③ 对软件的倾向性怎样？ ④ 理想软件清单 ⑤ 软件的优先次序 ⑥ 软件设置一览表（理想状况）
系统硬件	现在	① 现在各种在用的硬件有哪些，分属哪些部门？ ② 目前设置的缺陷如何？ ③ 网络功能如何？ ④ 共享性如何？ ⑤ 硬件清单和连接总图
	将来	① 需要增减的硬件可能是哪些，何时会发生？ ② 是否有资金来实施增补？ ③ 对硬件的倾向性如何？ ④ 硬件设置一览图

步骤4 **构建新系统逻辑模型**

（1）构建系统逻辑模型的常用工具

在调研过程以及在系统分析报告中应尽量使用各种形象、直观的图表工具。通常逻辑模型构建工具有组织结构图、组织/业务表、功能结构图、业务活动图以及 UML 视图。

① 组织结构图是一张反映组织内部之间隶属关系的树状结构图，图 4-22 即一张组织结构图，它反映了在 WMIS 中××木业有限公司主要设有销售中心、研发中心、财务中心、人力资源中心和制造中心等职能管理部门，销售中心管理市场部、外贸部、报警产品销售部和监控产品销售部等。

可见，组织结构图反映了组织内部上下级关系。

② 组织/业务表常用来反映组织各部分在承担业务时的关系。组织结构图对于组织内部各部分之间的联系程度、各部分的主要业务职能和它们在业务过程中所承担的工作等不能反映出来，这将会给后续的业务、需求分析等带来困难。为了弥补这方面的不足，企业通常增设组织/业务表来解决，如表 5-5 所示。

表 5-5　　　　　　　　　　　　　　　　　　　　组织/业务表

功能	序号	联系的程度 组织 业务	市场部	运输部	财务中心	客户服务部	研发中心	人力资源部	生产中心	企业管理部	……
功能与业务	1	基础数据管理	√	√	√	√	*	√		×	
	2	车辆调度	√	*			√				
	3	物流管理	√							×	
	4	人事			√	√		*			
	5	财务管理	√	×	*	×	√	×	√	√	
	6	设备更新				*	√	√	*	×	
	7	……									

注："*"表示该项业务是对应组织的主要业务（即主持工作的单位）；"×"表示该单位是参加协调该业务的辅助单位；"√"表示该单位是该项业务的相关单位（或称有关单位）；"空"表示该单位与对应业务无关。

③ 功能结构图就是按照功能的从属关系画成的图表，图 5-1 中的每一个框都称为一个功能模块。功能模块可以根据具体情况分得大一点或小一点，分解的最小功能模块可以是一个程序中的每个处理过程，而较大的功能模块则可能是完成某一个任务的一组程序。

如图 5-1 所示，以功能为准绳分析和设计，系统将会对组织结构的变化有一定的独立性。

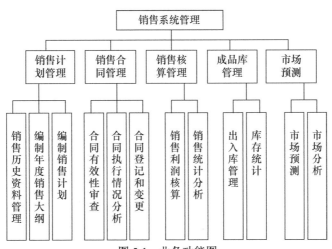

图 5-1　业务功能图

④ UML 视图。组织结构图、组织/业务表和功能结构图等工具从静态角度描述了调研对象的结构和功能，调研对象的业务过程、业务场景等可以用 UML 描述，详细内容见 5.2 节。

（2）完成系统分析报告（需求规格说明书）

系统分析报告（需求规格说明书）应该不但能够充分描述调研的结果，而且还能反映系统分析的结果和新系统的逻辑方案。系统分析报告主要包括以下内容。

（1）引言

引言主要是对分析对象的基本情况做概括性的描述，它包括组织的结构和目标；组织的工作过程和性质、业务功能、对外联系（组织与外部实体间有哪些物质以及信息的交换关系）、研制系统工作的背景以及文本所用的专门术语等。

（2）项目概述

项目概述部分包括以下几部分内容。

① 项目的主要工作内容。简要说明本项目在系统分析阶段所进行的各项工作的主要内容。这些是建立新系统逻辑模型的必要条件，而逻辑模型是书写系统说明书的基础。

② 现行系统的调研情况。新系统是在现行系统基础上建立起来的。设计新系统之前，必须掌握现系统的真实情况，列出现系统的目标、主要功能、组织结构、用户要求等，并简要指出主要问题所在。以UML为主要工具，说明现行管理信息系统的概况。用例图、类图与逻辑视图等一般篇幅较大，可作为附件，但是由它们得到的主要结论，如主要的业务量、总的数据存储量等，应列在正文中。

③ 新系统的逻辑模型。通过对现行系统的分析，找出主要问题所在，进行必要的改动，即得到新系统的逻辑模型。新系统的逻辑模型也通过相应的数据流程图加以说明。数据字典等若有变动要给出相应说明。

（3）实施计划

① 工作任务的分解。指对开发中应完成的各项工作，按子系统（或系统功能）划分，指定专人分工负责。

② 进度。指给出各项工作的预定开始日期和结束日期，规定任务完成的先后顺序及完成的界面。

③ 预算。指逐项列出本项目所需要的劳务以及经费的预算，包括各项工作所需人力及办公费、差旅费、资料费等。

系统分析步骤示意图如图 5-2 所示。

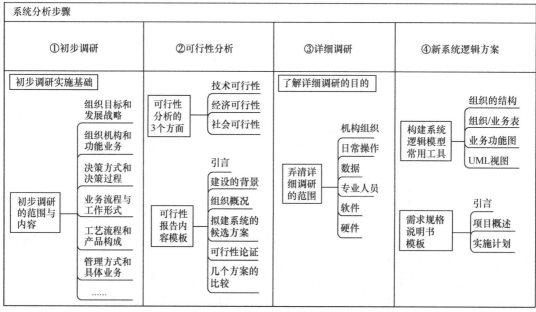

图 5-2　系统分析步骤示意图

5.2 需求建模：场景——用例图及活动图构成场景

上一节介绍了如何进行系统的初步调研，在初步调研的基础上会得到大量的调查文档和报告，一般来说，这都是使用自然语言进行描述的。但我们知道人对于图像的接受能力比文字更强；另外，如果我们试图用纯文字的方式描述一个复杂的事物，即使具备非常强的文字功底也是很难办到的。

扫码看视频：

需求建模：场景

同样，在进行需求说明时，使用图形说明，能够帮助企业需求方和分析人员进行沟通，能够更好地表达需求。因此，面向对象的需求分析方法首先采用"可视化"即图形化的 UML 方法来对初步调研中出现的大量的文档、报告进行模型描述。同时，在 UML 中所使用的一些"图形元素"可以表示不同的对象以及对象之间的联系，体现了面向对象的思想。

那么在进行初步调研之后，企业的需求方和管理信息系统的开发者首先希望获取哪些方面的信息呢？也就是说，我们初步对需求建模关心的、尝试描述的是什么内容呢？我们知道管理信息系统建设的初衷是方便企业需求方利用管理信息系统完成对信息的采集、处理、加工和利用。因此信息系统体现了系统使用者利用系统功能对信息的传递、处理、加工的过程。对于需求分析的第一步来说需要明确的有以下两点。

（1）到底有哪些系统使用者？

（2）这些系统使用者期望得到系统什么样的帮助（系统的功能）？

本节将使用 UML 中的用例图来帮助企业需求方及信息系统分析员来描述以上两个问题。在 UML 用例图中，参与者 Actor 描述了系统角色（即系统的使用者），而用例图则描述了系统角色所需使用的系统功能。

用例图主要用于为系统的功能需求建模，它主要描述系统功能，也就是从外部用户的角度观察系统应该完成哪些功能。使用用例图有利于企业需求方和开发人员以一种可视化的方式理解系统的功能需求。可以说用例图是对系统功能的一个宏观描述，画好用例图是由软件需求到最终实现的第一步，也是最重要的一步。

本节接下来的内容将介绍如何使用 UML 中的用例模型来进行可视化的需求分析，包括以下过程：确定系统边界、确定系统参与者、确定用例、用例描述和确定用例需求模型。

5.2.1 确定系统边界

所谓系统边界，是指系统与系统之间的界限。通常所说的系统可以认为是由一系列的相互作用的元素形成的具有特定功能的有机整体。系统同时又是相对的，一个系统本身可以是另一个更大系统的组成部分，因此系统与系统之间需要使用系统边界进行区分。系统边界以外的同系统相关联的其他部分称为系统环境。

在项目开发过程中，边界是一个非常重要的概念。系统与环境之间存在着边界，子系统与其他子系统之间存在着边界，子系统与整体系统之间存在着边界。总之没有完整的边界就不会有完整的分类，更不会有完整的系统，边界的重要性一点也不亚于系统本身。

用例图中的系统边界用来表示正在建模系统的边界。边界内表示系统的组成部分，边界外表示系统外部。系统边界在用例图中用方框来表示，同时附上系统的名称，参与者在边界的外面，用例在边界里面，如图 5-3 所示。

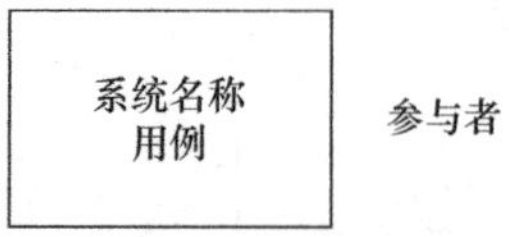

系统边界决定了参与者，如果系统边界不一样，它的参与者就会发生很大变化。例如，对于一个超市管理系统来说，如果仅考虑售货部分，它的参与者就是收银员，但是如果将边界扩大至整个超市的进货、库存系统，那么系统参与者还将包括库存系统管理员等。可见在系统开发过程中，系统边界占据了举足轻重的地位，只有搞清楚了系统边界才能更好地确定系统的参与者和用例，也才能最终确定系统的责任，即系统到底向参与者提供怎样的服务。

图 5-3 系统边界

5.2.2 确定系统参与者

1. 参与者

参与者（Actor）是指系统以外的、需要使用系统或与系统交互的东西，包括人、设备、外部系统等。很多初学者都把参与者理解为人，这是错误的，参与者代表的是一个集合。通常一个参与者可以代表一个人、一个计算机子系统、硬件设备或者时间等。人是其中最常见也是最容易理解的参与者。

一个参与者可以执行多个用例，一个用例也可以由多个参与者使用。但需要注意的是，参与者实际上并不是系统的一部分，尽管在模型中会使用参与者。

此外，参与者虽然可以代表人或事物，但参与者不是指人或事物本身，而是表示人或事物当时所扮演的角色。例如，小李作为银行的前台的柜员，他使用银行管理系统为储户处理存钱、取钱等业务，这时他作为银行柜员这个角色参与管理。但是小李在自己工作的银行也开了户，因此也可以作为银行用户来取钱。因此小李在系统中扮演了两个角色，是两个不同的参与者，所以参与者不是具体到某一个人或某一个外部系统，而是这些外部人员或外部系统使用系统时所扮演的角色。例如，当小李作为银行用户来取钱时，小李作为参与者的名字是"银行用户"，而作为工作人员使用银行系统时的参与者名字为"柜员"。

在 UML 对用例图的定义中，使用一个人形图标来表示参与者，参与者的名字写在人形图标下面，如图 5-4 所示。

图 5-4 参与者

2. 确定参与者

那么如何确定一个系统中的参与者呢？我们知道参与者是系统使用者，可以依据以下这些问题来确定系统的参与者。

（1）谁对系统的某一需求感兴趣？

（2）组织或企业中哪一部分（人员、机构）使用系统？

（3）谁从系统的使用中受益？

（4）谁向系统提供信息？

（5）谁将维护系统？

（6）系统使用外部资源吗？

（7）系统和已经存在的系统交互吗？

如在自动饮料售货机系统中，除买饮料的顾客，通过以上问题，我们发现还有以下的活动者。

（1）供应商，向自动饮料售货机添加饮料。

（2）收银员，从自动饮料售货机收钱。

其用例图如图 5-5 所示。

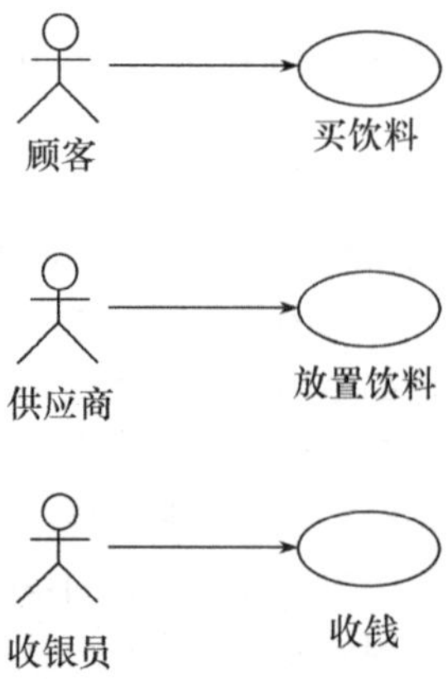

图 5-5 自动饮料售货机用例图

3. 参与者之间的关系

由于参与者实质上也是类，所以它拥有与类相同的关系描述，即参与者与参与者之间主要是泛化关系（或称为"继承"关系）。泛化关系的含义是把某些参与者的共同行为提取出来表示成通用行为，并描述成超类。泛化关系表示的是参与者之间的一般/特殊关系，在 UML 图中使用带空心三角箭头的实线表示泛化关系，如图 5-6 所示，箭头指向超类参与者。

在需求分析中很容易碰到用户权限问题。对于一个系统来说，普通用户有权限进行一些常规操作，而管理员在常规操作之外还有权限进行一些用户管理操作（如删除、添加用户等）。所以管理员是一种特殊的普通用户，他除具有普通用户的全部特性和权限外，还有一些特殊特性（如可以管理普通用户）。这里普通用户与管理员的关系就是一般/特殊关系，因此普通用户是超类，而管理员是特殊类。表示管理员继承了普通用户的所有特性和权限，并具有自己的额外特性，用例图如图 5-7 所示。

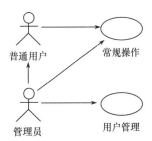

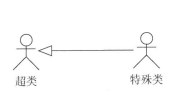

图 5-6　参与者的泛化关系（1）　　　　图 5-7　参与者的泛化关系（2）

在图 5-7 中，虽然管理员没有直接指向用例"常规操作"，但其与普通用户的泛化关系中隐含了管理员继承了普通用户的除私有特性以外的属性和操作。

5.2.3　确定用例

1. 用例

用例（Use Case）也可翻译为用况、用案等。通俗来讲用例是参与者（角色）可以感受到的系统服务或功能单元。它定义了系统是如何被参与者使用的，描述了参与者为了使用系统所提供的某一完整功能而与系统之间发生的一段对话。用例最大的优点就是站在用户的角度（从系统的外部）来描述系统。

在 UML 中，用例用一个椭圆表示，用例往往以动宾结构或主谓结构命名（如果用英文命名，则往往是动宾结构）。图 5-8 所示为用例的例子。

图 5-8　用例的例子

用例把系统当作一个黑箱子，并不关心系统内部如何完成它所提供的功能，表达了整个系统对外部用户可见的行为。

2. 确定用例

用例和参与者之间的关系叫作"关联"关系，任何用例都不能在缺少参与者的情况下独立存在。同样，任何参与者也必须要有与之关联的用例。所以识别用例的最好方法就是从分析系统参与者开始，在这个过程中新的参与者往往会被发现。当找到参与者之后，我们可以根据参与者来确定系统的用例，主要是看各参与者如何使用系统，需要系统提供什么样的服务。可以通过以下问题来寻找用例。

（1）参与者希望系统提供什么功能？

（2）如果参与者需要通过系统处理某种信息（如读取、创建、修改、删除、存储），参与者该如何利用系统完成这些操作？

（3）参与者是否会将外部的某些事件通知给系统？

（4）系统中发生的事件是否通知参与者？

（5）是否存在影响系统的外部事件？

另外还可以根据和参与者无关的一些问题来发现用例，如系统需要哪些功能，系统需要对信息做怎样的处理，系统的输入和输出是什么？

【例 5-2】 需要为某学校的网上选课系统进行用例分析，我们发现该系统的参与者主要有两个，即学生和系统管理员。其中管理员通过系统管理界面进入系统，建立本学期要开的各种课程、将课程信息保存在数据库中并可以对课程进行改动和删除；而学生通过客户机浏览器，根据学号和密码进入选课界面进行选课。因此我们可以通过问题"参与者希望系统提供什么功能"及"如果参与者需要通过系统处理某种信息，该如何利用系统完成这些操作"发现用例。

管理员：添加课程、删除课程、修改课程

学　生：选课

通过问题"系统中发生的事件是否通知参与者"，我们可以知道一旦课程被选中，系统应该通知学生，即"学生"为参与者的用例："查询已选课程"并且"付费"。

网上选课系统用例图如图 5-9 所示。

根据上面的例子可以发现采用用例进行需求分析时的一些特点。

（1）用例从使用系统的角度描述系统中的信息，即站在系统外部察看系统功能，而不考虑系统内部对该功能的具体实现方式。

（2）用例描述了用户提出的一些可见需求，对应一个具体的用户目标。使用用例可以促进与用户沟通，理解正确的需求，同时也可以用来划分系统与外部实体的界限，是面向对象（OO）系统设计的起点，是类、对象、操作的来源。

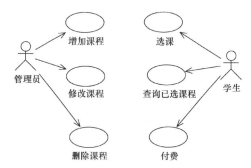

图 5-9　网上选课系统用例图

需要注意的是，不要试图把所有的需求都以用例的方式表示出来，这也是 UML 初学者易犯的一个错误。初学者对 UML 的一个普遍误解就是，认为用例可以表示所有的系统需求，因此千方百计地要用 UML 中的符号来表示那些事实上很难用用例表示的需求。需求有两种基本形式：功能性需求和非功能性需求。那些用 UML 难以表示的需求很多是非功能性的需求。例如，开发项目中所涉及的术语表就很难用 UML 表示。这些需求往往以附加补充文档的形式来描述。

3．用例之间的关系

用例除了与参与者有关联（Association）关系外，用例之间也存在着一定的关系（Relationship），如泛化（Generalization）关系、包含（Include）关系、扩展（Extend）关系等。

当然也可以利用 UML 的扩展机制自定义用例间的关系。如果要自定义用例间的关系，一般是利用 UML 中的"版型"这种扩展机制。

（1）泛化关系

在泛化关系中，子用例继承了父用例的行为和含义，子用例也可以增加新的行为和含义或覆盖父用例中的行为和含义。在 UML 中，用例的泛化关系通过一个从子用例指向父用例的空心箭头来表示，如图 5-10 所示。

在分析用例关系时，如果发现系统中有两个或者多个用例存在共性，可以使用泛化关系。这时可通过增加一个新的（通常也是抽象的）用例来描述这些共性部分，这个新的用例就是泛化关系中的父用例。图 5-11 所示为"付费"用例间的冷化关系，付费有两种方式，一种是通过网上银行支付，另一种是通过第三方购物平台如"支付宝"付费。在这里，网上银行支付和"支付宝"付费都是付费的一种特殊方式，因此增加一个新的用例"付费"为父用例来描述共性的部分，具体的付费则交由网上银行支付和"支付宝"支付，网上银行支付和"支付宝"支付为子用例。

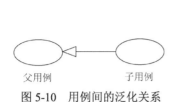

图 5-10　用例间的泛化关系

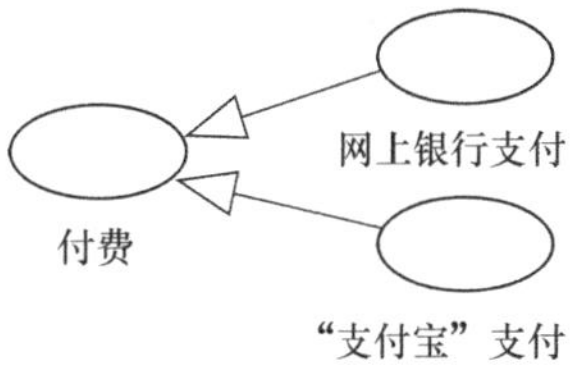

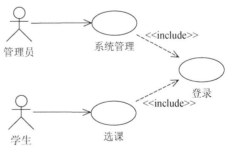

图 5-11　"付费"用例间的泛化关系

（2）包含关系

包含关系是指用例可以简单地包含其他用例具有的行为，并把它所包含的用例行为作为自身行为的一部分。在 UML 中，包含关系是通过带箭头的虚线段加<<include>>字样来表示的，箭头由基础用例（Base）指向被包含用例（Inclusion），如图 5-12 所示。

包含关系代表着基础用例会用到被包含用例，具体地讲就是将被包含用例的事件流插入基础用例的事件流。

包含使一个用例的功能可以在另一个用例中使用。在两种情况下我们引入包含关系：1、如果两个以上的用例有相同的功能，则可以将这个功能分解到另一个用例中；2、一个用例的功能太多时，可以用包含关系建模两个小用例。例如，在学生选课系统中有两个参与者，管理者和学生，相关联的用例分别是"课程管理"（包括增加、修改和删除课程）和"选课"，我们发现无论是管理者进行"课程管理"操作还是学生进行"选课"操作都必须先登录，因此可以把这两个用例的共同部分提取出来形成一个新的用例"登录"。这样做的好处是，不必在两个用例"课程管理"和"选课"中重复实现"登录"，以后修改时也只需修改一次即可实现在两个用例中该部分的修改，如图 5-13 所示。

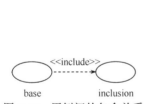

图 5-12　用例间的包含关系

图 5-13　学生选课系统用例间的包含关系

从上述例子中可以看出，使用包含关系可以提高用例模型的可维护性，当需要对公共需求进行修改时，只需要修改一个用例而不必修改所有与其有关的用例。不但可以避免在多个用例中重复描述同一段行为，还可以避免在多个用例中对同一段行为描述的不一致。

（3）扩展关系

扩展（Extend）关系的基本含义与泛化关系类似。但在扩展关系中，对扩展用例（Extension use case）有更多的规则限制，即基本用例必须声明若干"扩展点"（Extension point），而扩展用例只能在这些扩展点上增加新的行为和含义。

在一定条件下，把新的行为加入已有的用例获得的新用例称为扩展用例（Extension），原有的用例称为基础用例，从扩展用例到基础用例的关系就是扩展关系。一个基础用例可以拥有一个或者多个扩展用例，这些扩展用例可以一起使用。需要注意的是，在扩展关系中是基础用例而不是扩展用例被当作例子使用。在 UML 中，扩展关系通过带箭头的虚线段加<<extend>>字样来表示，箭头指向基础用例，如图 5-14 所示。

扩展关系和包含关系具有以下不同点。

图 5-14 用例间的扩展关系

在扩展关系中，基础用例提供了一个或者多个插入点，扩展用例为这些插入点提供了需要插入的行为；而在包含关系中插入点只能有一个。

基础用例的执行并不一定会涉及扩展用例，扩展用例只有在满足一定条件下才会被执行；而在包含关系中，当基础用例执行后，被包含用例是一定会被执行的。

即使没有扩展用例，扩展关系中的基础用例本身也是完整的；而对于包含关系，基础用例在没有被包含用例的情况下就是不完整的存在。

【例 5-3】图 5-15 所示为图书馆管理系统用例间的扩展关系。在本用例中，基础用例是"还书"，扩展用例是"交罚金"。在一切顺利的情况下，只需要执行"还书"用例即可。但是如果借书超期或者书有所破损，读者就要交纳一定的罚金。这时就不能执行用例的常规动作，如果修改"还书"用例，势必增加系统的复杂性。这时就可以在基础用例"还书"中增加插入点，这样在超期破损的情况下就执行扩展用例"交罚金"。

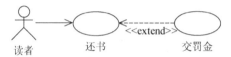

图 5-15 图书馆管理系统用例间的扩展关系

扩展关系往往被用来处理异常或者构建灵活的系统框架。使用扩展关系可以降低系统的复杂度，有利于系统的扩展，性能的提高。扩展关系还可以用于处理基础用例中的那些不易描述的问题，使系统显得更加清晰、易于理解。

扩展关系与泛化关系的使用区别如下。

- 当处理正常行为的变型而且只是偶尔描述时，可以考虑只用泛化关系。
- 当描述正常行为的变型而且希望采用更多的控制方式时，可以在基本用例中设置扩展点，使用扩展关系。

5.2.4 用例描述——用例模型规约

在用例图中，一个用例是用一个命名的椭圆表示的，但如果没有对这个用例的具体说明，那么还是不清楚该用例到底会完成什么功能。没有描述的用例就像一本书的目录，我们只知道该目录标题，但并不知道该目录指引的具体内容是什么。对于 UML 初学者来说，一个很容易忽视的问题就是缺少用例的描述或用例的描述不完整，往往只是用一个椭圆表示用例。事实上，用例的描述才是用例的主要部分，是后续的交互图分析和类图分析必不可少的部分。

一般来说，用例采用自然语言描述参与者与系统进行交互时双方的行为，不追求形式化的语言表达。因为用例最终是给开发人员、用户、项目经理、测试人员等不同类型的人员看的，如果采用形式化的描述，对大部分人来说会很难理解。

对于用例的描述应该包含哪些内容，并没有一个统一的标准，不同的开发机构可能会有不同的要求，但一般应包括以下内容。

（1）用例的目标。

（2）用例是怎么启动的。

（3）参与者和用例之间的消息是如何传送的。

（4）除了主路径外，用例中的其他路径是什么。

（5）用例结束后的系统状态。

（6）其他需要描述的内容。

总之，描述用例时的原则是尽可能写得"充分"，而不是追求写得形式化、完整或漂亮。作为面向对象分析（OOA）文档的一个组成部分，用例的描述应该有一定的规范格式，但目前并没有一个统一的标准。在统一的标准出现之前，大家可以采纳适合自己的用例描述格式。但不管怎样，在一个开发机构内部应该采用统一的格式。表 5-6 所示是参考了一些不同的开发机构和 UML 使用者的经验后总结的用例描述格式，可以供 UML 初学者参考。具体使用时可用表格的形式表示，也可以不使用表格形式。

表 5-6　　　　　　　　　　　　　　　　　用例描述

描述项	说明
用例名称	表明用户的意图或用例的用途
标识符[可选]	唯一标识符，便于引用该用例
用例描述	概述用例的几句话
参与者	与此用例相关的参与者
优先级	一个有序的排列，1 代表优先级最高
状态[可选]	用例状态，可以是：进行中，等待审查，通过审查，未通过审查
前置条件	一个条件列表，这些条件必须在访问用例前得到满足
后置条件	一个条件列表，这些条件必须在用例完成之后得到满足
基本操作流程	描述用例中各项工作都顺利进行时用例的工作方式
可选操作流程	描述变异工作方式、出现异常或发生错误的情况下的路径
被泛化的用例	此用例所泛化的用例列表
被包含的用例	此用例所包含的用例列表
被扩展的用例	此用例所扩展的用例列表
修改历史记录[可选]	关于用例的修改时间、修改原因、修改人的详细信息
问题[可选]	与此用例的开发有关的问题列表
决策[可选]	关键决策的列表，将这些决策信息记录下来以便维护时使用
频率[可选]	参与者访问此用例的频率，如每日一次/每月一次等

表 5-7 所示是对用例"处理订单"的描述。与表 5-6 的模板相比，其省略了问题、决策、频率这 3 个描述项。

表 5-7　　　　　　　　　　　　　　　　"处理订单"用例描述

描述项	说明
用例名称	处理订单
标识符[可选]	UC1701
用例描述	一个订单初始化或者被查询的时候是这个用例的开始。它处理有关订单的初始化定义和授权等问题，但订单业务员完成了同一个顾客的对话的时候，它就结束了
参与者	订单业务员
优先级	1
状态[可选]	通过审查
前置条件	订单业务员登录进入系统
后置条件	下订单；库存数目减少
基本操作流程	① 顾客来订购一个吉他，并且提供信用卡作为支付手段…… ② ……
可选操作流程	（可能有 4 个可选操作流程） 顾客订购一个吉他，并且使用汇票的方式…… 顾客订购一个风琴，并且提供信用卡作为支付手段…… 顾客使用信用卡下订单，但那张信用卡是无效的…… 顾客来下订单，但他想要的商品没有存货……
被泛化的用例	无

描述项	说明
被包含的用例	无
被扩展的用例	无
修改历史记录[可选]	张三，定义基本操作流程，2003 张三，定义可选操作流程，2003
问题[可选]	省
决策[可选]	省
频率[可选]	省

用例描述虽然看起来简单，但事实上它是捕获用户需求的关键。很多 UML 初学者虽然也能给出用例的描述，但往往存在很多错误或不恰当的地方。在描述用例时易犯的错误包括以下几个。

- 只描述系统的行为，没有描述参与者的行为。
- 只描述参与者的行为，没有描述系统的行为。
- 在用例描述中就设定对用户界面设计的要求。
- 描述过于冗长。

例如，ATM 系统"取款"用例的两个错误描述如表 5-8 所示。

表 5-8　　　　　　　　　　ATM 系统"取款"用例的两个错误描述

只描述参与者行为	只描述系统行为
use case：withdraw cash actor：customer 主事件流： （1）储户插入 ATM 卡，并输入密码 （2）储户按"取款"按钮，并输入取款数目 （3）储户取走现金、ATM 卡、收据 （4）储户离开	use case：withdraw cash actor：customer 主事件流： （1）ATM 系统获得 ATM 卡和密码 （2）设置交易类型为"取款" （3）ATM 系统获得取款金额 （4）输出现金、收据和 ATM 卡 （5）系统复位

对"取款"用例描述改进之后的正确描述如表 5-9 所示。

表 5-9　　　　　　　　　　　　　正确描述

既描述参与者行为，又描述系统行为
use case：withdraw cash actor：customer 主事件流： （1）储户通过读卡机插入 ATM 卡 （2）ATM 系统从卡上读取银行 ID、账号、加密密码，并通过主银行系统验证银行 ID 和账号 （3）储户输入密码，ATM 系统根据加密密码对输入密码进行验证 （4）储户按"取款"按钮，并输入取款数目，该数目应该为 5 的倍数 （5）ATM 系统通知主银行系统，传递账号和金额，并接收返回的确认信息和账户余额 （6）ATM 系统输出现金、ATM 卡和收据 （7）ATM 系统记录交易到日志文件

5.2.5　确定用例需求模型案例

前几节介绍了用例图的概念，分析了参与者、用例，用例与用例之间的关系，讲述了怎么通过用例模型规约描述用例的执行流程。

【例 5-4】本节我们继续通过为××木业有限公司（以下简称"木业公司"）建立管理信息系统的

案例介绍如何确定用例需求模型。

为确定该木业公司需求，首先应对该木业公司进行实地考察，通过考察了解该木业公司部门的组织架构，其主要由销售部、计划控制部、生产部、质检部、财务部、采购部、库管部组成，其组织架构如图 5-16 所示。

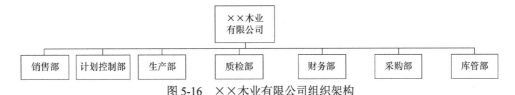

图 5-16 ××木业有限公司组织架构

与木业公司的各部门主要负责人进一步约谈后，发现该企业的各个部门的主要职责如表 5-10 所示。

表 5-10   木业公司各个部门的主要职责

部门	主要职责
销售部	销售管理（订单录入等）
库管部	库存管理（出库、入库）
计划控制部	控制管理（生产计划的制订、修改、控制等）
财务部	财务管理（收入、支出等）
生产部	生产管理
质检部	质检管理
采购部	采购管理

如表 5-10 所示，该木业公司各部门有明确的部门职责，在系统分析与设计的初期可以将各部门作为系统的参与者来分析系统的功能需求。确定各参与者后，根据表 5-10 所示的各部门的主要职责，可以确定系统的用例，即系统应该能够向系统参与者提供哪些功能，因此我们可以画出一幅大粒度的用例图，来直观地表达系统的功能需求，如图 5-17 所示。

从图 5-17 中可以看到，木业公司管理信息系统的参与者可以根据各部门划分为 7 个系统角色，即销售部、库管部、计划控制部、财务部、生产

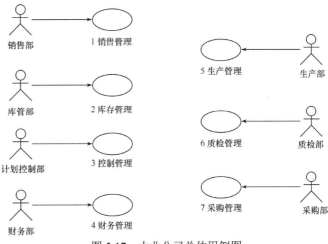

图 5-17 木业公司总体用例图

部、质检部、采购部。这些参与者分别使用系统提供的销售管理、库存管理等 7 个用例来完成自己的职责。考虑到部门职责的划分和各部门数据的安全性和权限，各部门在使用系统提供的相关用例功能时均需进行身份验证（登录），这就意味着图 5-17 所示的 7 个用例中都包含了身份验证（登录）这一事件流，因此根据用例包含关系的定义，我们可以将 7 个用例中公有的事件流抽取出来形成一个包含用例"登录"，如图 5-18 所示。

根据进一步的实地考察和调研，木业公司主要的工作流程如下所示。

步骤 1 销售部接受来自客户的订单，然后根据订单的产品数量查询库管部是否有充足库存。

步骤 2 如有充足成品库存则等待用户付全款，当财务部通知货款到账后，库管部将成品库存出库，质检部对产品质检，之后合格产品将由物流送达客户。

步骤3 如在步骤1中查询库管部成品库存不充足（或没有），库管部需将所需产品信息报给生产部进行生产评估，进入步骤4。

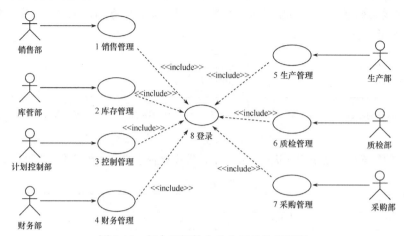

图 5-18   包含用例的木业公司总体用例图

步骤4 生产评估通过，则向库管部进行材料物资申请，如此时库管部的材料库存有充足物资，进入步骤5。

步骤5 计划控制部制订生产计划，生产部根据计划进行生产。生产结束后，产品通过质检部进行质检，质检合格后方可存放在库管部成品库中，接下来进入步骤2。

步骤6 在步骤3后，生产评估通过，如果库管部没有充足物资，则需向采购部申请物资采购，并通知财务部支出物资材料购入费用。采购回的物资需经质检部质检后方可进入库管部材料库存，接下来进入步骤5。

步骤7 在步骤3后，假如生产评估不通过则不接受该订单。

为了充分了解企业的主要工作流程，根据以上的文字，我们可以使用 UML 的活动图来描述企业的业务流程，如图 5-19 所示。

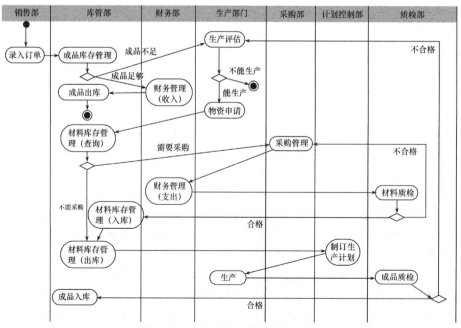

图 5-19   木业公司业务流程活动图

这幅活动图在系统分析设计初期展现了系统粗线条的业务流程，可以帮助分析员更清楚地表达系统的业务流程和目标，也方便分析员和用户进行沟通。之后进入系统分析的其他阶段，可以继续对活动图进行细化，以表达更细致的系统流程。5.3.2 节将详细介绍活动图的使用方法。

在了解木业公司的主要业务流程的基础上，根据进一步的需求调查内容，分析员将各部门使用系统的主要角色及其职能绘制成表，如表 5-11 所示。

表 5-11　　　　　　　　　　　　　　木业公司系统主要角色及其职能

部门	主要角色	主要职能
销售部	经理	负责将客户信息录入系统、对销售情况进行统计、客户返点计算等
	订单管理员	负责对订单状态进行修改、录入等，管理对订单操作
	退货管理员	负责退货流程，填写退货说明书、退货清单等
计划控制部	经理	对订单进行生产安排、调度、追踪等工作
	计划控制部员工	制订、调整、查看生产计划
生产部	车间负责人	审核物资申请单
	生产人员	制订物资申请单
质检部	常规质检员	对日常订单成品、出入库材料进行质检，并生成质检报告
	退货质检员	对处理退货流程的货物进行质检
财务部	会计信息登记员	录入、查询、修改企业财务信息
	收款员	收取成品、材料货款
	付款员	材料付款，当成品货物遭退货时进行退款
采购部	员工	修改和完善采购单
	经理	审核采购单
库管部	登记员	将材料出入库信息、订单出入库信息登记到系统中
	库管员	负责对订单、出入库单进行审核

图 5-18 作为木业公司系统的顶层用例图只是较为抽象地表达了系统到底能够向参与者提供什么服务，而对每个用例具体有什么功能并未进行非常直观的展现。根据表 5-10 所示的内容，我们可以考虑对木业公司系统的用例进一步细化，如我们可以将库管部这个参与者分解为系统的两个角色：登记员和库管员。其中登记员主要负责材料及成品货物的出入库单、库存单据信息的管理；而库管员则负责对货物（生产的成品货物）出入库进行审核管理。因此我们可以将图 5-18 中的用例"2 库存管理"进一步细化分解为用例"2.1 单据管理"和"2.2 审核管理"。根据用例图的层次关系，画出顶层用例图之下的第 2 层用例图，如图 5-20 所示。

图 5-20　库管部第 2 层用例图

在接下来的需求调查中发现，登记员进行"2.1 单据管理"时分别对材料和成品货物进行管理，因此我们可以把 2.1 用例继续细化分解为"2.1.1 材料单据管理"和"2.1.2 成品单据管理"。而库管员进行审核管理时对出入库均需进行货物与货单核对、验收。对库管员来说，他负责的操作是出入库审核。当货物通过入库审核时订单状态由"已生产订单"→"已入库订单"；通过出库审核时订单状态由"已入库订单"→"已出库订单"。在这里我们可以把"2.2 审核管理"这个用例细化分解为"2.2.1 出库审核"与"2.2.2 入库审核"。因此分别产生了两幅第 3 层用例图，如图 5-21 和图 5-22 所示。

根据调研发现，库管部登记员无论进行材料单据还是成品单据的管理，都主要负责对材料或成品的出库单、入库单和库存信息的录入、修改操作。因此我们可以把"2.1.1 材料单据管理"和"2.1.2 成品单据管理"继续细化形成第 4 层用例图。而库管员在第 3 层的用例"2.2.1 出库审核"与"2.2.2 入库审核"无须细化。库管部登记员的第 4 层用例图如图 5-23 和图 5-24 所示。

图 5-21 "2.1 单据管理"用例细化第 3 层用例图　　图 5-22 "2.2 审核管理"用例细化第 3 层用例图

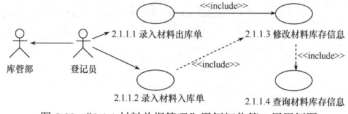

图 5-23 "2.1.1 材料单据管理"用例细化第 4 层用例图

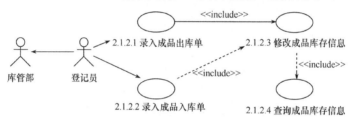

图 5-24 "2.1.2 成品单据管理"用例细化第 4 层用例图

在图 5-23 和图 5-24 中，由于录入材料或成品的出、入库单时都需要先查询对应的库存信息再修改已有的材料或成品的库存信息，因此我们将两幅用例图中各两个用例的共同事件流提取出来形成了各两个包含用例（如图 5-23 所示的"修改材料库存信息""查询材料库存信息"和图 5-24 所示的"修改成品库存信息""查询成品库存信息"）。

并且只有出、入库单审核通过，登记员才能实施材料出库和入库，修改系统库存和订单及出、入库单的状态。

库管部的"2 库存管理"用例的细化工作进入到第 4 层用例图就可以结束了。接下来我们需要为所有无须细化的用例进行用例描述。这里以"2.1.1.3 修改材料库存信息"用例和"2.1.1.4 查询材料库存信息"用例为例演示用例描述文档的制作，如表 5-12 和表 5-13 所示。

表 5-12　　　　　　　　　　　"2.1.1.3 修改材料库存信息"用例描述

描述项	说明
用例名称	2.1.3 修改材料库存信息
用例描述	库管部登记员修改材料库存信息
参与者	库管部登记员
优先级	1
前置条件	库管部登记员登录系统，查询材料库存信息，选择相应修改材料
后置条件	系统将所有材料库存信息进行显示，显示的是修改后的信息
基本操作流程	① 库管部登记员登录系统，并选择查询待修改材料库存信息 ② 系统返回待修改材料库存信息，库管部登记员修改材料库存信息 ③ 库管部登记选择保存，系统显示修改后的材料库存信息
可选操作流程	无
被泛化的用例	无
被包含的用例	2.1.1.4 查询材料库存信息、8 登录
被扩展的用例	无

表 5-13   "2.1.1.4 查询材料库存信息"用例描述

描述项	说明
用例名称	2.1.4 查询材料库存信息
用例描述	库管部登记员查询材料库存信息
参与者	库管部登记员
优先级	1
前置条件	库管部登记员登录系统
后置条件	系统将所有材料库存信息进行显示
基本操作流程	① 库管部登记员登录系统，选择进入查询页面 ② 系统显示查询页面，库管部登记员选择查询材料库存信息，并输入查询条件（材料名称或材料代号） ③ 系统返回所查材料库存信息
可选操作流程	① 系统未查询到材料库存信息，提示"您所选择的材料不存在"，并返回查询页面
被泛化的用例	无
被包含的用例	"8 登录"
被扩展的用例	无

由于"2.1.1.3 修改材料库存信息"用例包含"2.1.1.4 查询材料库存信息"用例，因此在对"2.1.1.3 修改材料库存信息"的用例进行描述时简化了查询的操作流程。此外在两个用例的包含用例中都有"8 登录"，这是因为在顶层用例图 5-18 中所有顶层用例均包含了"8 登录"用例，因此，对"2 库存管理"细化后的所有用例也应包含"8 登录"用例。

在确定需求模型的过程中，针对顶层用例图的其他的 6 个用例也应按照"2 库存管理"用例细化的方式进一步分析，画出更深层次的用例图。请读者参照这一部分内容试着进行余下部分的需求模型确定。

5.2.6 活动图

1. 活动图的作用

活动图（Activity Diagram）是 UML 的 5 种动态建模机制之一，它阐明了业务用例实现的工作流程。由 UML 图之间的关系（见图 3-12）可知，活动图描述满足用例要求所要进行的活动以及活动间的约束关系，有利于识别并行活动。活动图把系统的一项行为表示成一个可以由计算机、人或者其他执行者执行的活动，通过给出活动中的各个动作以及动作之间的转移关系来描述系统的行为。总的来说，活动图的作用主要体现在以下几个方面。

（1）描述一个操作执行过程中所完成的工作，说明角色、工作流、组织和对象是如何工作的。

（2）活动图对用例描述尤其有用，它可建模用例的工作流，显示用例内部和用例之间的路径，可以说明用例的实例是如何执行动作以及如何改变对象状态的。

（3）显示如何执行一组相关的动作，以及这些动作如何影响它们周围的对象。

（4）活动图对理解业务处理过程十分有用。活动图可以画出工作流用以描述业务，有利于与领域专家进行交流。活动图可以明确业务处理操作是如何进行的，以及可能产生的变化。

（5）描述复杂过程的算法。在这种情况下使用的活动图的功能和传统的程序流程图的功能是相似的。

2. 活动图的组成要素

下面讨论活动图中的几个基本概念：起点和活动结束、活动、转移和对象流、判断与合并、分岔和汇合、泳道。

（1）起点和活动结束

起点（Initial Node）表示由一个活动图所描述的整个活动的开始。其图形符号是一个实心的圆点；活动结束（Activity Final）表示活动图所描述的整个活动到此终结，其图形符号是一个用圆圈套起来的实心的圆点，如图 5-25 所示。

起点只有流出没有流入，而活动结束只有流入没有流出。

（2）活动

活动（Activity）表示的是某流程中的任务的执行，它可以表示某算法过程中语句的执行。

需要注意的是，需要区分动作状态（Action State）和活动状态（Activity State）。动作状态（Action State）是构成活动的基本单位，它在活动图中被看成一种原子的构造成分，就是说，把动作看成一个不可分的行为单位。而活动状态（Activity State）是由一系列动作构成的，是对一项系统行为的描述。活动状态是一个整体概念，它对应着整个活动图，代表着一项完整的系统行为，表现了完成这项行为的执行过程。

动作状态没有内部转移，没有内部活动，动作状态工作时间可以忽略。动作状态的目的是执行进入动作（entry action），然后转入另一个状态。

活动状态是可分解的，不是原子的，其工作的完成需要一定的时间。可以把动作状态看作活动状态的特例。

活动状态和动作状态的表示图标相同，都是平滑的圆角矩形。两者的区别是活动状态可以在图中给出入口动作和出口动作等信息，如图 5-26 所示。

图 5-25　活动起点和活动结束　　　图 5-26　动作状态和活动状态

在建立活动图时，可以在不同的抽象层次上定义其中的动作。如果开发者只是想简略地描述一个活动，则可以定义一些高度概括的动作。这样的一个动作实际上是由许多更细微的步骤构成的。例如，一个"填写质量检验报告"动作实际上包括了填写货品的有关信息（如一种货物的名称、编号、单价、产品质量）等内容。如果要比较详细地描述一个活动，就要更深入地分析其中某些动作的内部过程。当需要更详细地描述一个动作的内部细节时就把它展开，通过一些比较具体的动作结点把它描绘得更详细。

（3）转移（Transition）和对象流（Object flow）

在活动图中连接两个活动结点的有向边称为转移（Transition），它表示从活动图的一个结点向另一个结点的转移（或者说转接、过渡）。典型地，它可以连接两个动作结点，表示前一个动作结束之后转到下一个动作。它也可以连接其他任何结点，而且源结点和目标结点可以属于不同种类。例如，从动作可以连接分支、合并、分岔、汇合等结点。UML 1.x 将活动图中的这种连接成分称为"转移"，使之与状态图中采用的术语一致；UML 2.0 淡化了活动图与状态图的亲缘关系，使用的正式术语是"活动边"（Activity Edge）。

在活动边概念之下，UML 还定义了两个较为特殊的概念，即控制流（Control Flow）和对象流（Object Flow）。前者仅表示两个结点之间的转移，后者表示在转移中还伴随着对象或者数据的传输。控制流的表示法是一个实线开放箭头，连接源结点和目标结点，表示从前者转向后者；对象流的表示法是：从源结点用一个虚线箭头指向一个对象（矩形，中间填写对象名），再从对象用一个虚线箭头指向目标结点。这些表示法如图 5-27 所示。

本节沿用 UML 1.x 的说法，把活动图中的这种成分统称为转移。对象流的表示法将在介绍泳道时在图 5-30 中进行展示。

（4）判断与合并

判断（decision）是活动图中的一种控制结点，它表示：当活动执行到这一点时将判断是否满足某个（或者某些）条件，以决定从不同的分支选择下一步将要执行的动作。这种结点的图形符号是一个菱形（见图 5-28），通常带有 1 个从其他的结点的流入和 2 个到多个向其他结点的流出。每个流出是一个分支，在它附近注明经由这条边所需满足的条件，写在一对中括号内。比较常见的情况是由 1 个判断条件产生 2 个分支，在其中一个分支上给出条件，另一个分支上可以写[else]，分别表示条件成立和不成立的选择。当然也可以在一个判断上写出多个分支。在顺序行为的建模中可能遇到的各种复杂现象基本上都可以用它表示出来。

既然通过判断可以产生多个分支，也就会遇到要把多个分支合并到一起的情况。活动图用合并（merge）结点表示这种情况。合并是一种与判断相对的控制结点，其图形符号也是一个菱形，只是它的流入边有 2 个到多个，而流出边只有 1 个，如图 5-28 所示。合并结点的流入和流出都不带任何条件，因为下一步执行什么动作是确定的，不需要做判断。

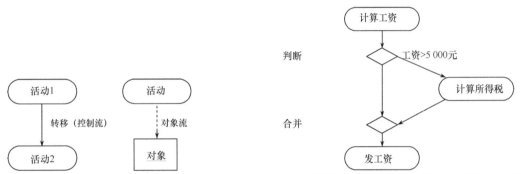

图 5-27　转移的表现形式　　　　图 5-28　判断与合并在"计算工资"活动图中的应用

在实际应用中可能遇到如下的情况：在一个合并结点之后，立刻要判断一些新的条件以转向不同的分支。在这种情况下，可以把合并结点和紧随其后的判断结点结合在一起，通过一个结点来表示，如图 5-28 所示。这可以使活动图显得更为简洁。

图 5-28 所示为一个带有判断与合并的简单的"计算工资"活动图模型。

（5）分岔与汇合

利用上述的判断结点虽然能产生多个分支，但是却不能表示活动中的并发行为，因为在每次执行时经过判断之后只能选择其中一个分支继续执行。活动图中的并发行为是通过分岔（fork）来表示的。分岔也是一种控制结点，其图形表示符号是一条粗短的线，带有 1 个从其他结点的流入和 2 个到多个向其他结点的流出，如图 5-29 所示。它的含义是：当这个结点前面的动作结束之后，一旦流入这个结点，就意味着它的每个流出所指的动作都可以执行了。后面这些动作的执行不要求特定的次序，既可以同时开始，也可以按任意的次序逐个执行。因此，分岔表达了这样的模型信息：如果系统中有多个执行者（包括计算机中的多个进程或者线程，以及业务领域中参与活动的人员或者组织等），那么分岔之后的这些动作就可以设计成并发（或者并行）执行的。从这些动作开始，将形成多个控制流。

与分岔相对的概念是汇合（join）。在一定意义上、它是一种与分岔作用相反的控制结点。汇合的图形表示符号与分岔很相似，只是其流入至少有 2 个，而流出仅有 1 个，如图 5-29 所示。它的含义是：在汇合点之前有多个控制流在并发地执行，但是在汇合点上需要取得同步。这意味着，每个相关的控制流必须都到达这个汇合点时才能执行汇合点之后的动作。多个流入进入汇合点，然后仅有一个流出从它流出，这意味着：汇合点之前的多个控制流在经过汇合点之后被收拢在一起而成为一个控制流。因此，有些文献把分岔和汇合看成相互匹配和对应的。在最简单的情形下，这表示，当你有了一个分岔，就必须有一个汇合，后者把由该分岔开动的各个线程汇聚在一起。

如果仅仅这样理解分岔和汇合，它们的应用场合就太局限了。在许多实际的并发系统中，上述控制方式并不具有一般性。以下几种情况经常会出现。

① 在一个分岔点上产生多个控制流（如进程或者线程），它们相互并发，分别执行。其中一部分控制流可能在完成自己的任务之后就自行消亡了，未必都需要执行到一个汇合点，也未必都需要与其他控制流同步再与它们汇合。如果在一个分岔点上产生的n个控制流彼此之间都不需要同步，而其中有$n-1$个控制流提前消亡，那么就不需要有一个汇合点与当初的分岔点相匹配。

② 需要在一个汇合点上同步并且汇合在一起的多个控制流未必都直接来自一个分岔点，它们可能是在不同的分岔点上产生的，然后根据同步的需要而进入了同一个汇合点。

③ 需要同步的几个控制流未必都需要汇合成一个控制流。它们可能需要在一个点上取得同步，然后又各自继续执行。

④ 若干控制流在一个汇合点上取得同步之后，其中有一些可能因完成使命而消失，有一些可能继续保持着，还有一些可能进一步迸发而产生新的控制流。

以上种种情况表明，如果把汇合与分岔理解为彼此匹配和对应的，则其应用范围将受到很大的限制。实际上它们不需要受这种限制，只是在表示法方面需要做一点改进。

图 5-29 所示为一个简单的分岔与汇合在"处理订货"活动图中的应用。

（6）泳道

泳道（Swim Lane）不是活动图的一种基本构成元素，而是一种辅助性的机制，其作用是把活动图中的各个动作划分到与它们的执行者相关的若干区域中，从而清晰地表现不同的执行者分别执行了哪些动作。

泳道的表示法是：把活动图所在的平面按垂直方向或者水平方向划分成一些长条形的区域，就好像把一个游泳池划成若干泳道一样。游泳池中的一条泳道当然只能被一个运动员占用，在活动图中也一样，每个行为主体（包括系统中的对象，现实中的人、组织、设备以及任何需要在活动中执行某些动作的事物）各自使用一条泳道。泳道的一端写着它们的名称，由它们所执行的动作结点都分别画在各自的泳道中。于是，整个活动图中的各个动作是由哪些执行者来执行就非常清晰了。这样做需要适当地调整活动图的各个结点的位置以及各个控制流（转移）的方向和长度，但是它们的拓扑结构是不变的。图 5-30 所示是一个"排除故障"用例的活动图。

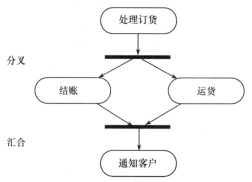

图 5-29　分岔与汇合在"处理订货"活动图中的应用

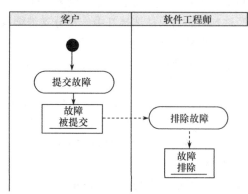

图 5-30　"排除故障"用例的活动图

在图 5-30 中，发生"提交故障"活动通过一个对象流指向"故障"对象后，该"故障"对象的状态为"被提交"，接下来发生"排除故障"活动，该活动后"故障"对象的状态转变为"排除"。

5.2.7 需求建模：场景需求建模案例

【例 5-5】在 5.2.5 节中我们分析了××木业有限公司的需求，为该公司建立了粗略的用例模型以及顶层用例图描述，并对顶层图中库管部的"2 库存管理"进行了细化。这一节我们将对"采购部"的"7 采购管理"进行进一步分析，并使用活动图来加以辅助说明。

采购部参与者可以进一步细化为采购部员工参与者和采购部经理参与者。"7 采购管理"用例进一步细化可以产生"7.1 查询采购单""7.2 完善采购单""7.3 审核采购单"和"7.4 修改采购单"4个基本用例，并且无须继续细化，如图 5-31 所示。

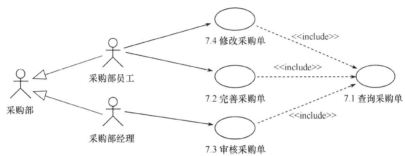

图 5-31 "7 采购管理"细化后的第 2 层用例图

其中 7.2、7.4 用例由采购部员工完成，7.3 用例由采购部经理完成。7.2、7.3、7.4 用例执行时都需查询采购单，因此将这部分公共事件流提取出来形成"7.1 查询采购单"用例。

这 4 个用例的用例描述如表 5-14～表 5-17 所示。

表 5-14   "7.1 查询采购单"用例描述

描述项	说明
用例名称	7.1 查询采购单
用例描述	采购部员工（经理）成功登录系统的时候是这个用例的开始，它查询了相应的采购单，当显示查询到的采购单后它就结束了
参与者	采购部员工、采购部经理
优先级	1
前置条件	采购部员工/经理登录进入系统
后置条件	显示相应的采购单
基本操作流程	① 采购部员工/经理成功登录系统，系统显示操作界面 ② 采购部员工/经理输入查询条件（采购单号、日期或者操作员姓名等），系统根据输入查询采购单 ③ 系统显示查询到的采购单
可选操作流程	① 系统未查询到符合要求的采购单，显示提示信息"没有符合您要求的采购单" ② 用户确定后，系统返回操作界面
被泛化的用例	无
被包含的用例	登录
被扩展的用例	无

表 5-15   "7.2 完善采购单"用例描述

描述项	说明
用例名称	7.2 完善采购单
用例描述	采购部员工成功查询到采购单的时候是这个用例的开始，它确定了需要采购物资的供应商的相关信息以及物资价格信息，当完成了全部录入后它就结束了
参与者	采购部员工
优先级	2

描述项	说明
前置条件	采购部员工登录进入系统并查询到相应采购单
后置条件	采购单状态发生改变，由"待采购单"变为"待审核采购单"
基本操作流程	① 采购部员工成功登录系统后，即可查询需要完善的采购单 ② 系统返回查询的采购单，采购部员工根据采购单上需要采购的物资信息联系供应商，与其洽谈，确定物资的基本信息 ③ 采购部员工根据洽谈的结果填写供应商的相关信息以及物资价格信息 ④ 提交
可选操作流程	无
被泛化的用例	无
被包含的用例	登录、查询采购单
被扩展的用例	无

表 5-16　　　　　　　　　　　"7.3 审核采购单"用例描述

描述项	说明
用例名称	7.3 审核采购单
用例描述	采购部经理成功查询到采购单的时候是这个用例的开始，它确定了需要采购物资的供应商的相关信息以及物资价格信息的合理性，当完成了审核后它就结束了
参与者	采购部经理
优先级	2
前置条件	采购部经理登录进入系统并查询到相应采购单
后置条件	① 审核通过，采购单状态发生改变，由"待审核采购单"变为"待付款采购单" ② 审核不通过，采购单状态发生改变，由"待审核采购单"变为"待采购单"
基本操作流程	① 采购部经理成功登录系统后，即可查询需要审核的采购单 ② 系统根据查询条件返回需要审核的采购单信息，采购部经理根据采购单上的供应商信息以及物资价格信息确定是否合理可行 ③ 采购部经理确定审核通过
可选操作流程	① 审核不通过
被泛化的用例	无
被包含的用例	登录、查询采购单
被扩展的用例	无

表 5-17　　　　　　　　　　　"7.4 修改采购单"用例描述

描述项	说明
用例名称	7.4 修改采购单
用例描述	采购部员工成功查询到采购单的时候是这个用例的开始，它修改了供应商发货之后己方的错误，使填写的信息与实际要求相符，当完成了修改后它就结束了
参与者	采购部员工
优先级	2
前置条件	采购部员工登录进入系统并查询到相应采购单
后置条件	修改完成后，采购单状态发生改变，由"换货采购单"变为"已修改采购单"
基本操作流程	① 采购部员工成功登录到系统后即可查询换货采购单 ② 采购部员工根据实际的信息对采购单进行修改 ③ 采购部员工确认修改
可选操作流程	无
被泛化的用例	无
被包含的用例	登录、查询采购单
被扩展的用例	无

根据上述在需求分析阶段为 4 个用例进行的用例描述，我们可以了解 4 个用例的基本操作流程（可选流程），因此可以使用活动图对 4 个用例进行很直观的活动流程建模，进行辅助说明。其中用例"完善采购单""审核采购单""修改采购单"活动图如图 5-32～图 5-34 所示。

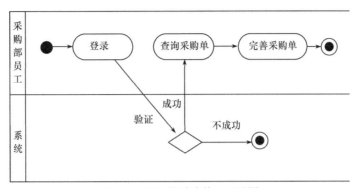

图 5-32 "完善采购单"活动图

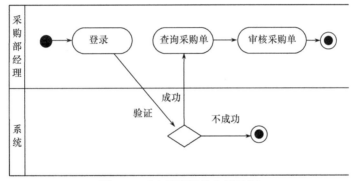

图 5-33 "审核采购单"活动图

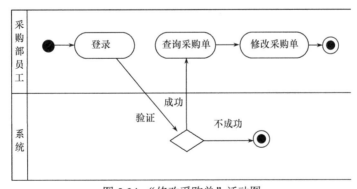

图 5-34 "修改采购单"活动图

"完善采购单"活动图：采购部员工首先进行登录，系统对员工输入的信息进行验证，如果不成功就退出；成功之后采购部员工可查询采购单，查询之后再进行完善。

"审核采购单"活动图：采购部经理首先进行登录，系统对经理输入的信息进行验证，如果不成功则退出；成功之后采购部经理可查询采购单，查询之后再进行审核。

"修改采购单"活动图：采购部员工首先进行登录，系统对员工输入的信息进行验证，如果不成功就退出；成功之后采购部员工可查询采购单，查询之后再进行修改。

这里仅为采购部 3 个用例制作了活动图，请读者根据活动图的定义为"查询采购单"制作活动图。

5.3 需求建模：信息与类分析（类图）

类视图（以下简称"类图"）显示了系统的静态结构，标识了不同的实体（人、事物和数据）是如何彼此相关联的。类图中不仅包含为系统定义的各种类（其中包含了类的属性和操作），也包含了它们之间的关系，如关联、依赖和聚合等。由于类图表达的是系统的静态结构，因此这种描述在系统的整个生命周期中都是有效的。

扫码看视频：

需求建模：
信息与类分析

为了能够使系统有足够的灵活性和可变性，类的抽象程度以及"好坏"成为描述系统的关键。在类的抽象过程中，通常从系统的问题域出发，根据相关场景或用例得到不同的实体类。对象是类的实例，因此对象图具有与类图相同的标识，当然对象图中也有一些不同的标识，如多对象等。由于事实上在面向对象分析设计中，对象最终要抽象成类，因此对象图在利用 UML 进行分析设计的过程中变得不那么重要。

本节将介绍类图的概念以及创建方法。希望读者能够通过本节的学习熟练分析和创建类图。

5.3.1 基本模型概述

1. 类

在 UML 中，类被表述成具有相同结构、行为和关系的一组对象的描述符号。所用的属性与操作都被附在类中，其中属性和关联用来描述状态。属性通常使用没有身份的数据值来表示，如数字和字符串。关联则使用有身份的对象之间的关系表示。行为由操作来描述，方法是操作的具体实现。对象的生命周期则由附加给类的状态机来描述。

在 UML 中，类表示为划分成 3 个格子的长方形，一个 Teacher 类的 UML 模型元素如图 5-35 所示。

（1）类的名称

在定义类的时候，类的命名应尽量用应用领域中的术语。应明确、无歧义，以利于开发人员与用户之间的相互理解和交流。在 UML 中，类的命名分 simple name 和 path name 两种形式，其中 simple name 形式的类名就是简单的类的名字，而 path name 形式的类名还包括了包名。例如，下面是 path name 形式的类名。

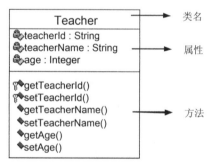

图 5-35　Teacher 类的 UML 模型元素

Banking::CheckingAccount

其中，Banking 是包名，CheckingAccount 是包 Banking 中的一个类。

同时，类的名称应该是一个名词，并且不应该有前缀或后缀。按照 UML 的约定，类的名称的首字母应该大写，如果类的名称由两个单词组成，那么将这两个单词合并，第 2 个单词的首字母也大写。类的名称的书写字体也有规范，正体字说明类是可被实例化的，斜体字说明类为抽象类。图 5-36 所示为一个名为 Thought 的抽象类。

Thought

图 5-36　名为 Thought 的抽象类

（2）类的属性

属性是类的一个特性，也是类的一个组成部分，描述了在软件系统中所代表的对象具备的静态部分的公共特征抽象，这些特性是这些对象所共有的。当然有时候，也可以利用属性值的变化来描述对象状态。一个类可以具有零个或多个属性。

在 UML 中，类的属性的表示语法如下（"[]"内的内容是可选的）。

[可见性]属性名称[:属性类型][=初始值][{属性字符串}]

例如，一个 Teacher 类的属性信息如表 5-18 所示。

表 5-18　　　　　　　　　　　　　　Teacher 类的属性

可见性	属性名称	属性类型	初始值
private	teacherName	String	
private	age	Integer	18

① 可见性。属性的可见性描述了该属性是否对于其他类可见，从而是否可以被其他类引用。类中属性的可见性包含 3 种，分别是公有类型（public）、受保护类型（protected）和私有类型（private）。Rational Rose 2003（以下简称"Rose 2003"）中类的属性的可见性具体如表 5-19 所示。

表 5-19　　　　　　　　　　　　Rose 2003 中类的属性的可见性

关键字	符号	Rose 图标	含义
private	–		只有类本身才能访问，外部一概访问不到
protected	#		经常和泛化关系等一起使用，允许子类访问父类中受保护类型的属性
public	+		允许在类的外部使用或查看该属性

② 属性名称。属性是类的一部分。每个属性都必须有一个名字以区别于类中的其他属性。通常情况下，属性名由描述其所属类的特性的名词或名词短语构成。按照 UML 的约定，属性名称的第 1 个字母小写，如果属性名包含了多个单词，这些单词要合并，并且除了第 1 个英文单词外，其余单词的首字母要大写。

③ 属性类型。属性也具有类型，用来指出该属性的数据类型。典型的属性的类型包括 Boolean、Integer、Byrte、Date、Sring 和 Long 等，这些被称为简单类型。这些简单类型在不同的编程语言中会有所区别，但是基本上都是支持的。在 UML 中，类的属性可以是任意的类型，包括系统中定义的其他类型都可以被使用。当一个类的属性被完整定义后，它的任何一个对象的状态都由这些属性的特定值所决定。

④ 初始值。在程序语言设计中，初始值通常有以下用处。

● 用来保护系统的完整性：在编程过程中为了防止漏掉对类中某个属性的取值，或者类的属性在自动取值时会破坏系统的完整性，可以通过赋初始值的方法保护系统的完整性。

● 为用户提供易用性：设定一些初始值能够有效帮助用户进行输入，从而能够实现易用性。

⑤ 属性字符串。属性字符串用来指定关于属性的一些附加信息，如某个属性应该在某个区域内是有限制的。任何希望添加在属性定义字符串中但又没有合适地方可以加入的规则都可以放在属性字符串中。

（3）类的操作

操作（Operation）是指类所能执行的动作，也是类的一个重要组成部分，描述了在软件系统中所代表的对象具备的动态部分的公共特征抽象。类的操作可以根据不同的可见性由其他任何对象请求以影响其行为。属性是描述类的对象特性的值，而操作用于操纵属性的值进行改变或执行其他动作。操作有时被称为函数或方法，在类的图形表示中它们位于类的底部。一个类可以有零个或多个操作，并且每个操作只能应用于该类的对象。

操作由一个返回类型、一个名称以及参数表来描述，其中返回类型、名称和参数表一起被称为操作签名（Signature of the Operation）。操作签名描述了使用该操作所必须的信息。

在 UML 中，类的操作的表示语法如下（"[]"内的内容是可选的）。

[可见性]操作名称[（参数表）][:返回类型][{属性字符串}]

例如，上面所列举的 Teacher 类的操作如表 5-20 所示。

表 5-20　　　　　　　　　　　　　　　　Teacher 类的操作

可见性	操作名称	参数表	返回类型
public	set	teacherName:String	Boolean

① 可见性。操作的可见性描述了该操作是否对其他类可见，从而是否可以被其他类调用。类操作的可见性一般认为包含 3 种，分别是公有类型、受保护类型和私有类型。表 5-21 所示为类操作可见性能够设置的类型。

表 5-21　　　　　　　　　　　　　　　Rose 2003 中操作的可见性

关键字	符号	Rose 图标	含义
private	-	🔒	该操作只有类内部可以使用，类外部访问不到
protected	#	🔑	子类允许使用父类中受保护类型的操作
public	+	◇	允许在类的外部使用或查看该操作

② 操作名称。操作是类的一部分，每个操作都必须有一个名称以区别于类中的其他操作。通常情况下，操作名由描述所属类的行为的动词或动词短语构成。和属性的命名一样，操作名的第 1 个字母小写，如果操作名包含了多个单词，那么这些单词需要进行合并，并且除了第 1 个英文单词外其余单词的首字母要大写。

③ 参数表。参数表就是由类型、标识符对组成的序列，实际上是操作或方法被调用时接收传递过来的参数值的变量。参数的定义方式采用"名称:类型"的形式，如果存在多个参数，则将各个参数用英文逗号隔开。如果方法没有参数，则参数表就是空的。参数可以具有默认值，即如果操作的调用者没有提供某个具有默认值的参数值，那么该参数将使用指定的默认值。

④ 返回类型。返回类型指定了由操作返回的数据类型。它可以是任意有效的数据类型，包括所创建的类型。绝大部分编程语言只支持一个返回值，即返回类型至多有一个。如果操作没有返回值，在具体的编程语言中一般要加关键字 void 来表示，即其返回类型必须是 void。

⑤ 属性字符串。属性字符串用来附加一些关于操作的除了预定义元素之外的信息，从而方便对操作的一些内容进行说明。

（4）类的注释

使用注释可以为类添加更多的描述信息，也是为类提供更多描述方式中的一种，如图 5-37 所示。

（5）接口

接口是在没有给出对象的实现和状态的情况下对对象行为的描述。通常在接口中包含一系列操作，但是不包含属性，并且它没有对外界可见的关联。可以通过一个或多个类（构件）实现一个接口，并且在每个类中都可以实现接口中的操作。

接口是一种特殊的类，所有接口都是构造型<<interface>>的类。一个类可以通过实现接口来支持接口所指定的行为。在程序运行的时候，其他对象可以只依赖此接口，而不需要知道该类对接口实现的其他任何信息。一个拥有良好接口的类有清晰的边界，并成为系统中职责均衡分布的一部分。

在 UML 中，接口使用一个带有名称的小圆圈来进行表示，并且可以通过一条 Realize（实现关系）线与实现它的类相连接，如图 5-38 所示。

当接口被其他类依赖的时候，即一个接口是在某个特定类中实现后，一个类通过一个依赖关系与该接口相连接。这时依赖类仅依赖于指定接口中的那些操作，而不依赖于接口实现类中的其他部分。在依赖类中可以通过一些方式调用接口中的操作，这种关系如图 5-39 所示。接口也可以同类那样进行一般化和特殊化处理。在类图中接口之间的泛化关系也是用类泛化关系所使用的符号表示，如图 5-40 所示。

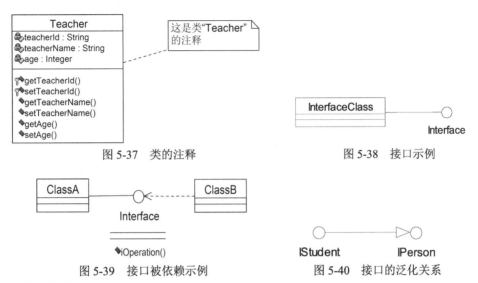

图 5-37　类的注释　　　　　　　　　　　　　图 5-38　接口示例

图 5-39　接口被依赖示例　　　　　　　　　图 5-40　接口的泛化关系

（6）类的版型

UML 中引入了多种类版型帮助分析人员和设计人员确定系统中的类。UML 中 3 种主要的类版型是边界类（Boundary Class）、实体类（Entity Class）、控制类（Control Class）。

① 边界类。位于系统与外界的交界处,包括:用户界面类（如窗口、对话框、报表类等）、通信协议类（如 TCP/IP 的类）、直接与外部设备交互的类、直接与外部系统交互的类。例如，库管部的管理界面抽象为类后就是界面类。图 5-41 所示是 Rose 2003 中的边界类的版型。

② 实体类。实体类保存要放进持久存储体（数据库/文件等）的信息。实体类通过事件流和交互图发现，采用目标领域术语命名。通常实体类对应数据库中的表，其属性对应表的字段，但实体类与数据库中的表不一定是一一对应关系。在库存部员工进行材料单据管理时，材料单据的信息就需要进行数据存储（或称为数据持久化），因此材料单据是一种实体类。图 5-42 所示是 Rose 2003 中的实体类的版型。

③ 控制类。控制类是负责管理或控制其他工作的类。每个用例通常有一个控制类，控制用例中的事件顺序。控制类也可以在多个用例间共用。控制类较少接收消息，发出较多消息。图 5-43 所示是 Rose 2003 中的控制类的版型。

图 5-41　边界类的版型　　　图 5-42　实体类的版型　　　图 5-43　控制类的版型

2. 类之间的关系

类与类之间的关系通常有 4 种，即依赖关系（Dependency）、泛化关系（Generalization），关联关系（Association）和实现关系（Realization），其中实现关系可以看成关联关系的特例，在此不再赘述，如表 5-22 所示。

表 5-22　　　　　　　　　　　　　　　　　关系的种类

关系	功能	表示图形
依赖关系	2 个模型元素之间的依赖关系	--------→
泛化关系	类之间的关系	———▷
关联关系	类实例间连接的关系	———→
实现关系	说明和实现间的关系	------▷

（1）依赖关系

依赖（Dependency）表示的是 2 个或多个模型元素之间语义上的连接关系。它只将模型元素本身连接起来而不需要用一组实例来表达它的意思。它表示了这样一种情形：提供者的某些变化会要求或指示依赖关系中客户的变化，即依赖关系将行为和实现与影响其他类的类联系起来。也就是说：假设有 2 个元素 X、Y，如果修改元素 X 的定义可能会导致对另一个元素 Y 的定义的修改，则称元素 Y 依赖于元素 X。

对于类而言，依赖关系可能由各种原因引起，如一个类向另一个类发送消息，或者一个类是另一个类的数据成员类型，或者一个类是另一个类的操作的参数类型等。图 5-44 所示是类之间依赖关系的例子，其中 Schedule 类中的 addCourse 操作和 removeCourse 操作都有类型为 Course 的参数，因此 Schedule 类依赖于 Course 类。

有时依赖关系和关联关系比较难区分。事实上，如果类 A 和类 B 之间有关联关系，那么类 A 和类 B 之间也就有依赖关系。但如果两个类之间有关联关系，那么一般只要表示关联关系即可，不用再表示这两个类之间还有依赖关系。而且，如果在一个类图中有过多的依赖关系，反而会使类图难以理解。

与关联关系不一样的是，依赖关系本身不生成专门的实现代码。另外，与泛化关系类似，依赖关系也不只限于类之间，其他建模元素，如用例与用例之间、包与包之间也可以有依赖关系。

（2）泛化关系

泛化定义了一般元素和特殊元素之间的分类关系，如果从面向对象程序设计语言的角度来说，类与类之间的泛化关系就是平常所说的类与类之间的继承关系。因此泛化关系也称为"a-kind-of"关系。

在 UML 中，泛化关系不仅是类与类之间才有，用例、参与者、关联、包、构件（Component）、数据类型（Data Type）、接口（Interface）、结点（Node）、信号（Signal）、子系统（Subsystem）、状态（State）、事件（Event）、协作（Collaboration）等这些建模元素之间也可以有泛化关系。

UML 用一头为空心三角形的连线表示泛化关系。图 5-45 所示是类之间泛化关系的例子。在图 5-45 中，"轿车"类和"公共汽车"类是对"交通工具"类的泛化，其中"交通工具"类的名字用斜体表示，表示该类是一个抽象类，而"轿车"类和"公共汽车"类的名字没有用斜体，表示这两个类是具体类。

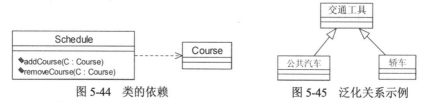

图 5-44　类的依赖　　　　　　　　　图 5-45　泛化关系示例

（3）关联关系

关联是模型元素间的一种语义联系，它是对具有共同的结构特性、行为特性、关系和语义的链（link）的描述。

在上面的定义中，需要注意链这个概念，链是一个实例，就像对象是类的实例一样，链是关联的实例，关联表示的是类与类之间的关系，而链表示的是对象与对象之间的关系。在类图中，关联用一条把类连接在一起的实线表示，如图 5-46 所示。

一个关联可以有 2 个或多个关联端（Association End），每个关联端连接一个类。关联也可以有方向，可以是单向关联（Uni-directional Association）或双向关联（Bi-directional Association）。图 5-46 表示的是双向关联，图 5-47 表示的是从类 A 到类 B 的单向关联。

图 5-46　类的关联　　　　　　　　　图 5-47　类的单向关联关系

① 关联名。可以给关联加上关联名，来描述关联的作用。图 5-48 所示是使用关联名的一个例子，其中 Company 类和 Person 类之间的关联如果不使用关联名，则可以有多种解释，如 Person 类可以表示公司的客户、雇员或所有者等。但如果在关联上加上 Employs 这个关联名，则表示 Company 类和 Person 类之间是雇佣（Employs）关系。显然这样语义更加明确。一般来说，关联名通常是动词或动词短语。

当然，在一个类图中，并不需要给每个关联都加上关联名，给关联命名的原则应该是该命名有助于理解该模型。事实上，一个关联如果表示的意思已经很明确了，再给它加上关联名，反而会使类图变乱。

② 关联的角色。关联两端的类可以以某种角色参与关联。例如，在图 5-49 中，Company 类以 employer 的角色、Person 类以 employee 的角色参与关联，employer 和 employee 称为角色名。如果在关联上没有标出角色名，则隐含地用类的名称作为角色名。

角色还具有多重性（Multiplicity），表示可以有多少个对象参与该关联。在图 5-49 中，雇主（Company）可以雇佣多个雇员（Person），表示为 1..n；雇员只能被一家雇主雇佣，表示为 1。

图 5-48　关联名示例　　　　　　　　　图 5-49　角色与多重性

UML 中的多重性的说明如表 5-23 所示。

表 5-23　　　　　　　　　　　　　　　多重性说明

表示方式	多重性说明
0	仅为 0 个
0⋯1	0 个或 1 个
0⋯*	0 个到无穷多个
1	恰为一个
1..*	1 个到无穷多个
m.n	表示另一个类的一个对象与最少 m 个、最多 n 个该类对象有关系（$m \leqslant n$）

③ 关联类。关联本身也可以有特性，通过关联类（association class）可以进一步描述关联的属性、操作以及其他信息。关联类通过一条虚线与关联连接。图 5-50 中的 Contract 类是一个关联类，Contract 类中有属性 salary，这个属性描述的是 Company 类和 Person 类之间的关联的属性，而不是描述 Company 类或 Person 类的属性。

④ 关联的约束。对于关联可以加上一些约束，以加强关联的含义。图 5-51 所示是两个关联之间存在异或约束的例子，即 Account 类或者与 Person 类有关联，或者与 Corporation 类有关联。

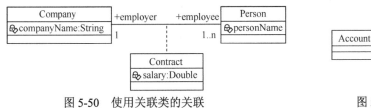

图 5-50　使用关联类的关联　　　　　　　图 5-51　带约束的关联

⑤ 关联的种类。按照关联所连接的类的数量，类之间的关联可分为自返关联、二元关联和 N 元关联。自返关联（Reflexive Association）又称递归关联（Recursive Association），是一个类与自身的关联，即同一个类的两个对象间的关系。自返关联虽然只有一个被关联的类，但有两个关联端，每个关联端的角色不同。自返关联的例子如图 5-52 所示。

二元关联（Binary Association）是在两个类之间的关联，对于二元关联，前面已经举了很多例子，这里就不再举例说明了。

N 元关联（N-ary Association）是在 3 个或 3 个以上类之间的关联。如图 5-53 所示，球员、球队和年份这 3 个类之间存在三元关联，而记录类是关联类。

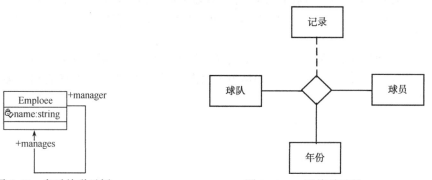

图 5-52　自反关联示例　　　　　图 5-53　N 元关联示例

N 元关联中多重性的意义是:在其他 $N-1$ 个实例值确定的情况下，关联实例元组的个数。

图 5-53 示例的多重性表示的意思是：在某个具体年份和球队中，可以有多个球员；一个球员在某一个年份中，可以在多个球队服役；同一个球员在同一个球队中可以服役多年。

⑥ 聚集和组合。

聚集（aggregation）是一种特殊形式的关联，表示类之间整体与部分的关系。在对系统进行分析和设计时，需求描述中的"包含""组成""分为……部分"等词常常意味着存在聚集关系。

组合（composition）表示的也是类之间的整体与部分的关系，但组合关系中的整体与部分具有同样的生存期。也就是说，组合是一种特殊形式的聚集。

聚集和组合是比较容易混淆的概念,在实际运用时往往很难确定是用聚集关系还是用组合关系。下面列出聚集和组合之间的一些区别。

- 聚集关系也称为"has-a"关系，组合关系也称为"contains-a"关系。
- 聚集关系表示事物的整体/部分关系较弱的情况；组合关系表示事物的整体/部分关系较强的情况。
- 在聚集关系中，代表部分事物的对象可以属于多个聚集对象，可以为多个聚集对象所共享，而且可以随时改变它所从属的聚集对象。代表部分事物的对象与代表聚集事物对象的生存期无关，一旦删除了它的一个聚集对象，不一定也就随即删除代表部分事物的对象。
- 在组合关系中，代表整体事物的对象负责创建和删除代表部分事物的对象，代表部分事物的对象只属于一个组合对象。一旦删除组合对象，也就随即删除了相应的代表部分事物的对象。

需要注意的是，聚集和组合关系对使用"正向工程"产生的代码没有任何影响和意义。

5.3.2　确定类图

类图中不仅包含为系统定义的各种类(其中包含了类的属性和操作),也包含了它们之间的关系，如关联、依赖和聚合等。所以确定类图步骤为：第 1 步是确定类，第 2 步是确定类的属性和操作，第 3 步是确定类之间的关系。

1. 确定类

根据相关的用例或场景抽象出合适的类是使用 UML 进行静态建模所要达到的目标。使用 UML 的最终目标是识别系统所有必须的类，并分析这些类之间的关系。因此进行系统建模的很重要的一个挑战就是决定需要哪些类来构建系统。类的识别是一个需要大量技巧的工作。寻找类的技巧包括：名词识别法，根据用例描述确定类，根据边界类、控制类、实体类的划分确定类，参考设计模式确定类，对领域进行分析或利用已有领域分析结果得到类。

这些技巧可有效地帮助识别系统的类。下面简要介绍名词识别法、根据用例描述确定类和通过边界类、控制类、实体类的划分确定类。

（1）名词识别法

名词识别法通过识别系统问题域中的实体来识别对象和类。对系统进行描述，描述应该使用问题域中的概念和命名，从系统描述中标识名词及名词短语。其中的名词往往可以标识为对象，复数名词往往可以标识为类。

（2）根据用例描述确定类

从用例中也可以识别类。实质上用例图是一种系统描述的形式，如此我们自然可以根据用例描述来识别类。针对各个用例，通常可以根据如下的问题辅助识别类。

① 用例描述中出现了哪些实体？

② 用例的完成需要哪些实体合作？

③ 用例执行过程中会产生并存储哪些信息？

④ 用例要求与之关联的每个角色的输入是什么？

⑤ 用例反馈与之关联的每个角色的输出是什么？

⑥ 用例需要操作哪些硬设备？

（3）根据边界类、控制类、实体类的划分确定类

每个用例的实现可以表示为涉及在该用例中的各个对象之间的消息传递机制，这些对象中我们可以划分为边界对象、控制对象、实体对象，对这些对象进行抽象后就是系统中的边界类、控制类、实体类。

综合以上 3 种方法，识别结果就可以得到整个系统的类。

2. 确定类的属性与操作

创建好相关的类后，就可以开始添加属性和操作了，以便提供数据存储和需要的功能。

（1）确定类的属性

类封装了信息和行为，这些信息称为属性。如何确定属性呢？有 3 种途径。

① 注意在需求中的名词，如用户名、密码等，或者存在许多特定可列举数，如红、黄和绿。属性不会影响架构。例如，销售部的需求的主要内容都是描述如何进行订单管理，订单就是一个名词，我们可以确定"订单"就是一个类，而且根据前面的划分可知这是一个实体类，并且需要通过订单号来区分，因此订单号是"订单"的属性。"订单管理员"这个类需要通过姓名、工号等信息来刻画，这些名词都是"订单管理员"的属性。

② 在分析类方法时获取属性需求。其实，类的属性就是提供给方法使用的，方法也就是操作。例如，销售部主要涉及订单的操作：订单的添加、修改、删除、查询。而订单的查询可以通过订单号、订单日期、订货人等进行关键字搜索，这些名词（订单号、订单日期、订货人）都是订单的属性。

③ 通过查阅用例文档或需求文档资料来获得属性，事件流中的名词有一些是属性。如果已经定义好数据库结构，则表中的字段就是属性。

必须注意的是，在标记属性时，要将其赋予适当的类，属性是与类相关联的信息。

（2）确定类的操作

有 4 种不同的操作作用于属性：实现、管理、访问和帮助。实现操作用来实现业务功能；管理操作用来管理对象的创建和构造；访问操作用于查询或修改某个类的属性；帮助操作是说明类完成任务所需要的操作。

3. 确定类之间的关系

类之间的关系有 3 种：关联、依赖、泛化。分析了类的属性和操作后，接下来分析员要分析类的关系。5.3.3 节通过实例来确定类之间的 3 种关系。

5.3.3 需求建模：信息与类分析案例（类图）

【例 5-6】本节我们来对 5.2.5 节中介绍的××木业有限公司销售部的信息和类进行分析。

首先确定类，可以得到涉及的类（类的属性、操作）信息，如图 5-54 所示。

然后确定类之间的关系。分析了类的属性和操作后，接下来分析员要分析类的关系。

1. 关联关系

我们可以看出订单与订单明细、订单与订货人、订单与订单管理员之间存在关联关系，而且多重性的表现为：一份订单包含一到多条订单明细记录；一个订单管理员可能录入多份订单，但一个订单却能确定录入它的管理员；一个订单一定有一个订货人，但是同一个订货人可能有多份订单。

因此这几个实体类之间的关联关系如图 5-55 所示。

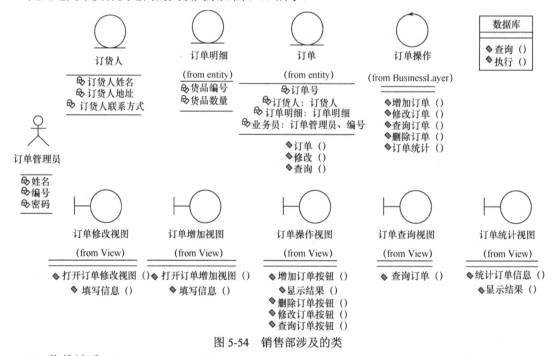

图 5-54　销售部涉及的类

2. 依赖关系

根据依赖关系的定义，我们可以认为以下几种情况都存在类之间的依赖关系。

（1）调用。一个类调用另一个类的方法。

（2）参数。一个类的方法使用另一个类作为形式参数。

（3）发送。消息的发送者与接收者之间的关系。

（4）实例化。一个类的方法创建了另一个类的实例。

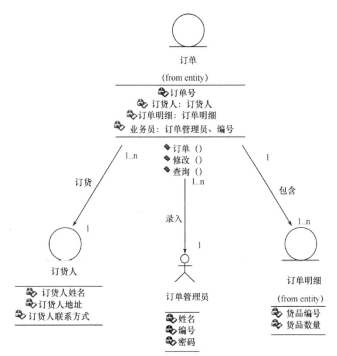

图 5-55　销售部实体类关联图

3. 泛化关系

泛化其实是类之间的一种继承关系。在销售部涉及的类中不存在此种关系，因此不予表达。

将上述类关系揉合在一幅图中则得到了分析阶段的类图，如图 5-56 所示。

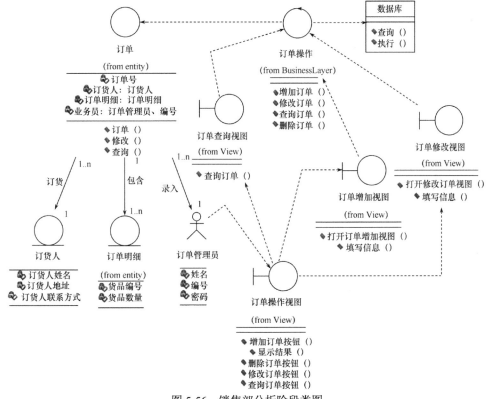

图 5-56　销售部分析阶段类图

事实上，类的识别贯穿于整个建模过程，不仅涉及系统分析阶段，还涉及系统的设计和实现阶段。在分析阶段往往不能识别所有系统的类，此阶段主要识别问题域（系统主要的功能）相关的类。下一步在系统设计阶段可能还需要加入一些反映设计思想、方法的类以及实现问题域所需要的类，而到了编码实现阶段，因为语言的特点可能需要加入一些其他的类。

5.4 需求建模：行为和模式（状态图、顺序图）

5.4.1 辅助模型概述

UML 2.0 使用的模型图有 13 种，除了用例图和类图是基本模型以外，其他的图都属于辅助模型。不同的模型分别解决不同开发阶段或者子阶段的问题。例如，尽管在面向对象的分析和设计中类图是最重要的模型，但是它不能直接描述需求。于是，在建立类图之前通过用例图来建立需求模型的做法就被广泛采用。此外，在从分析和设计阶段过渡到实现阶段之前，类图也没有解决如何组织构件和如何进行构件部署的问题，而构件图和部署图则弥补了这个空白。

扫码看视频：

需求建模：行为和模式（状态图、顺序图）

以下对 UML 的这些模型在本书的面向对象分析与设计方法中所起的作用做概括的说明（以各种图在本方法中的重要性为序）。

（1）用例图：需求模型，是开展面向对象分析和设计的良好基础，提倡尽可能地使用。

（2）类图：基本模型，是面向对象分析与设计所要得到的最重要的模型。对面向对象的分析和设计必不可少，本方法特别强调对类图的使用。

（3）活动图：辅助模型，可用来描述对象的操作流程，也可以描述一组对象之间的协作行为或用户的业务流程。但是对象操作的描述采用传统的流程图通常更为简洁有效。

（4）状态图：当对象的行为比较复杂时，可以用它作为辅助模型描述对象的状态及其转移，从而更准确地定义对象的操作。

（5）包图：辅助模型，可作为类图和其他几种模型的组织机制，使之更便于阅读。系统规模较大时使用。

（6）顺序图：辅助模型，可以清晰地表示一组对象之间的交互情况，对类图起到补充作用。一组对象之间的交互比较复杂时使用。协作图在 Rose 软件中可以实现与顺序图的互换，所以本质相同，因此本书将不会额外介绍协作图。

（7）构件图：辅助模型，在转入实现阶段之前，可以用它表示如何组织构件。也可以不使用。

（8）部署图：辅助模型，在转入实现阶段之前，可以用它表示如何把构件部署在各个结点（计算机）上。也可以不使用。

对象图、通信图：建议不使用。

5.4.2 状态图

状态图（State Diagram）是 UML 的一种行为图，它是在借鉴了以往若干状态建模的优点的基础上形成的。这种模型在以往的文献中曾有状态图表（State Chart）、状态转移图（State Transition Diagram，

STD）等不同的名称，在 UML 1.x 中被称为状态图（State Diagram），目前 UML 2.0 改称其为状态机图。

通俗地说，状态图描述了一个对象（或者其他实体）在其生命期内所经历的各种状态，状态之间的转移，发生转移的动因、条件以及转移中所执行的活动。

状态图作为面向对象建模中的一种辅助模型，只限于对那些状态和行为比较复杂的对象进行状态建模，主要目的是帮助分析人员和设计人员更有效地认识这些对象的行为，以便准确地定义它们的操作。对那些状态和行为并不复杂的对象，如果人们不借助状态模型也能看清它们的行为，则不要对它们进行状态建模。

1. 状态图的组成要素

（1）状态（State）。UML 2.0 的解释是："状态是对一种状况的模型表示，在此期间保持某些（通常是固有的）条件。"

在状态图中，用一个圆角的矩形表示一个状态，在其中填写状态的名称，如图 5-57 所示。

（2）转移（Transition）。"转移是源顶点和目标顶点之间的一个有向的关系。"也就是说，转移是状态之间的一种关系，表示从一个状态转移到另一个状态。转移之前的状态称为源状态，转移之后的状态称为目标状态。一个转移的源和目标可以是同一个状态。这种情况称为自转移，表示从一个状态出发又回到了同一个状态。

在状态机图中，转移用一条带有开放箭头的实线表示，从源状态出发，指向目标状态，如图 5-58 所示。

图 5-57　状态　　　　　　　　图 5-58　转移

（3）触发器、监护约束和活动。在表示转移的线条旁边可以附加一些描述信息，其中，触发器（Trigger）表示由什么引起转移。其表示法是给出触发器的名称，并且可以带有参数。监护约束（Guard Constraint）给出了一个约束条件，表示仅当这个条件成立时转移才会发生。其表示法是在一对中括号内写一个布尔表达式。监护约束是可以空缺的，如果一个转移不带任何监护约束，则表明转移是无条件的，只要被触发就会发生转移。活动（Activity）表示在转移过程中需要做什么事。活动也是可空缺的，其表示法是在一个斜线符（/）后面给出活动的名称，也可以带参数。

UML 2.0 用巴科斯范式定义了转移的书写形式。具体如下：

`<transition>::=<trigger>[','<trigger>]*['['<guard-constraint>']']['/'<activity-expression>]`

这个范式表明，一个转移的描述信息最多由 3 部分构成。首先是触发器，它至少有 1 个，也可以是多个；然后是 0～1 个监护约束；最后是 0～1 个写在斜线符后面的活动表达式。

（4）组合状态（Composite Srtate）。和其他许多建模概念一样，状态也可以被组织在一起，形成嵌套的、有层次的概念。把若干状态组织在一起可以得到一个组合状态。相对而言，一个组合状态内所包含的状态是这个组合状态的子状态（Substate）。为了与组合状态区别，把那些内部不包含其他状态的状态称为简单状态（Simple State）。组合状态和简单状态如图 5-59 所示。

此外在状态图中还使用判断（Decision）与合并（Merge）、分岔（Fork）与汇合（Join），其定义及使用方法和活动图中的完全一致，读者可以参考活动图中的相关部分。

（5）初始（Initial）和终止（Terminate）。通常用一个实心的圆点表示状态机从这里开始，但是它实际上不是一个状态，真正的初始状态是从它出发的转移所指的那个状态。终止用一个原点外面套一个圆环来表示。其作用与初始恰好相反，向它转移的那个状态才是真正的终止状态。它们可以让人更容易地看清一个状态机的开始和结束，如图 5-60 所示。

事实上，UML 2.0 对状态机可使用的元素还进行了大量的补充。例如，目前的 UML 2.0 还允许在状态机图中使用一些动作结点，包括用矩形表示的一般的动作，用凸五边形表示的发送信号动作（Send

Signal Action）和用凹五边形表示的接收信号动作（Receive Signal Action）。此外，UML 2.0 又在状态机概念之下定义了一种协议状态机（Protocol State Machine），而把一般的状态机称为行为状态机（Behavior State Machine）。以及在组合状态中使用的区域概念和表达从中断后重新进入组合状态的某种子状态——历史状态。这些内容在本书中不做详细介绍，感兴趣的读者可以参看UML2.0 规范。

图 5-59　组合状态和简单状态　　　　　图 5-60　开始与终止状态

2. 绘制状态机图

绘制状态机图的一般步骤如下。

（1）寻找主要的状态。

（2）寻找外部事件，以便确定状态之间的转换。

（3）详细描述每个状态和转换。

（4）画出状态机图。

【例 5-7】下面以飞机票作为对象说明如何绘制状态机图。

步骤1　寻找主要的状态。对于航班机票预订系统而言，显然包括的状态主要有：在刚确定飞行计划时，显然是没有任何预订的，并且在有人预订机票之前都将处于这种"无预订"状态；对订座而言显然有"部分预订"和"预订完"两种状态；而当航班快要起飞时，显然要"预订关闭"。总结一下，主要有 4 种状态：无预订、部分预订、预订完以及预订关闭。

步骤2　寻找外部事件，以便确定状态之间的转换。①预订()：顾客预订机票。②退订()：顾客退订机票。③关闭()：机票管理员关闭订票系统。④取消航班()：飞机调度人员取消飞行计划。

步骤3　详细描述每个状态和转换。做出状态转移表（见表 5-24），表格横向是转出，纵向是转入。

表 5-24　　　　　　　　　　　　　状态转移表

源目标	无预订	部分预订	预订完	预订关闭
无预订		预订()	不直接转换	关闭()
部分预订	退订()，使预订人=0		预订()，无空座	关闭()
预订完	不直接转换	退订()		关闭()
预订关闭	无转换	无转换	无转换	

步骤4　画出状态机图。确定状态间的有效转换，在此基础上绘制相应的状态机图。图 5-61 所示为飞机票状态机图。

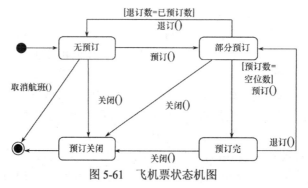

图 5-61　飞机票状态机图

5.4.3　顺序图

顺序图（Sequence Diagram）也称为序列图或时序图，是一种详细地表示对象之间行为关系的图。一个顺序图通常只描绘一组相互协作的对象在完成一项功能时彼此之间的交互情况。它按时间顺序把各个对象所执行的操作以及它们之间所传送的消息展现出来，因此可以清晰而直观地表示对象之间的行为关系以及操作和消息的时序关系。除了表示系统内部一组对象之间的交互情况之外，在某些顺序图中，也可以看出系统中的对象与系统边界以外的参与者之间的交互情况。

顺序图的最大特点是：它以二维的平面上的一维来表示时间进度，从而能够在逻辑上清晰地刻画在顺序图中描述的对象之间的这些操作和消息的时序关系乃至因果关系。

1. 顺序图的组成要素

顺序图也称作序列图，是由对象（Object）、生命线（Lifeline）、控制焦点（focus of control）和消息（Message）等构成的。画顺序图的目的就是按照交互发生的一系列顺序显示对象之间的交互。

（1）对象

顺序图中的对象和对象图中的对象一样，都是类的实例。顺序图中的对象可以是系统的参与者或者任何有效的系统对象。对象的表示形式也和对象图中的对象的表示方式一样，使用包围名称的矩形框来标记，所显示的对象及其类的名称带有下划线，二者用英文冒号隔开，即"对象名:类名"的形式。对象的下部有一条被称为"生命线"的垂直虚线，如图 5-62 所示。

图 5-62　对象

对象的命名方式有 3 种：第 1 种命名方式包括对象名和类名，如图 5-62 所示。第 2 种命名方式只显示类名不显示对象名，即表示这是一个匿名对象。第 3 种命名方式只显示对象名不显示类名，即不关心这个对象属于什么类。后两种方式如图 5-63 所示。

如果对象的开始位置位于序列图的顶部，那就意味着在序列图开始交互的时候该对象就已经存在了；如果对象的位置不在顶部，那么表明对象在交互的过程中将被创建，如图 5-64 所示。

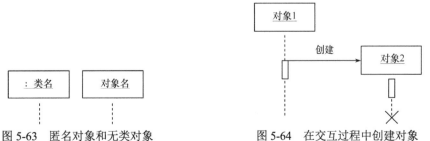

图 5-63　匿名对象和无类对象　　　　图 5-64　在交互过程中创建对象

对象可以在交互中创建，因此也可以在交互中销毁。销毁对象指的是将对象销毁并回收其拥有的资源，它通常是一个明确的动作，也可以是其他动作、约束或垃圾回收机制的结果。销毁对象时在对象的生命线对应的某一时刻画"×"，表明该对象在这一刻被销毁，如图 5-64 所示。

但许多对象的生命线可能在某顺序图的交互终止后依旧延续，那么在这种情况下对象不该使用销毁机制。

（2）生命线

生命线是一条垂直的虚线，用来表示序列图中的对象在一段时间内的存在。每个对象的底部的中心位置都带有生命线。生命线是一个时间线，从序列图的顶部一直延伸到底部，所用时间取决于交互持续的时间，也就是说，生命线表现了对象存在的时段。

对象与生命线结合在一起称为对象的生命线。对象的生命线包含矩形的对象图标以及图标下面的生命线，如图 5-63 所示。

（3）控制焦点

控制焦点是顺序图中表示时间段的符号，在这个时间段内，对象将执行相应的操作，或者说表明在这段时间内执行的控制点位于这个对象。控制焦点表示为在生命线上的小矩形，如图 5-65 所示。

控制焦点可以嵌套，嵌套的控制焦点可以更精确地说明消息的开始和结束位置，如图 5-66 所示。

与控制焦点相关的概念是激活期（Activation）。激活期表示对象执行一个动作的期间，即对象激活的时间段。根据定义可以知道，控制焦点和激活期事实上表示的是同一个意思。

（4）消息

消息（Message）是从一个对象（发送者）向另一个或其他几个对象（接收者）发送信号，或由一个对象（发送者或调用者）调用另一个对象（接收者）的操作。它可以有不同的实现方式，如过程调用、活动线程间的内部通信、事件的发生等。

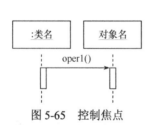

图 5-65　控制焦点　　　　　图 5-66　嵌套的控制焦点

在顺序图中消息的基本表示形式为从一个对象（发送者）的生命线指向另一个对象（目标）的生命线的箭头。图 5-66 所示的 oper1()这个操作是通过一个实线箭头表示的从一个匿名对象指向"对象名"这个对象的消息调用实现的。

事实上，消息还有一些不同类型，其表示如图 5-67 所示。

（5）分支与从属流

UML 中存在两种可以修改序列图中消息的控制流的方式，分别是分支和从属流。分支是指从同一点发出的多个消息并指向不同的对象，根据条件是否互斥，可以有条件和并行两种结构。从属流指的是从同一点发出多个消息指向同一个对象的不同生命线。

图 5-67　消息类型

引起一个对象的消息产生分支可以有很多种情况，在复杂的业务处理过程中，根据不同的条件进入不同的处理流程，通常被称作条件分支。另外一种情况是当执行到某一点的时候需要向 2 个或 2 个以上的对象发送消息。消息是并行的，这时被称为并行分支。

由于顺序图只表示某一个活动按照时间顺序的经历过程，所以 Rose 对顺序图的画法没有明显的支持（可以通过添加脚本的方式辅助实现）。对于出现不同分支的情况，如果有必要可以通过对每一个分支画出一个序列图的方式实现。一般来说，在序列图中只要画出主要分支的过程就足够了。

从属流是对象由于不同的条件而执行了不同的生命线分支，如用户在保存或删除一个文件时，向文件系统发送一条消息，文件系统会根据保存或删除消息条件的不同执行不同的生命线。从属流在 Rose 中也不支持，因为添加从属流以后会明显增加顺序图的复杂度。

2. 绘制顺序图

一个顺序图用来描述一个交互。随之而来的问题是：对一个由许多对象构成的系统，究竟要识别其中多少个交互并且建立相应的顺序图？如何把顺序图的数量控制在合理的范围内？如果不管粒度的大小，对上述任何一种情况都建立一个顺序图，就可能产生大量的组合，使图的数量急剧增多，并且可能有许多内容是重叠的。

对此，我们的建议是：基本上以每个用例为单位建立顺序图。针对每个用例，考察为完成它所描述的功能需要哪些对象的操作参加执行，并且进一步考察这些操作的执行需要通过消息而引起其他哪些对象操作的执行。把这些对象以及参加交互的参与者组织到一个顺序图中。在理论上，如果系统提供的每一项功能都通过一个用例来描述，那么在所有的用例所对应的顺序图建立之后，它们就可以覆盖系统中任何一个对象的操作以及它们之间的消息。

综上所述，如果系统的一项功能在需求分析阶段是通过一个用例来定义的，那么，以顺序图作为 OOA 的辅助模型，有助于根据需求来发现对象，并且具体地定义对象的操作以及对象之间的消息，也有助于检查系统模型中是否遗漏了某些功能所需的对象及其操作。

建立顺序图时，可以根据以下步骤进行。

（1）从用例中识别交互过程。

（2）识别参与交互过程的对象。

（3）为每一个对象设置生命线,并确定对象的存在期限。

（4）从引发交互的初始消息开始，在对象生命线上依次画出交互的消息。

（5）如果需要，可以给消息增加时间约束，以及前置条件和后置条件。

其中在进行识别参与交互过程的对象时，常常根据系统的架构方法，如 MVC 模式对对象进行分类。

而在常用的 MVC 模式中，软件系统分为模型、视图和控制器 3 个基本部分。构建这种模型—视图—控制器模式的目的是实现一种动态的程序设计，使后续对程序的修改和扩展简化，提高程序的复用性。其中模型就是数据模型，用于封装与应用程序的业务逻辑相关的数据以及对数据的处理方法。模型有对数据直接访问的权利，如对数据库的直接访问。如果说模型是应用对象，视图则是它在屏幕上的表示，控制器定义用户界面对用户输入的响应方式。一旦模型的数据发生变化，模型将通知有关的视图，每个视图相应地得到刷新自己的机会。视图必须保证能真实正确地反映模型的状态。控制器起到不同层面的组织作用，用于控制应用程序的流程，处理"事件"并做出响应。事件包括用户的行为和数据模型上的改变。

使用 MVC 模式的信息系统的对象因此可以分为以下 3 类。

（1）实体对象。这些对象对应模型，保存信息，最终能映射成数据库中的表和字段。

（2）边界对象。这些对象对应视图，处于系统与外部世界之间的边界上，如窗体或窗体与应用程序的接口或者界面。

（3）控制对象。这些对象对应控制器，是可选的对象，控制用例的流程。此类对象本身没有任何业务功能，但可以协调其他对象和控制总体逻辑流程。控制对象不在事件流中出现，如果决定使用控制对象，则要将其加进序列图或协作图。

当然系统的架构不只有 MVC 这一种模式，本书为了简化处理，都采用这种模式对对象进行分类。即对象被分为：用户与系统的操作界面——边界对象、属性信息需要数据持久化为数据库中的表或字段的实体对象、可选的控制协调其他对象的控制对象。其中，控制对象不是必选项。

并且根据参与者与系统交互实现用例的功能的顺序，为用例画顺序图时通常从左至右分别排列参与该用例实现的参与者、边界对象、控制对象、实体对象。

5.4.4　需求建模：行为和模式建模案例

【例 5-8】在 5.2.5 节的案例中的销售部包含的 4 个用例如图 5-68 所示。其中最主要的部分是"1.1 订单管理"，包括 4 个子用例："1.1.1 增加订单""1.1.2 修改订单""1.1.3 删除订单""1.1.4 查询订单"。用例图如图 5-69 所示。

1. 建立顺序图模型

这一部分将以"订单管理"为例介绍如何确定系统的类。根据 5.3.3 节所述，为"订单管理"细化后的 4 个用例分别画出的顺序图如图 5-70～图 5-73 所示。

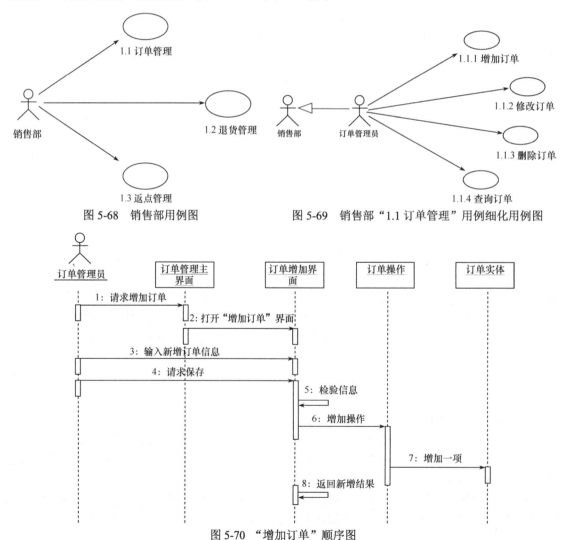

图 5-68　销售部用例图　　图 5-69　销售部"1.1 订单管理"用例细化用例图

图 5-70　"增加订单"顺序图

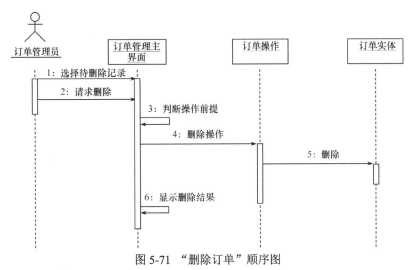

图 5-71 "删除订单"顺序图

需要注意的是，订单的操作需要参与者"订单管理员"来完成，而参与者在 UML 中也定义为类的对象，因此还有一个类是"订单管理员"。

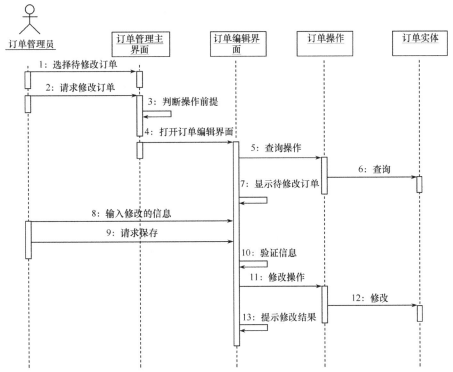

图 5-72 "修改订单"顺序图

如果仔细分析顺序图，如图 5-73 所示的"查询订单"，分析员还可以发现进行订单查询时可以通过订单的订货人进行查询，而订货人可以通过订货者姓名、订货者地址、订货者联系方式描述，因此我们在这里发现了一个可以抽象为实体类的对象"订货人"，而订货人的属性可以有"订货人姓名""订货人地址""订货人联系方式"。

2. 建立状态机模型

在订单管理中，"采购单"这一对象在××木业有限公司的流转过程中，其状态的变化用文字可以做如下描述。

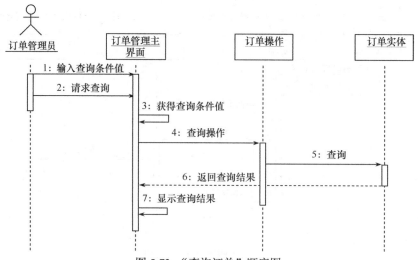

图 5-73 "查询订单"顺序图

步骤 1 生产部根据订单需要进行生产时，先向库管部申请材料，如果材料不足则根据需求向采购部提交采购单，此时采购单状态为"待采购单"。

步骤 2 "待采购单"经采购部员工联系供应商后完善采购单，变成"待审核采购单"。

步骤 3 采购部经理审核通过后，采购单状态变成"待付款采购单"。

步骤 4 "待付款采购单"经财务部进行付款后，变成"已付费/待检采购单"。

步骤 5 根据采购单采购的物资运回公司后，质检部进行质检。质检合格之后货品入库，采购单状态变成"入库采购单"，该采购单可以视作在这里完成；假如质检不合格，该采购单状态设置为"不合格采购单"，并进入步骤 6。

步骤 6 对于质检不合格货品进行分析判断，如果需要退货，则采购单状态就变成了"退货处理采购单"；假如需要进行换货处理，则进入步骤 8。

步骤 7 再由财务部进行收款，修改为"已收退款采购单"。

步骤 8 如果选择换货，则采购单状态变成了"换货采购单"，接下来进入步骤 2。

根据以上步骤的分析，我们可以得到"采购单"这一对象在该公司处理流程中的状态图，如图 5-74 所示。

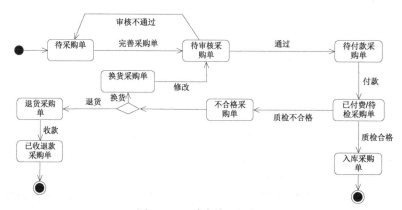

图 5-74 "采购单"状态图

同样，如果我们分析计划控制部制订的对象"生产计划"的状态转换关系，我们发现：在计划控制部员工制订生产计划后，生产计划是待审核状态。计划控制部经理对生产计划进行审核，如果审核没有通过，仍然是待审核生产计划，否则，是审核通过生产计划。在当月的生产完成之后，生产计划变为历史生产计划。因此可以得到图 5-75 所示的"生产计划"状态图。

图 5-75　"生产计划"状态图

有时候特定对象在生命周期中的若干状态可以用该对象的若干属性的某种取值组合来标志，也可以使用该对象的某个特定属性的不同取值来标志。根据图 5-73、图 5-74 所示的状态图，我们可以分别为"采购单"和"生产计划"对象增设一个标志状态的属性，即采购单状态和生产计划状态。其中通过状态图可以分析得出，采购单状态属性的取值来自有限的状态取值集合{"待采购单""待审核采购单""待付款采购单""已付费/待检采购单""入库采购单""不合格采购单""退货处理采购单""已收退款采购单""换货采购单"}；而生产计划状态属性来自于状态取值集合{"待审核生产计划""审核通过的生产计划""历史生产计划"}。

因此分析一个对象的状态转换可以帮助系统分析设计人员、开发人员对对象、类进行属性设计及数据库设计。这一节我们仅为"采购单""生产计划"两个对象绘制了状态图，请读者分析系统中还有哪些重要的对象需要通过状态图来说明生命周期的对象在事件触发下的行为和状态。

这一节仅对销售管理的部分用例进行顺序图示例，希望读者可根据顺序图的定义和绘制方法参照用例图、用例说明为库存管理绘制完整的顺序图。

需要说明的是，用例图的绘制从顶层到第 1 层、第 2 层……仿佛是从顶层用例细化出的一棵树，位于树根的是粒度粗的顶层用例，位于树枝上的叶子是粒度很小、无须细化的用例。我们绘制顺序图时，仅需对叶子节点进行分析，因为当绘制完来自顶层用例的所有叶子节点的顺序图后，它们可以共同地描述顶层用例的行为。

关键术语

复习思考题

1. 简答题

（1）什么是用例图？用例图有什么作用？用例之间有什么样的关系，分别在什么情况下使用？

（2）在确定参与者的过程中需要注意什么？

（3）什么是活动图？在什么情况下可以使用活动图进行建模？

（4）活动图的组成要素有哪些？请描述合并和汇合的区别。

（5）状态图的组成要素有哪些？请尝试为系统其他重要对象画出状态图。

（6）简述简单状态和组成状态的区别。

（7）什么是顺序图？说明该图的作用。

（8）顺序图有哪些组成部分？顺序图中的消息有哪些类型？在顺序图中如何创建和销毁对象？

（9）什么是包图，它有哪些作用？

（10）包图有哪些组成部分？

（11）什么是类图？什么是对象图？说明两种图的作用。

（12）类图有哪些组成部分？类之间的关系有哪些？试着描述这些关系。

2．综合题

（1）请对质检部的"质检管理"用例进行细化，画出第2层、第3层用例图。

（2）网络的普及带给了人们更多的学习途径，随之而来的还有管理远程网络教学的"远程网络教学系统"。"远程网络教学系统"的功能需求如下。

- 学生登录网站后，可以浏览课件、查找课件、下载课件、观看教学视频。
- 教师登录网站后可以上传课件、上传教学视频、发布教学心得、查看教学心得、修改教学心得。
- 系统管理员负责对网站页面的维护，审核不合法课件和不合法教学信息，批准用户注册。

满足上述需求的系统主要包括以下几个系统模块。

- 基本业务模块：该模块主要用于学生下载课件、在线观看教学视频；教师上传课件、发布和修改教学心得。
- 浏览查询模块：该模块主要用于对网站的信息进行浏览、查询、搜索等。方便用户了解网站的宗旨，找到自己需要的资源。
- 系统管理模块：主要用于系统管理员对网站进行维护、审核网站的各种资源、批准用户注册等。

学生需要登录"远程网络教学系统"后才能正常使用该系统的所有功能。如果忘记密码，可以通过"找回密码"功能恢复密码。请画出学生参与者的用例图。

教师如果忘记密码，可以通过"找回密码"功能找回密码。请画出教师参与者的用例图。

（3）在"远程网络教学系统"中，学生登录后可以下载课件。在登录时，系统需要验证用户的登录信息，如果验证通过，系统会显示所有的可选服务。如果验证失败，则登录失败。当用户看到系统显示的所有可选服务后，可以选择下载服务，然后下载需要的课件。下载完成后用户退出系统，系统则会注销相应的用户信息。请画出学生下载课件的活动图。

（4）在"远程网络教学系统"中，一个课件被上传到网站后，首先需要系统管理员对其进行审核，审核通过后此课件就可以被用户浏览、下载。经过一段时间后，系统会清除网站中过时的课件。请画出课件的状态图。

（5）根据顺序图的定义和绘制方法，参照用例图、用例说明为"库存管理"用例绘制完整的顺序图。

【学习目的】

理解系统设计的相关定义、原则等基本概念，熟练掌握面向对象设计方法建立系统设计模型的方式及其过程，掌握数据/类设计、数据库设计、体系结构设计、接口设计以及构件级/部署级设计等。

【本章要点】

- 面向对象系统方法、设计概念、模型、过程和原则。
- 基于面向对象设计的数据/类设计。
- 基于面向对象设计的数据库设计。
- 基于面向对象设计的体系结构设计。
- 基于面向对象设计的接口设计。
- 基于面向对象设计的构件级及部署级设计。

系统生命周期的第 3 个阶段是系统设计，它是根据系统分析要求，将逻辑模型转变成物理模型的过程，为下一步系统实施打下坚实的基础。系统设计也是系统开发中的承上启下的阶段。

当前管理信息系统设计的主流方式是面向对象设计，本章主要介绍面向对象系统设计的概念、方法和过程。

6.1 面向对象系统设计概述

在分析阶段，针对用户需求已经建立起用面向对象概念描述的系统分析模型。在设计阶段，要考虑为实现系统而采用的计算机设备、操作系统、网络、数据管理系统以及所采用的编程语言等有关因素，基于面向对象分析模型，进一步运用面向对象方法对系统进行设计，构建面向对象设计模型。

面向对象设计（OOD）要在面向对象分析模型的基础上运用面向对象方法，主要解决与实现有关的问题，目标是产生符合具体实现条件的面向对象设计模型。

6.1.1 面向对象系统分析与面向对象系统设计的关系

由于面向对象分析与面向对象设计的目标不同，这决定了它们有着不同的分工，有着不同的开发过程及具体策略。

在面向对象分析阶段，针对问题域和系统责任，把用户需求转化为用面向对象概念所建立的模型，以易于理解问题域和系统责任。这个面向对象分析模型是问题域和系统责任的完整表达，而不考虑与实现有关的因素。面向对象设计阶段才考虑与实现有关的问题（如选用的编程语言、数据库系统和图形用户界面等），建立一个针对具体实现要求的面向对象设计模型。

面向对象分析和面向对象设计的目标虽然不同，但是它们采用一致的概念、原则和表示法。面向对象设计以面向对象分析模型为基础，只需做必要的修改和调整，或补充某些细节，并增加几个

拓展知识：

面向对象系统
设计的概念

与实现有关的相对独立部分。因此面向对象分析与面向对象设计之间不存在像传统方法中那样的分析与设计之间的鸿沟，二者能够紧密衔接，大大降低了从面向对象分析过渡到面向对象设计的难度和出错率。这是面向对象的分析与设计方法优于传统的软件工程方法的原因之一。

面向对象分析的目标是建立一个映射自问题域、满足用户需求且独立于实现的模型。图 6-1 反映了面向对象分析模型和面向对象设计模型之间的映射关系。

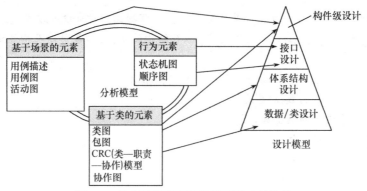

图 6-1　从分析模型到设计模型的映射关系

6.1.2　面向对象系统设计模型

面向对象系统设计的模型有 4 个主要的模型元素：数据/类设计、体系结构设计、接口设计和构件级设计。其结构如图 6-2 所示。

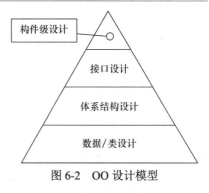

图 6-2　OO 设计模型

（1）数据/类设计元素：数据/类设计创建了在高抽象级上（以客户或用户的数据观点）表示的数据模型和信息模型。之后，数据模型被逐步求精为特定实现的表示，以及计算机系统能够处理的表示。数据结构通常是软件设计的重要部分。在程序构件级，数据结构设计以及处理这些数据的相关算法对于创建高质量的应用程序是至关重要的。在应用级，从数据模型（源自分析阶段）到数据库的转变是实现系统业务目标的关键。在业务级，收集存储在不同数据库中的信息并重新组织为“数据仓库”要使用数据挖掘或知识发现技术，这些技术将会影响业务本身的成功。在每一种情况下，数据/类设计都发挥了重要作用，是所有设计的基础。

（2）体系结构设计元素：体系结构是指程序构件（模块）的结构或组织、这些构件交互的方式以及这些构件所用数据的结构。

（3）接口设计元素：软件接口设计元素描述了信息如何流入和流出系统，以及被定义为体系结构一部分的构件之间是如何通信的。

（4）构件级设计元素：软件的构件级设计完整地描述了每个软件构件的内部细节。为此，构件级设计为所有局部数据对象定义数据结构，为所有在构件内发生的处理定义算法细节，并定义允许访问所有构件操作（行为）的接口。

部署级设计元素：部署级设计元素指明软件功能和子系统将如何在支持软件的物理计算环境内进行分布。此外，移动平台也可以提供有限的功能。

6.1.3　面向对象系统设计原则

为了使设计是一个优秀设计，在进行面向对象的设计时应该注意以下原则。

扫码看视频：

面向对象系统设计原则

1. 关注点分离

关注点是一个特征或一个行为，被指定为软件模型的一部分。关注点分离表明，任何复杂问题如果被分解为可以独立解决或优化的若干块，该复杂问题便能够更容易地得到处理。将关注点分割为更小的关注点（由此产生更多可管理的块），便可用更少的工作量和时间解决一个问题。另一个结果是：两个问题被结合到一起的认知复杂度经常高于每个问题各自的认知复杂度之和。这就引出了"分而治之"的策略——把一个复杂问题分解为若干可管理的块来求解将会更容易。这对于软件的模块化具有重要的意义。

2. 模块化

在系统设计中，一个能够单独命名并具有独立执行某种功能的单元叫作模块。一个系统可以分解为多个模块，一个复杂模块又可以由多个简单模块组成。一个模块可以和其他模块一起使用、组合或更换。模块具有 2 个基本的特征：外部特征和内部特征。外部特征是指模块跟模块以外的外部环境联系的接口，往往体现模块的功能；内部特征是指模块的内部环境具有的特点。在面向对象的系统设计中，对象、类、接口、构件、包、子系统、系统等都是模块，而对象是最基本的模块元素。对象是把数据结构和操作数据的方法紧密地结合在一起所构成的模块。

3. 抽象

抽象是指从具体事物抽出、概括它们共同的方面、本质属性与关系等，而将个别的、非本质的方面、属性与关系舍弃的思维过程。这种思维过程在面向对象的系统设计中尤为重要。例如，在面向对象系统设计中，对象是从具体事物中抽象出来的。类是从对象中抽象出来的，是一种抽象数据类型，它包括规格说明抽象和参数化抽象。其中，对外开放的公共接口构成了类的规格说明，这种接口规定了外界可以使用的合法操作符，利用这些操作符可以对类实例中包含的数据进行操作。所谓参数化抽象，是指在描述类的规格说明时并不具体指定所要操作的数据类型，而是把数据类型作为参数。

4. 信息隐藏

信息隐藏是指使用模块的用户只能（也只需）看到模块的外部特征。模块的内部特征则隐藏在模块的内部，不为用户所知（也无须知道）。通过信息隐藏，模块方便被使用、组合和替换，提高了模块的可重用性和可维护性。在面向对象方法中，信息隐藏通过对象的封装来实现。类结构分离了接口与实现，从而支持了信息隐藏。对于使用类的用户来说，属性的表示方法和操作的实现算法都应该是隐藏的。

5. 弱耦合

耦合主要指不同模块之间相互关联的紧密程度。在面向对象方法中，对象是最基本的模块。设计对象时，耦合指不同对象之间相互关联的紧密程度。当两个对象必须相互联系、相互依赖时，应该通过类的公共接口实现耦合，而不应该依赖类的具体实现细节。一般来说，对象之间的耦合可分为两类：交互耦合和继承耦合。其中，对象之间的耦合通过消息连接来实现称为交互耦合，交互耦合应该尽可能松散，应遵守下面两个准则。

（1）尽量降低消息连接的复杂程度，如尽量减少消息中包含的参数个数和复杂度。

（2）减少对象发送（或接收）的消息数。

一般化类与特殊类之间的耦合称为继承耦合，继承耦合应该尽可能紧密。从本质上看，通过继承关系结合起来的基类和派生类，构成了系统中粒度更大的模块。因此，它们彼此之间应该结合得越紧密越好。

6. 强内聚

内聚衡量模块内各元素彼此结合的紧密程度。面向对象的设计中包括如下 3 种内聚。

（1）服务内聚：一个服务应该完成一个且仅完成一个功能。

（2）类内聚：一个类应该只有一个用途，它的属性和服务应是强内聚的。

（3）一般——特殊内聚：一般——特殊结构应该正确地抽取相应的领域知识。

7．可重用

重用是指同一事物不做修改或稍加改动就多次重复使用。软件重用是指尽量使用自己已有的类，包括开发环境提供的类库，以及以往开发类似系统时创建的类；如果确实需要创建新类，则在设计这些新类的协议时，应该考虑将来的可重用性。软件成分的重用级别包括代码重用（如代码剪贴、源代码包含）和继承、设计结果重用和分析结果重用。面向对象技术中的"类"，是比较理想的可重用构件，可称为类构件。类构件的重用方式有实例重用、继承重用和多态重用 3 种。

（1）实例重用。可以使用适当的构造函数，按照需要创建类的实例，然后向所创建的实例发送适当的消息，启动相应的服务，完成需要完成的工作；可以用几个简单的对象作为类的成员，创建一个更复杂的类。

（2）继承重用。为提高继承重用的效果，关键是设计一个合理的、具有一定深度的类构件继承层次结构。这样做有下述 3 个好处：每个子类在继承父类的属性和服务的基础上，只加入少量新属性和新服务；降低了每个类构件的接口复杂度，表现出一个清晰的进化过程，提高了每个子类的可理解性，为软件开发人员提供了更多可重用的类构件；为多态重用奠定了良好的基础。

（3）多态重用。使对象的对外接口更加一般化，从而降低了消息连接的复杂程度，提供一种简便可靠的软构件组合机制。设计类时，应注意以下可能影响重用性的操作：与表示方法有关的操作，如不同实例的比较、显示、擦除等；与数据结构、数据大小等有关的操作；与外部设备有关的操作，如设备控制；实现算法在将来可能会改进（或改变）的核心操作。

在提高面向对象设计的质量方面，人们积累了一些经验，主要包括以下几个方面。

（1）设计结果应该清晰易懂。用词一致、使用已有的协议、减少消息模式的数目、避免模糊的定义。

（2）一般——特殊结构的深度应适当。应该使类等级中包含的层次数适当。一般来说，在一个中等规模（大约包含 100 个类）的系统中，类等级层次数应保持为"7±2"。不应该仅仅从方便编码的角度出发随意创建派生类，应该使一般——特殊结构与领域知识或常识保持一致。

（3）设计简单的类。避免包含过多的属性，有明确的定义，尽量简化对象之间的合作关系，不要提供太多服务。

（4）使用简单的协议。一般来说，消息中的参数不要超过 3 个。经验表明，通过复杂消息相互关联的对象是紧耦合的，对一个对象的修改往往导致其他对象的修改。

（5）使用简单的服务。一般来说，应该尽量避免使用复杂的服务。如果一个服务中包含了过多的源程序语句，或者语句嵌套层次太多，或者使用了复杂的 CASE 语句，则应该仔细检查这个服务，设法分解或简化它。如果需要在服务中使用 CASE 语句，通常应该考虑用一般——特殊结构代替这个类的可能性。

（6）把设计变动减至最小。通常，设计的质量越高，设计结果保持不变的时间也越长。即使出现必须修改设计的情况，也应该使修改的范围尽可能小。

6.1.4　面向对象系统设计过程

我们可以从两个不同的维度观察设计模型，如图 6-3 所示。过程维度表示设计模型的演化，设计任务作为软件过程的一部分被执行，包括：数据/类设计、体系结构设计、接口设计、构件级设计和部署级设计的过程。抽象维度表示抽象程度，分析模型的每个元素转化为一个等价的设计，然后迭代求精。在图 6-3 中，虚线表示分析模型和设计模型之间的边界。在某些情况下，分析模型和设计模型之间可能存在明显的差异；而有些情况下，分析模型慢慢地融入设计模型而没有明显的差异。

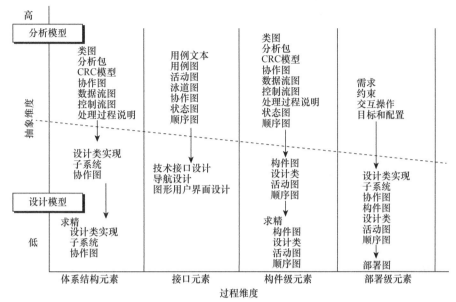

图 6-3　设计模型的维度

设计模型的元素使用了大量 UML 图，有些 UML 图在分析模型中也会用到。差别在于这些图被求精和细化为设计的一部分，并且提供了更多具体的实施细节，突出了体系结构的结构和风格、体系结构中的构件、构件之间以及构件和外界之间的接口。

然而，要注意到，沿横轴表示的模型元素并不总是顺序开发的。大多数情况下，初步的体系结构设计是基础，随后是接口设计和构件级设计（通常是并行进行）。通常，直到设计全部完成后才开始部署模型的工作。

在设计过程中的任何地方都可以应用设计模式。这些模式能够使设计人员将设计知识应用到他人已经遇到并解决了的特定领域问题中。

系统设计过程中的信息流如图 6-3 所示，由基于场景的元素、基于类的元素和行为元素所表示的分析模型是设计任务的输入。使用后续小节所讨论的设计表示法和设计方法，将得到数据/类设计、体系结构设计、接口设计和构件级设计。

（1）数据/类设计将类模型转化为设计类的实现以及软件实现所要求的数据结构。CRC 图中定义的对象和关系，以及类属性和其他表示法描述的详细数据内容为数据/类设计活动提供了基础。部分类的设计也可能会在软件体系结构设计中进行，更详细的类设计则将在设计每个软件构件时进行。

（2）体系结构设计定义了系统的主要结构化元素之间的关系、可满足系统需求的体系结构风格和模式以及影响体系结构实现方式的约束。体系结构设计表示可以从分析模型导出，该设计表示基于的是计算机系统的框架。

（3）接口设计描述了软件和协作系统之间、软件和使用人员之间是如何通信的。接口意味着信息流（如数据和控制）和特定的行为类型。因此，使用场景和行为模型为接口设计提供了大量的信息。

（4）构件级设计将软件体系结构的结构化元素变换为对系统构件的过程性描述。从基于类的模型和行为模型中获得的信息是构件级设计的基础。

罗杰·普莱斯曼（Roger S.Pressman）在《软件工程——实践者的研究方法》一书中给出了面向对象系统设计的通用设计任务集。

1. 检查信息域模型，并为数据对象及其属性设计合适的数据结构。
2. 使用分析模型选择一种适用于系统的体系结构模式。
3. 将分析模型分割为若干设计子系统，并在体系结构内分配这些子系统。
- 确保每个子系统是功能内聚的。
- 设计子系统接口。
- 为每个子系统分配分析类或功能。
4. 创建一系列的设计类或构件。
- 将分析类描述转化为设计类。
- 根据设计标准检查每个设计类，考虑继承问题。
- 定义与每个设计类相关的方法和消息。
- 评估设计类或子系统，并为这些类或子系统选择设计模式。
- 评审设计类，并在需要时进行修改。
5. 设计外部系统或设备所需要的所有接口。
6. 设计用户接口。
- 评审任务分析的结果。
- 基于用户场景对活动序列进行详细说明。
- 创建接口的行为模型。
- 定义接口对象和控制机制。
- 评审接口设计，并根据需要进行修改。
7. 进行构件级设计。
- 在相对较低的抽象层次上详细描述所有算法。
- 细化每个构件的接口。
- 定义构件级的数据结构。
- 评审每个构件并修正所有已发现的错误。
8. 开发部署模型。

任何设计方法都可以根据这个通用设计任务集来设计。

当被设计系统比较复杂时，设计阶段应分解成概要设计阶段和详细设计阶段。在一般情况下，应完成的文档包括：结构设计说明、详细设计说明和测试计划初稿。

6.2 | 数据/类设计

面向对象系统设计首先考虑数据/类设计，因为数据/类设计是所有其他设计元素的基础。基础奠定之后，才能进行体系结构设计。再之后，才能进行其他设计任务。

6.2.1 问题域设计

面向对象设计的问题域部分设计以面向对象分析的结果作为输入，按实现条件对其进行补充与调整。进行问题域部分设计，要继续运用面向对象分析方法设计，包括概念设计、表示法设计及一部分策略设计。不但要根据实现条件进行面向对象设计，而且由于需求变化或新发现了错误，也要对面向对象分析的结果进行修改，以保持不同阶段模型的一致性。本章的重点是对面向对象分析结果进行补充与调整，要强调的是部分工作主要不是细化，但面向对象分析未完成的细节定义要在面向对象设计中完成。

以下对问题域部分的设计所要解决的各种问题依次进行讨论，并分别给出解决问题的策略。

1. 复用类

软件复用（software reuse）是将已有软件的各种有关知识用于建立新的软件，以缩减软件开发和维护的花费。软件复用是提高软件生产力和质量的一种重要技术。

扫码看视频：

复用类

分析阶段为 OOA 模型定义的每一个类，如果没有与之相应的设计级和代码级的可复用类构件，那么在设计和实现阶段就要人工对它进行设计和编程。

如果有了设计级和代码级的可复用构件，就可以节省许多设计和编程工作。这要求在设计中使用设计级的可复用构件，并通过适当的表示法向程序员表明，这些类的实现应利用已有的代码级可复用构件，对类构件的复用，最理想的情况是：类库或构件中恰好存在一个与本系统的需要完全相符的类。但是事情未必都这么理想。有时，类库中的类与系统所需要的类只是在较大程度上相似，而不是完全相同。此时仍可通过适当的设计表示来实现复用。

以下针对 4 种不同情况，分别讨论支持类构件复用的策略。

从当前所需要的类（问题域原有的类）的信息与可复用类的信息相比作为前提，则有以下 4 种情况。

（1）直接复用

如果完全相同，就把可复用的类直接加到问题域，并用"复用"标记所复用的类，即把它写在类名后。

（2）删除可复用类的多余信息

如果少于，就把可复用的类直接加到问题域，删除可复用类中的多余信息，并用"复用"标记所复用的类。

（3）通过继承复用

如果多于，就把可复用的类直接加到问题域，并用"复用"标记所复用的类，所需要的类再继承它。

（4）删除多余信息，通过继承复用

如果近似，按如下的步骤处理。

① 把要复用的类加到问题域，并标以"复用"。

② 去掉（或标出）复用类中不需要的属性与操作，建立从复用类到问题域原有的类之间的继承关系。

③ 由于问题域的类继承了复用类的特征，所以前者中能继承来的属性和操作就不需要了，应该把它们去掉。

④ 考虑修改问题域原有类与其他类间的关系，必要时把相应的关系移到复用类上。

例如，问题域中有一个类"车辆"，其中的属性有：序号、颜色、样式和出厂年月，还有一个操作为"序号认证"。现在找到了一个可复用的类"车辆"，其中的属性有：序号、厂商和样式，也有一个操作为"序号认证"。首先把可复用的类"车辆"标记为"复用"，去掉其中不需要的属性"厂商"，把类"车辆""复用"作为类"车辆"的一般类，再把类"车辆"中的属性"序号"和"样式"以及操作"序号认证"去掉，因为一般类中已经有了这些特征，类"车辆"从中继承即可，如图 6-4

所示。

以上分 4 种情况介绍了设计策略，目的都是复用已经有了设计级和代码级的可复用类构件。在实际系统的开发中，即使类中只有一部分属性和操作被复用，往往也可节省不少开发工作量。如果试图复用的类和本系统需要的类共同部分很少，差异部分很大，则可以不考虑复用。

2. 增加一般类以建立共同协议

在面向对象分析中，将多个类都具有的共同特征提升到一般类中，考虑的是问题域中的事物的共同特征。在面向对象设计中再定义一般类，主要是考虑一些类具有共同的实现策略，因而用一般类集中地给出多个类的实现都要使用的属性和操作。以下为需要增加一般类的几种情况。

（1）增加一个类，提供通用协议

增加一个类，将所有具有相同属性和操作的类组织在一起，提供通用的协议。例如，很多非抽象类都应该具有创建、删除和复制对象等操作，它们可被放在一般类中，特殊类从中继承。

图 6-4　删除多余信息，通过继承复用

（2）增加一般类，提供局部通用的协议

例如，很多需要永久保存对象信息的类都应该具有存储和检索功能。可对这样的类设立一般类，提供这两种功能，这些类从中继承。

上述两种情况都是通过建立继承，把若干类中定义了的相同操作提升到一般类中，特殊类再从中继承。然而，在不同类中的操作可能是相似的，而不是相同的。有时需要对这种情况进行处理。

（3）对相似操作的处理

若几个类都具有一些语义相同、特征标记相似的操作，则可对操作的特征标记做小的修改，以使得它们相同，然后再把它们提升到一般的类中。以下为 2 个策略。

① 若一个操作比其他的操作参数少，要加入所没有的参数，但在操作的算法中忽略新加入的参数。这种方法存在缺点，即在维护和使用参数时有些麻烦。

② 若在一个类中不需要一般类中定义的操作，则该类的这样操作的实现中就不含任何语句。

3. 继承与多态性的调整

在问题域部分设计中，用于实现的编程语言对其影响最大，其中就包括以下问题：选定的编程语言可能不支持某些面向对象的概念与原则，如不支持多继承或多态性，此时要根据编程语言的实际表达能力对模型进行调整，以保证设计模型与源程序一致。

扫码看视频：

继承与多态性的调整

4. 修改持久类

持久类的对象需要被永久存储。如果选用文件系统或者关系数据库系统实现对象的永久存储，则需要对这些类进行一些修改，包括：因规范化处理而引起类的变化、增加比原有的属性更适合作为关键字的属性、为实现对象的存储和恢复操作而增加属性和操作。这些修改发生在问题域的类，但是与后面的数据库设计内容密切相关，此部分内容将在 6.2.2 节中详细讨论。

5. 完善对象细节

OOD 在 OOA 模型基础上所做的工作，不能用"细化"二字概括。细化只占 OOD 工作内容的一小部分，但它是不可缺少的。为了给出一个完全可实现的 OOD 模型，设计者要对模型中的每一个类都给出完整的定义。凡是需要让程序员（或程序生成工具）知道的对象信息，包括对象的每一个属性、操作和其他一切必要的细节，都要在 OOD 模型及其规约中定义清楚。对问题域部分的设计而言，对象细节的定义主要包括以下工作。

（1）因封装原则而设立的对象操作

按照严格的封装原则，对象外部不能直接读写对象的属性，而必须通过对象提供的操作实现对其属性的访问。在 OOD 阶段，如果编程语言是严格封装的，则对每个需要被对象外部访问的属性定义相应的读写操作；如果语言是实行某种可见性控制，则仅对外部不可见而又需要被外部访问的属性定义相应的读写操作，另外，还要确定每一个属性和每一个操作的可见性。

（2）设计对象的操作

在 OOA 阶段可以通过类规约来描述对象的操作。对有些操作，OOA 甚至可以给出操作的流程图。在 OOD 阶段对操作的设计还需要做进一步的工作。当然这些工作可以根据操作的不同情况而不同。

第 1 种情况是：操作的功能和实现都很简单，只靠简单的几句文字说明，甚至只凭操作名就可以表明这个操作要完成什么功能，以及应该如何实现。OOD 阶段就不用做更详细的描述了。

第 2 种情况是：操作所要解决的是一些在相关学科或领域中已有确切定义的典型问题。OOD 要精心地设计或挑选实现操作的算法，并以比较详细、准确的方式（如活动图）表达其具体的设计。

第 3 种情况是：操作的功能既不简单，也不是一般的软件人员都熟知的典型问题。在 OOD 阶段，设计人员要对 OOA 给出的操作流程进行判断，看它是否能让程序员知道如何实现，如果不能就要设计一个较详细的活动图来代替它。

（3）设计表示关联的属性

两个类之间的关联，一般是通过在连接符一端的对象中设立一个可以指明另一端对象的属性来实现。究竟要在哪一端设立这样的属性，OOA 可以不做规定，而 OOD 必须确定下来。

类与类之间的关联有一元关联、二元关联、多元关联等，但是最终都可以化为二元关联，而且可将多对多的二元关联化为两个一对多的二元关联。因此，这里只需知道二元关联的设计策略，并且只需考虑一对一和一对多两种情况的二元关联。

① 一对一的关联中，如果系统经常要从类 A 的对象实例查找或引用与它关联的类 B 的对象实例，则应该在类 A 中定义指向类 B 对象的属性，其数据类型可以是指向类 B 的对象的指针或对象标识。反之，则在类 B 中定义指向类 A 对象的属性。

② 一对多的关联中，如类 A 的一个对象实例至少与一个类 B 的对象实例发生关联，而类 B 的一个对象实例可能与多个类 A 的对象实例发生关联，那么应该在类 A 中设立指向类 B 对象的属性。

6. 修改辅助模型及模型规约

问题域部分的设计，除了要对类图进行修改和补充之外，也需要对 OOA 的包图、顺序图和活动图等辅助模型以及模型规约做必要的修改或补充，以形成完整、一致的 OOD 文档。

（1）包图

对结构的调整、类的增加或合并、类之间关系的改动等可能对包图产生影响。包的划分本来就没有严格的准则，在很多情况下可以保持原先的划分，只是重新定义每个包内部包括哪些类，使之与类图一致。

（2）顺序图

顺序图用于表示协作完成某项系统功能的一组对象之间的详细交互情况。如果其中某些对象在设计中有所变动，则顺序图做相应的修改，以与类图一致。

（3）活动图

在面向对象的建模中，活动图最常见的用途是描述对象的操作流程，但是也可以在较大的范围内描述系统的某些行为。例如，由多个对象共同完成的行为过程。对操作的描述，在上面已经进行了讨论。对其他范围中的应用，也要根据类图的变化对活动图做相应的修改。

（4）状态图

对状态图的完善原则上要根据问题域部分的类图变化做出相应的改动。

（5）模型规约

对于类图的所有修改和补充都要在模型规约中体现出来。对一个类的属性操作及其对外关系的修改或细化，都要在类规约中给出新的定义。按照类规约的组织格式，OOA阶段暂时空缺或定义不够详尽的内容，在OOD阶段都要加以完善。

6.2.2 设计类图实例

【例 6-1】在系统分析阶段，如 5.4.4 节中分析员建立了销售部的顺序图，如图 5-70～图 5-73 所示。在本节中设计员继续对图 5-70～图 5-73 进行细化，把所有的中文类名更换为英文类名，所有的方法名替换为英文，同时补充完善方法的参数，改进后的顺序图如图 6-5～图 6-8 所示。

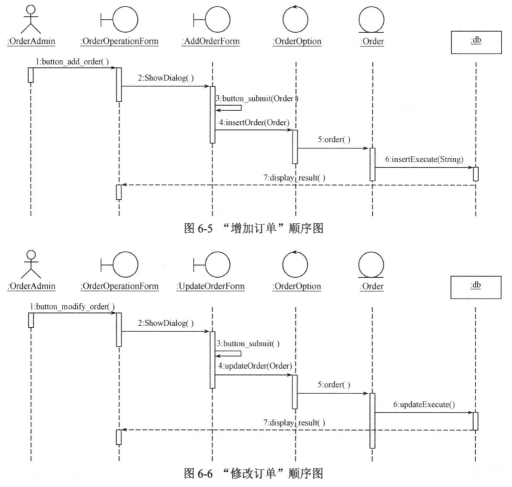

图 6-5 "增加订单"顺序图

图 6-6 "修改订单"顺序图

细心的读者可以发现，在原来图 5-70～图 5-73 的 4 幅图中均有发给 db 对象的一则消息，即 db 的方法"执行()"。实际上，这个方法在 4 个用例的顺序图中分别代表着插入、更新、删除、选择。因此在继续设计的过程中，如图 6-5 和其他顺序图所示，分别改写成了 insertExecute(String)、 updateExecute()、deleteExecute()、select（String）方法。

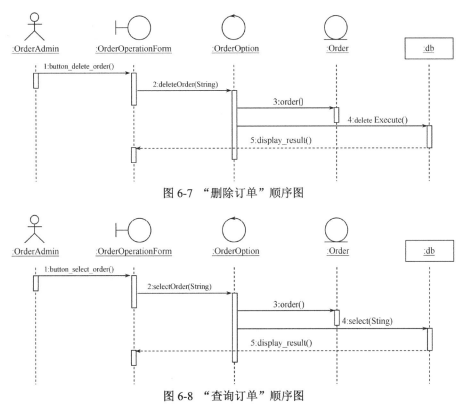

图 6-7 "删除订单"顺序图

图 6-8 "查询订单"顺序图

由于××木业有限公司有 7 个部门，本节只给出了销售部的设计实例，因此当设计员在顺序图的基础上进一步设计剩余部门所涉及的类后，将使用上文所列的复用类的概念和方法，根据类的多态、继承、共同协议继续分析系统中的类，并进行迭代设计和调整，如图 6-9 所示。有兴趣的读者请依据第 5 章和第 6 章的方法补充完善××木业有限公司管理信息系统的类图。

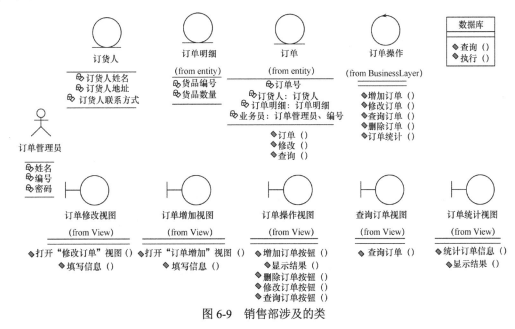

图 6-9 销售部涉及的类

6.2.3 数据库设计

面向对象的软件开发将数据组织到对象中作为对象的属性，因此数据存储问题表现为对象存储。需要长期存储的对象在概念上就叫持久对象。在系统设计中需要指出哪些对象是持久对象，同时在设计中需要给出具体的措施来解决它们的永久存储问题。

数据/类设计（有时也称为数据体系结构）创建了在高抽象级上（以客户或用户的数据观点）表示的数据模型和信息模型。之后，数据模型被逐步求精为特定实现的表示，以及计算机系统能够处理的表示。

在 OOD 中可以采用不同种类的数据管理系统实现对象的持久存储，如可以采用文件系统或者数据库系统（DBMS）。早期的数据存储是通过文件系统来实现的，如今基本上都用 DBMS 来实现。相应的数据/类设计也可以直接说成数据库设计。

1. 数据库设计概述

（1）数据库设计的定义

数据库在数据库系统中居于核心的位置。设计符合用户需要、性能优异的数据库，成为开发数据库系统的重要组成部分。

数据库设计是指：对于给定的应用环境，设计构造最优数据库结构，建立数据库及其应用系统，使之能有效存储数据，对数据进行操作和管理，以满足用户各种需求的过程。

（2）数据库设计的步骤

结构化设计方法将开发过程看成一个生命周期，因此也称为生命周期法。其核心思想是将开发设计过程分成若干阶段，主要包括系统需求调查与分析、概念设计、逻辑设计、物理设计、实施与测试、运行维护等几个阶段。

① 系统需求调查与分析。在这一阶段，设计人员要调查现有系统的情况，了解用户对新系统的信息需求和功能需求，对系统要处理的数据收集完整，并进行分析整理和分类组织，写出需求分析报告。

② 概念设计。在系统需求分析的基础上设计出全系统的面向用户的概念数据模型，作为用户和设计人员之间的桥梁。这个模型既能够清晰地反映系统内数据及其联系，又能够方便地向计算机支持的数据模型转化。

③ 逻辑设计。将概念模型转化为 DBMS 支持的数据模型，但该模型并不依赖于特定的 DBMS。目前一般都使用关系模型。

④ 物理设计。将逻辑设计的数据模型与选定的 DBMS 结合，设计出能在计算机上实现的数据库模式。

⑤ 实施与测试。应用 DBMS，在计算机上建立物理数据库，测试之后投入实际运行。

⑥ 运行维护。对数据库日常运行进行管理维护，保障数据库系统的正常运转。

2. 关系数据库设计方法

利用关系数据库系统对持久对象进行存取，是当前使用最为广泛的方法。下面就来介绍关系数据库的设计方法。

（1）面向对象、实体——联系模型以及关系数据库中的概念间的对应关系

数据管理部分的模型主要是由类与其之间的关系等元素构成的，该模型要与关系数据库管理系统相交互。通过该模型，我们把系统中的持久对象及关系存储到关系数据库中，或者从关系数据库中把持久对象及关系检索出来，再恢复成持久对象和相应的关系。

在一般的情况下，数据管理部分负责持久对象及关系的存储与检索。有时应用系统的其他部分也需要直接通过数据库管理系统使用数据库中的数据，但并不把所使用的数据描述为对象。例如，问题域部分从数据库中读出一批数据，进行统计并形成报表。数据库中的数据也不一定都是通过数

据管理部分存储进来的，如有可能是人工直接录入的和从其他系统导入的。

（2）对持久类的存储设计

每个持久类设计表用以存储其持久对象，以下为具体的做法。

① 确定要存储对象的哪些属性值（不一定对象的所有属性值都需要存储），据此列出一个持久类的相应属性。

② 按时间与空间要求进行权衡，对这些属性进行规范化处理，规范化后的属性至少应满足第一范式。

要把一个类的属性列表映射到满足第二范式或更高范式的数据库表，有以下两种处理方法。

扫码看视频：

对持久类的存储
设计

- 通过对类的拆分，使得修改后的类所对应的表都满足范式的要求。该方法的优点是每个类的属性和它的数据库表的字段直接对应；缺点是要修改问题域模型，这样会造成类图与问题的映射不直接。

- 不修改类，而是让一个类对应两个或多个表，让每个表满足范式要求。该方法的优点是类图贴近问题域；缺点是数据的存储与检索要经过一定的运算才能把类与表对应起来。

③ 定义数据库表。把规范化之后的类的一个属性作为表的一个字段，要存储的每一个对象作为表的一个元组。根据需要，也可以把相互之间有关系的几个持久类的对象用一个表存储。具体的情况请见下面的内容。

扫码看视频：

对关系的存储
设计

（3）对关系的存储设计

不但对持久对象要进行存储设计，对两个或多个持久对象间的关系往往也要进行存储设计。下面分别介绍对关联、聚合和继承的存储设计。

① 对关联的存储设计。可按下述方法对关联进行存储设计。

- 对于每个一对一的关联，可在类对应的表中用外键隐含，也可把两个类和关联映射到同一张表中。

- 对于每个一对多关联，可在多重性为"多"的类对应的表中用外键隐含，也可映射到一张独立的表，该表的结构由两个进行关联的表的主关键字构成。

- 对于多对多的关系，可映射到一张独立的表中，该表的结构由两个进行关联的表的主关键字构成；或者先在类图中把它转化为一对多的关联，然后再按一对多的方式进行处理。

【例 6-2】将一对一关联映射到表。

图 6-10 中有两个持久类，二者之间有 1 个一对一关联。

把持久类分别映射到一个表，并把类之间的关联也映射在一个类对应的表中。图 6-11 所示为表的结构。

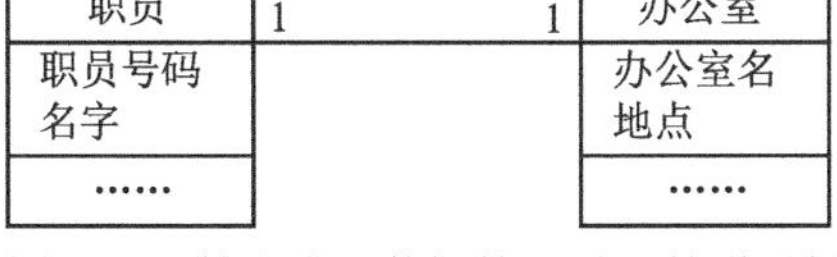

职员	1	1	办公室
职员号码 名字 ……			办公室名 地点 ……

表	属性
职员	<u>职员号码</u>, 名字, 办公室名
办公室	<u>办公室名</u>, 地点

图 6-10　持久类及其间的一对一关联示例　　图 6-11　把持久类以及其间的一对一关联映射到两个表

图 6-11 中的两个表与类"职员"和类"办公室"分别相对应，带下划线的属性为主关键字，在第 1 个表中用外键"办公室名"隐含了两个类之间的关联。

常见的做法是把上述两个类的属性合并，映射到一个表，其中的关联就隐含在表中。

【例 6-3】将一对多关联映射到表。

图 6-12 中有两个持久类，二者之间有 1 个一对多关联。

把多重性为类"人员"和关联映射成一个表，类"公司"映射成另一个表。图 6-13 所示为表的结构。

图 6-13 所示表中带下画线的属性为主关键字，人员表中的属性"公司 ID"是连接表的外键。

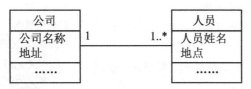

表	属性
公司	<u>公司 ID</u>, 公司名称, 地址
人员	<u>人员 ID</u>, 人员姓名, 地点, 公司 ID

图 6-12 持久类及其间的一对一关联示例　图 6-13 把持久类以及其间的一对多关联映射到两个表

【例 6-4】将多对多关联映射到表。

图 6-14 中有两个持久类，二者之间有 1 个多对多关联。

把该多对多关联转化为图 6-15 所示的一对多关联。然后再按一对多关联的处理方式进行处理。

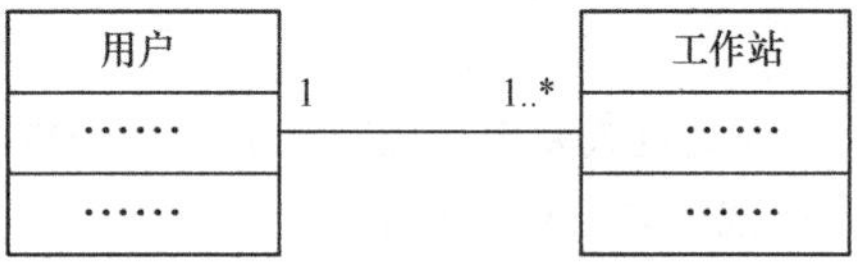

图 6-14　持久类及其间的多对多关联示例 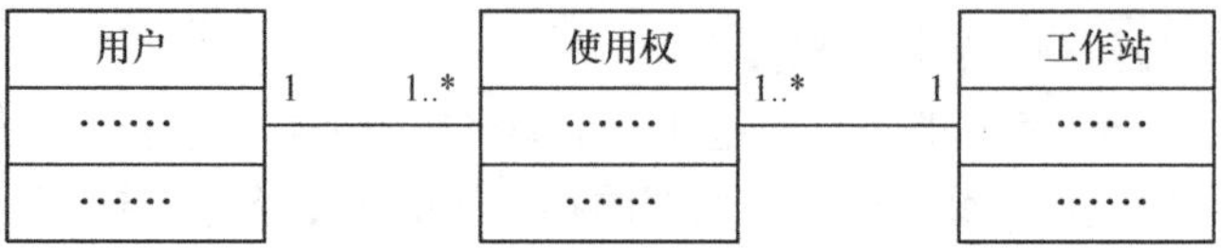　　　图 6-15　1 个多对多关联转化为 2 个一对多关联示例

② 对聚合的存储设计。由于聚合就是一种关联，故聚合的存储设计与关联的存储设计的规则是相同的。要说明的是，在设计存储聚合时，不要根据聚合的一端是整体就决定在这端的类对应的表中存储关系，而是要像设计存储关联那样考虑多重性。

③ 对继承的存储设计。可采用下述方法之一，对继承进行存储设计。

- 方法 1：把一般类的各特殊类的属性都集中到一般类中，创建一个表。

- 方法 2：在一般类创建对象的情况下，可为一般类创建一个表，并为它的各个特殊类各创建一个表，要求一般类的表与各特殊类的表要用同样的属性（组）作为主关键字。

- 方法 3：如果一般类为抽象类，则要把一般类的属性放到各特殊类中，为它的特殊类各建立一个表。若一般类不为抽象类，也可采用该做法。

上述是对单继承的处理方法，对多继承的处理与此类似。

【例 6-5】将继承结构映射到表。

图 6-16 中有 3 个持久类，其中类"设备"与类"水泵"和类"热交换器"之间有一个继承关系。

方法 1 仅一般类对应一个表，即一般类和特殊类创建的所有对象都使用同一个表存储，图 6-17 给出了表的结构。

图 6-17 中的"设备类型"用于区分本元组的数据是描述"水泵"的还是描述"热交换器"的。

这种方法的缺点是每个存储对象的元组都有多余的字段，因为一个元组要么存储水泵信息，要么存储热交换器信息。

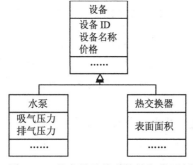

表	属性
设备	<u>设备 ID</u>, 设备名称, 价格, 设备类型, 吸气压力, 排气压力, 表面面积

图 6-16　具有继承关系的持久类示例　　　图 6-17　仅一般类对应一个表

方法 2 一般类和特殊类各对应一个表，图 6-18 给出了各表的结构。

图 6-18 中的第 1 个表的主关键字为"设备 ID"，第 2 个表和第 3 个表的主关键字也是"设备 ID"。当从特殊类对应的表开始检索时，根据提供的"设备 ID"查找特殊类对应的表中的元组，再在一般类对应的表中，用"设备 ID"查找表中的元组，即检索出该设备的所有信息。当从一般类对应的表开始检索时，根据提供的"设备 ID"和设备类型，用"设备 ID"查找一般类相应表中的元组，用"设备类型"确定查哪个特殊类所对应的表，再在特殊类对应的表中用"设备 ID"查找表中的元组，即检索出该设备的所有信息。

这种方法很好地反映了继承结构，但访问数据时需要连接表，将耗费太多的时间。

表	属性
设备	设备ID,设备名称,价格,设备类型
水泵	设备ID,吸气压力,排气压力
热交换器	设备ID,表面面积

图 6-18　一般类和特殊类各对应一个表

表	属性
水泵	设备ID,设备名称,价格,吸气压力,排气压力
热交换器	设备ID,设备名称,价格,表面面积

图 6-19　每个特殊类各对应一个表

方法 3 如果类"设备"为抽象类，则可以采取每个特殊类各对应一个表的方法，图 6-19 给出了各表的结构。

采用这种方法存取对象，为新增加的特殊类构造表时不要忘记一般类的属性，当修改一般类的属性时不要忘记维护特殊类对应的表结构。

（4）设计数据管理部分的类并修改问题域部分

第 6.2.1 节谈到了需要修改持久类，此处详细讲解如何修改持久类。

问题域中的每个持久对象数据都需要被存储，在需要的时候再用这些数据把对象进行恢复，或直接把它们用于某些运算。为了实现这种请求，这些对象类需要增加一些属性和操作。

用关系数据库对每个持久对象数据进行存储，有如下两种方案。

扫码看视频：

设计数据管理部分的类并修改问题域部分

方案 1 类的各对象存储自己与恢复自己。

在问题域部分中的需要存储或恢复其对象的类中至少增加一个属性，用来记录该类对象所对应的数据库的哪个表名或者哪些表名；至少增加两个操作，一个用来存储对象，另一个用来恢复对象。持久类的结构如图 6-20 所示。

图 6-20 中的持久类的属性和操作是新增加的，该类原有的属性和操作仍然保留不变。

如果编程语言支持继承，可把持久类中增加的属性与操作放在一个一般类中，作为共同协议，供每个持久类来继承。

方案 2 数据管理部分设立一个类或几个类，专门负责问题域部分所有持久对象的存储与恢复。在很多情况下，在数据管理部分设立一个对持久对象进行存储/恢复的类。图 6-21 所示为用于方案 2 的持久存取类。

```
持久类

类名-数据库表名
……

存储对象
恢复对象
……
```

图 6-20　用于方案 1 的持久类

```
对象存取器

类名-数据库表名对照表

存储对象
恢复对象
```

图 6-21　用于方案 2 的持久存取类

该类属于数据管理部分，用它的对象来管理问题域部分中的持久类的对象的存储与恢复。该类中的属性"类名-数据库表名对照表"用于表明在哪个表中存取哪一个类的对象。

无论采用哪种方案，在所定义的用于存储的类中或在原有的持久类中，都至少应该有一个属性，用于记录要存取哪一个（些）表；至少应该有2个操作——"存储对象"和"恢复对象"，供设计中的其他操作使用。

上述的操作"存储对象"和操作"恢复对象"需要知道被保存的对象的如下信息。

- 它是本系统中的哪个对象，从而知道从何处取得要保存的对象，或者把表中的数据恢复到何处。
- 它属于哪个类，从而知道应该把它保存在哪个或哪些数据库表中，或要到哪个或哪些数据库表中去读取它。
- 它的主关键字，从而知道该对象对应数据库表的哪个元组。

此时，不同的对象调用类"对象存储器"的对象的操作时，所使用的参数是不同的，即作为参数的属性的个数和类型以及对象变量的类型（即对象的类）是不同的，而且对不同的表而言，主关键字所包含的属性名也往往是不同的。

那么该如何解决这样复杂的问题呢？解决的方法有以下两种。

方法1 在类"对象存储器"的对象的操作中把对每个数据库表进行操纵的语句都预先编写出来。

方法2 在访问类"对象存储器"的对象的操作中动态地按数据操纵语言（如 SQL）构造对数据库操纵的语句，然后作为参数值传送给类"对象存储器"的对象的操作。

按照上述工作，确定了存取持久对象的类，就这样搭建起了问题域部分和数据管理部分联系的桥梁。

在数据库中，经常要使用一些约束规则。例如，作用在属性上的一组有效值或一个值域的约束，是检查性约束；限制一个属性或一组属性中的数据必须是唯一的约束，是唯一性约束。对于这样的代码，可写在问题域部分的类中或数据管理部分的类中，也可写在数据库管理系统中，作为相应的约束条件。

以下给出的是应用系统保存和恢复对象的一些时机。

- 系统启动时，要恢复所有需要预先恢复的持久对象。
- 系统停止时，要保存在本次运行时使用过的但未曾保存过的持久对象。
- 系统自启动以来首次使用一个未曾恢复过的持久对象时要首先予以恢复。
- 按照某种规则，需要保存某个（某些）持久对象。

另外，在与其他系统共享对象数据的情况下，应根据共享机制所要求的数据一致性保证策略，存储或恢复对象。

6.2.4 数据库设计案例

还是以 5.2.5 节案例中的××木业有限公司管理信息系统为例，对其中的"销售部"的数据库设计结果如表 6-1～表 6-4 所示。

表 6-1　　　　　　　　　　　订单表（order）

列名	name	数据类型	长度	必填字段	描述
订单号	o_id	Varchar	50	是	主键
订货人编号	b_id	Varchar	50	是	外键
订单明细号	od_id	Varchar	50	是	外键
订单管理员编号	oa_id	Varchar	50	是	外键

表 6-2　　　　　　　　　　订单明细表（orderdetails）

列名	name	数据类型	长度	必填字段	描述
订单明细号	od_id	Varchar	50	是	主键
货品编号	g_id	Varchar	50	是	外键
货品数量	g_num	Integer	11	是	

表6-3 订货人表（buyer）

列名	name	数据类型	长度	必填字段	描述
订货人编号	b_id	Varchar	50	是	主键
订货人姓名	b_name	Varchar	50	是	
订货人地址	b_address	Varchar	50	是	
联系方式	b_tel	Varchar	50	是	

表6-4 订单管理员表（orderadmin）

列名	name	数据类型	长度	必填字段	描述
订单管理员编号	oa_id	Varchar	50	是	主键
姓名	oa_name	Varchar	50	是	
密码	oa_pwd	Varchar	50	是	>=6 位

在这一节中我们仅给出了"销售部"涉及的数据库设计部分，事实上××木业有限公司管理信息系统数据库设计部分不仅有"销售部"这一部分，请读者尝试根据 6.2.2 节介绍的方法给出合理的××木业有限公司信息系统的数据库设计。

6.3 体系结构设计

软件的体系结构等效于建筑物设计中的平面图。平面图描绘了建筑物的整体布局，包括各房间的尺寸、形状、相互之间的联系，建筑物和各房间的门窗。平面图为建筑人员提供了建筑物的整体视图；体系结构设计则为系统建设人员提供了软件的整体视图。

体系结构设计表示建立计算机系统所需的数据结构和程序构件。它需要考虑系统采取的体系结构风格、系统组成构件的结构和属性，以及系统中所有体系结构构件之间的相互关系。

体系结构设计是很重要的，因为：①软件体系结构提供了一种表示，有助于对计算机系统开发感兴趣的所有利益相关者开展交流活动；②体系结构突出了早期的设计决策，这些决策对随后所有的软件工程工作有深远的影响；③体系结构"构建了一个相对小的、易于理解的模型，该模型描述了系统如何构成以及其构件如何一起工作"。

体系结构模型从以下 3 个来源导出：①关于将要构建的软件的应用域信息；②特定的需求模型元素，如数据流图或分析类、现有问题中它们的关系和协作；③可获得的体系结构风格和模式。

6.3.1 体系结构的类型、风格和模式

体系结构设计模型和包含在其中的体系结构模式都是可以传递的，也就是说，体系结构的类型、风格和模式可以应用于其他系统的设计，并且表示了一组抽象，使得软件工程师能以可预见的方式描述体系结构。

体系结构的类型（genre）经常会规定特定的体系结构方法。在体系结构设计环境中，类型隐含了在整个软件领域中的一个特定类别。在每种类别中，会有很多的子类别。在每一种通用风格中，也会运用更多的具体风格。每种风格有一个结构，可以用一组可预测模式进行描述。

格雷迪•布奇（Grady Booch）在他的《软件体系结构手册》中提出了以下几种软件系统的体系

扫码看视频：

体系结构的风格

结构类型，包括人工智能、通信、设备、金融、游戏、工业、法律、医疗、军事、操作系统、运输、实用程序以及许多其他类型。

体系结构设计有很多的风格，下面简单介绍常见的几种体系结构。

（1）以数据为中心的体系结构

数据存储位于这种体系结构的中心，其他构件会经常访问该数据存储，并对存储中的数据进行更新、增加、删除或者修改。图6-22所示为一种典型的以数据为中心的体系结构风格，其中，客户软件访问中心存储库。在某些情况下，数据存储库是被动的，也就是说，客户软件独立于数据的任何变化或其他客户软件的动作而访问数据。该结构的一个变种是将中心存储库变换成"黑板"，当客户感兴趣的数据发生变化时，它将通知客户软件。

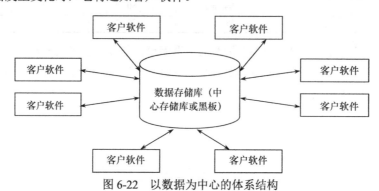

图6-22   以数据为中心的体系结构

（2）调用和返回体系结构

该体系结构风格能够设计出一个相对易于修改和扩展的程序结构。在此类体系结构中，存在以下几种子风格。

① 主程序/子程序体系结构。这种传统的程序结构将功能分解为一个控制层次，其中主程序调用一组程序构件，这些程序构件又去调用其他构件。图6-23所示为该类型的体系结构。

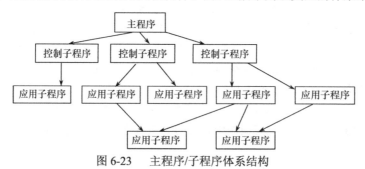

图6-23   主程序/子程序体系结构

② 远程过程调用体系结构。即主程序/子程序体系结构的构件分布在网络中的多台计算机上。

（3）层次体系结构

层次体系结构是将系统分割成多个抽象的层次。例如，TCP/IP 网络体系结构就是典型的层次体系结构。层次体系结构是将系统组织成一个层次结构，每一层为上层提供服务，并作为下层的客户端，内部的层只对相邻的层可见，层之间的连接器通过决定层间如何交互的协议来定义。一般信息系统分4层，如图 6-24 所示，在外层（应用界面层），构件

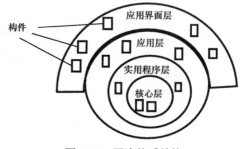

图6-24   层次体系结构

完成建立用户界面的操作；在内层（核心层），构件完成建立操作系统接口的操作；中间两层提供各种实用工具服务和应用软件功能。

（4）数据流体系结构

当输入数据经过一系列计算构件和操作构件的变换形成输出数据时，可以应用这种体系结构。例如，"管道-过滤器"模式（见图 6-25）拥有一组称为"过滤器"的构件，这些构件通过"管道"连接，管道将数据从一个构件传送到下一个构件。每个过滤器独立于其上游和下游的构件而工作。过滤器的设计要针对某种形式的数据输入，并且产生某种特定形式的数据输出（到下一个过滤器）。然而，过滤器没有必要了解与之相邻的其他过滤器的工作。

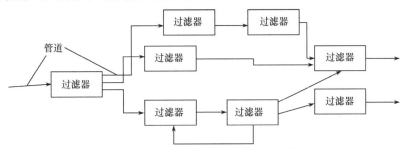

图 6-25　数据流体系结构（管道-过滤器模式）

（5）面向对象体系结构

系统的构件封装了数据和必须用于控制该数据的操作，构件间通过信息传递进行通信与合作。

（6）客户机/服务器体系结构

客户机/服务器体系结构由一个提供服务的服务器和多个请求服务的客户机组成，这些客户机与服务器分布在不同的结点。在这种体系结构中，客户端向服务器发出服务请求，由服务器提供的服务就地完成所要求的处理，然后只把处理结果回送给请求者。此风格有几个变种，即对等式客户机/服务器体系结构、二层客户机/服务器体系结构（见图 6-26）、三层客户机/服务器体系结构、浏览器服务器体系结构等。

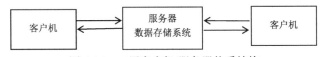

图 6-26　二层客户机/服务器体系结构

在很多时候，多种体系结构风格可以混合使用，形成异构体系结构。例如，在很多数据库应用中，层次体系结构（适合大多数系统）可以与以数据为中心的体系结构结合起来使用。

体系结构的模式在特定环境和一系列限制与约束下处理特定的应用问题。该模式提出了能够作为体系结构设计基础的体系结构解决方案。

大多数应用系统都符合特定领域或特定类型，适合一种类型的风格有多种。例如，一个应用系统的整体体系结构风格可能是"调用和返回"型或者"面向对象"型，但无论在哪种风格中，总会出现一系列常见问题，这些问题最好是用具体的体系结构模式来处理。例如，如果正在建立一个用户密集型系统，则不妨使用模型-视图-控制器（MVC）模式，用这种模式将对象（模型）和它们的表示（视图）以及协调二者同步工作的代理（控制器）清楚地分离开来；如果是在建立一个破解密码的系统，则可以使用黑板体系结构，它很适合以机会主义的方式来解决难处理的问题。

6.3.2　体系结构设计步骤

体系结构设计始于数据/类设计，然后导出系统体系结构的一个或多个表示，对可选的体系结构风格或模式进行分析，最后得出最适于客户需求和质量属性的结构。方案一旦选定，就需要使用体系结构设计方法对体系结构进行细化，最后创建一个包括数据体系结构和程序结构的体系结构模型，详细描述构件的属性以及构件之间的关系。

扫码看视频：　　　拓展知识：

体系结构设计　　　ATAM
步骤

体系结构设计的具体步骤如下。

1. 建立系统的环境模型

在体系结构设计开始的时候，应先建立相应的环境。为达成此目标，应该定义与软件交互的外部实体（其他系统、设备、人）和交互的特性，并且描述所有的外部软件接口。这些信息一般可以从需求模型中获得。

可以用体系结构环境图（Architectural Context Diagram，ACD）对软件与其外围实体的交互方式进行建模。图 6-27 所示为体系结构环境图的一般结构。

根据图 6-27 可知，与目标系统（为该系统所开发的体系结构设计）交互的系统可以表示为以下几类。

（1）上级系统——这些系统把目标系统作为某些高层处理方案的一部分。

（2）下级系统——这些系统被目标系统使用，并为完成目标系统的功能提供必要的数据和进行处理。

（3）同级系统——这些系统在对等的基础上相互作用（即信息或者由同级系统和目标系统产生，或者被目标系统和同级系统使用）。

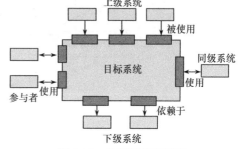

图 6-27　体系结构环境图

（4）参与者——通过产生和消耗必要处理所需的信息，实现与目标系统交互的实体（人、设备）。

每个外部实体都通过某一接口（带阴影的小矩形）与目标系统进行通信。

2. 确定体系结构原型集

原型是表示系统行为元素的一种抽象（类似于类）。这些原型的集合是一个抽象集，如果要使系统结构化，就必须要对这些原型进行结构化建模。但原型本身并不提供足够的实施细节，因此，设计人员通过定义和细化实施每个原型的软件构件来指定系统的结构。这个过程持续迭代，直到获得一个完善的体系结构。

软件工程师建立有真实意义的体系结构图时，应先自问并回答下面的一系列问题。

（1）该图是否能显示系统对输入或事件的响应？

（2）哪些部分可以可视化地表达出来，以突出显示风险领域？

（3）如何将隐藏的系统设计模式展现给其他开发者？

（4）可否以多个视角展现最佳路径以分解系统的特定部分？

（5）设计中的各种权衡取舍能否有意义地展现出来？

如果一个软件体系结构的图示可以回答以上这些问题，那么对于使用它的软件工程师而言其将是很有价值的。

3. 导出和细化构件

在将软件体系结构细化为构件时，系统的结构就开始显现了。

但是，如何选择这些构件呢？为了回答这个问题，先从需求模型所描述的类开始。这些分析类表示软件体系结构中必须处理的应用（业务）领域的实体。图 6-28 所示为××木业有限公司业务管理系统中的进销存子系统构件图。因此，应用领域是构件导出和细化的一个源泉；另一个源泉是基础设施领域。体系结构必须提供很多基础设施构件，使应用构件能够运作，但是这些基础设施构件与应用领域没有业务联系。例如，内存管理构件、通信构件、数据库构件和任务管理构件经常集成到软件体系结构中。

进销存子系统表示层被分解成 6 个模块，每个模块对应需求中的功能列表中的一组功能。"基本资料"包为用户提供操作基本资料的操作界面、"采购资料"包为用户提供操作采购数据的操作界面、"销售资料"包为用户提供操作销售数据的操作界面、"库存"包为用户提供操作库存数据的操作界面、"用户数据"包为用户提供操作系统用户数据的操作界面、"Pub"包实现其他包提供的操作界面中用到的一些通用操作。除了上面介绍的 6 个包之外，表示层还直接包含 2 个窗体——MainFrm 窗体和 LoginFrm 窗体。

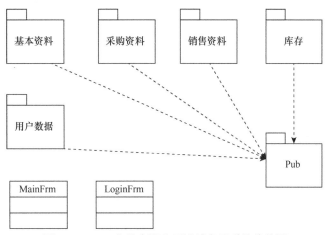

图 6-28　××木业有限公司进销存子系统构件图

体系结构环境图描述的接口隐含着一个或者多个特定的构件，这些构件处理经过接口的数据。在某些情况下（如图形用户界面），需要设计具有许多构件的、完整的子系统体系结构。

每个构件都需要定义设计类（包含相应的属性和操作）。然而，在进行构件级设计之前，不要说明所有属性和操作的设计细节。

4. 描述系统实例

为了进行体系结构求精，需要开发体系结构的实际用例。这样做的用意是将体系结构应用到特定问题上，证明结构和构件都是合理的。

5. 评估候选的体系结构设计

设计会导致多种可选的体系结构，其中每一种可选体系结构都需要进行评估，以确定哪种体系结构最适合要解决的问题。

6.4 接口设计

接口设计有 3 个重要的元素：①用户界面（User Interface，UI）；②和其他系统、设备、网络、信息生成者或使用者的外部接口；③各种设计构件之间的内部接口。这些接口设计元素能够使软件进行外部通信，还能使软件体系结构中的构件之间进行内部通信和协作。

UI 设计是软件工程中的主要活动，本节将对其进行详细介绍。UI 设计包含美学元素（例如，布局、颜色、图形、交互机制）、人机工程元素（例如，信息布局、隐喻、UI 导航）和技术元素（例如，UI 模式、可复用构件）。通常，UI 是整个应用体系结构内独一无二的子系统。

外部接口设计需要发送和接收信息实体的确定信息。在所有情况下，这些信息都要在需求工程过程中进行收集，并且在接口设计开始时进行校验。

外部接口设计应包括错误检查和适当的安全特征检查。

内部接口设计和构件级设计紧密相关。分析类的设计实现呈现了所有需要的操作和消息传递模式，使得不同类的操作之间能够进行通信和协作。每个消息的设计必须提供必不可少的信息传递以及所请求操作的特定功能需求。

在有些情况下，接口建模的方式和类所用的方式几乎一样。在 UML 中，接口的定义是："接口是类、构件或其他分类符（包括子系统）的外部可见的（公共的）操作说明，而没有内部结构的规格说明。"更简单地说，接口是一组描述类的部分行为的操作，并提供了这些操作的访问方法。

6.4.1 用户界面设计概述

20世纪80年代以来，一些支持图形用户界面（GUI）开发的软件系统陆续出现了，经过不断地改进和推陈出新，形成了一些被广泛应用的软件产品，包括窗口系统、图形用户界面系统以及与编程语言结合为一体的可视化编程环境。为了叙述方便，本书将此类系统概括地称为界面支持系统。在这种系统的支持下，图形用户界面的开发效率得到显著提高，因此应用系统的用户界面开发大多依赖某种界面支持系统。各种界面支持系统在概念、术语、风格以及对界面开发支持的力度和级别等方面都有不少差异，使系统中与用户界面有关的对象受其影响很大。将面向对象设计模型的人机交互部分独立出来进行设计，好处是隔离了界面支持系统对问题域部分的影响——当界面支持系统变化时，问题域部分可以基本保持不变。

如今的计算机软件系统大多采用界面支持系统开发的用户界面。用户界面的开发不纯粹是设计和实现问题，在很大程度上也是分析问题。通过分析用户对用户界面的需求，才能设计出使用户感到满意的界面。同时用户界面的开发还需要其他学科知识，如心理学知识和美学知识。本节主要从软件的角度讨论用户界面的设计问题，特别是如何运用面向对象的概念和表示法进行用户界面的设计。

6.4.2 用户界面设计的准则

扫码看视频：

用户界面设计的
准则

一个好的软件，不只是要满足各项功能与非功能需求，也不只是运行时不出错或者很少出错，而且要让用户在使用时感到由衷的满意。这里的关键就是用户界面。如果一个软件的用户界面设计得很粗陋、交互过程不顺畅，即使软件的内在质量很好，也难以使用户满意。

为了设计出好的用户界面，人们通过对用户界面的长期研究与实践形成了一些公认的评价准则，以下列举其中的若干准则。

（1）使用简便：人通过界面完成一次与系统的交互，所进行的操作尽可能少。

（2）一致性：系统中界面的各个部分及各个层次，在术语、风格、交互方式和操作步骤等方面尽可能保持一致。此外，要使自己设计的界面与当前的潮流一致。

（3）启发性：系统能够启发和引导用户正确、有效地进行操作。界面上出现的文字、符号和图形具有准确而明显的含义或寓意，提示信息及时而明确，总体布局和组织层次合理，使用户能够自然而然地想到为完成自己想做的事应进行什么操作。

（4）减少人脑记忆的负担：使人在与系统交互时不必记忆大量的操作规则。

（5）减少重复的输入：系统能记住用户曾经输入的信息；当另一时间和场合需要用户提供同样的信息时，系统能够自动地或者用户只需通过简单的操作便可复用以往的输入信息。

（6）容错性：系统对用户的错误操作有容忍能力或补救措施。包括：对可能引起不良后果的操作给出警告信息或请求再次确认；提供撤销和恢复功能，使系统方便地回到以往的某个状态。

（7）及时反馈：对那些需要较长的执行时间才能完成的用户命令，及时给出反馈信息，向用户反馈工作的进展情况。

（8）其他：还有一些其他的评判准则，如艺术性、趣味性、风格和视觉等，这里不再一一列举。

6.4.3　面向对象用户界面设计过程

用户界面设计是在对人机交互的需求分析的基础上，以选定的界面支持系统为背景，利用它所提供的界面元素来构造一个可满足人机交互需求、适合使用者特点的用户界面。在面向对象设计中，要以面向对象的概念和表示法来表示这些界面元素以及它们之间的关系，从而形成面向对象设计模型的人机交互部分。下面就介绍其设计过程与策略。

1. 选择界面支持系统

用户界面的开发效率与采用的界面支持系统功能的强弱有密切关系。仅在操作系统和编程语言的支持下进行的图形方式的用户界面开发工作量是很大的。利用通用的图形软件包可以使开发效率有所提高，但工作量仍相当可观。当前应用系统的用户界面设计大多依赖窗口系统、GUI 或可视化编程环境等更有效的界面支持系统。

（1）窗口系统

窗口系统是控制位映像显示器与输入设备的系统软件，它所管理的资源有屏幕、窗口、像素映像、色彩表、字体、鼠标指针、图形资源及输入设备。窗口系统的特点是：屏幕上可显示重叠的多个窗口，采用鼠标确定鼠标指针位置和各种操作，屏幕上用弹出式或下拉菜单、对话框、滚动框、图符等交互机制供用户直接操作。窗口系统既是一种开发平台，又是一种运行平台。对开发者而言，它提供了支持应用系统（特别是系统的图形用户界面部分）开发的支持机制、库函数、应用程序接口（API）、工具箱和供开发者使用的人机交互界面；对应用系统的用户而言，它提供了支持系统运行的环境，包括对应用系统用户界面的显示和操作的支持。微软公司的 Windows 操作系统是当前在微机上使用最广泛的窗口系统。

（2）图形用户界面

图形用户界面（GUI）是一种在窗口系统之上提供了层次更高的界面支持功能，具有特定的视觉和风格，支持应用系统界面开发的系统。

典型的窗口系统（如 X Window）一般不为用户界面规定某种特定的视觉及风格，而在它之上开发的 GUI（如在 X Window 之上开发的 OSF/Motif 和 Open Look）则具有各自的视觉与风格，并为应用系统的界面开发提供比一般窗口系统层次更高、功能更强的支持。例如，OSF/Motif 规定了窗口、菜单、按钮、对话框和图符等界面元素的具体风格，同时提供了类库、工具箱、用户界面语言、风格及窗口管理等支持机制。

（3）可视化编程环境

可视化的编程让程序员可以用一些图形元素直接地在屏幕上拼凑、绘制自己所需的界面，并根据观察到的实际效果直接地进行调整。代码生成器将把以这种方式定制的界面转化为源程序，作为应用系统代码的一部分。将来程序执行时所产生的界面，就是现在绘制的界面。"所见即所得"是这种开发方式的主要特色。

（4）界面支持系统的选择

选择什么软件作为实现用户界面的支持系统，是在用户界面设计中需要首先明确的问题。主要应考虑以下因素。

① 硬件、操作系统及编程语言。多数窗口系统是针对特定硬件的；GUI 一般基于特定的硬件和操作系统，甚至与操作系统结合为一体；可视化编程环境不但与硬件及操作系统有关，而且与特定的编程语言结合为一体。选择何种硬件、操作系统及编程语言是整个系统的问题。因此界面支持系统的选择不单单是界面开发的问题，还与整个系统的全局性设计决策有关。

② 软件系统对用户界面实现的支持级别如表 6-5 所示。

级别	软件系统对用户界面实现的支持的详细描述
0级	操作系统和一般的编程语言，除此之外没有任何其他支持，用户界面的一切编程工作几乎全部由开发者在很低的层次上完成
1级	图形软件包（例如图形核心系统 GKS），可以调用图形软件包提供的函数实现界面上的一些图形元素
2级	窗口系统，提供了支持用户界面开发的支撑机制，例如库函数、工具箱和 API 等
3级	GUI，为实现具有特定风格与视觉的图形用户界面提供了更强的支持
4级	可视化编程环境，使开发者可以采用"所见即所得"的方式构造自己的用户界面

表 6-5   软件系统对用户界面实现的支持级别

从表 6-5 中可以看出，选用的界面支持系统的级别越高，开发时的编程工作量就越少，但创造自己的界面风格与视觉的余地也越少。一般应用系统的开发适合选择级别较高的支持系统；系统软件和一些有特殊要求的应用系统的开发可能要选择级别较低的支持系统。

③ 界面风格与视觉。设计中需要考虑大部分用户最喜欢何种风格与视觉的人机界面。选择当前流行的窗口系统、GUI 或可视化编程环境也是一种不错的选择。

④ 其他。包括开发者更熟悉哪种系统，以及软件的价格等因素。

2. 用户界面设计的注意事项

设计者的任务是建立需求和实现之间的桥梁，用户界面的设计应重点考虑以下 5 个问题。

（1）系统的启动

比较简单的系统可以设计一个主界面来启动。比较复杂的系统可以设计多个主界面分别启动。界面支持系统往往提供多种可作为主界面的元素。例如，Visual C++在 MFC 类库支持下提供的框架窗口和对话框均可作为系统的主界面。

（2）高层命令组织结构的实现

高层命令的组织结构是通过界面元素的构造层次体现的。策略是：从最高层命令及其对应的主窗口开始，逐层选择界面元素，一层一层地向下进行，直到结构中每一条高层命令和基本命令都得到落实。例如，可以在一个窗口的主菜单条上用按钮实现仅次于最高层的命令输入，用每个按钮引发的下拉菜单组织下一层命令，在每个菜单项之下继续用下拉菜单组织更下层的命令。当一个窗口或菜单之下某一条命令的交互情况比较复杂时，也可以采用另一个窗口来组织在它之下的各层命令。

（3）基本命令的执行

在基本命令以上的高层命令的执行只是在用户界面上逐步把用户引向基本命令，而基本命令的执行则需要从界面对象把消息发送给实现命令功能的对象。设计者需要了解，选中一个代表基本命令的界面元素（如一个按钮或一个菜单项）将产生什么消息，并且要指出由哪个对象操作来处理该消息。

（4）详细交互过程的输入与输出

在基本命令的每个命令步骤上进行的输入和输出都要选择适当的界面元素来完成。例如，要输出一条提示信息并要求用户输入，可以用主窗口中的对话框来实现；图形、图像和大篇幅的正文可以在用户工作区输出，并用滚动条实现滚动。

（5）异常命令的输入

异常命令是在随机发生的事件打断系统正常运行的情况下所输入的命令。多数界面支持系统都提供了支持异常命令输入的界面元素。例如，单击鼠标右键激活一个弹出菜单，用来接收异常命令的输入。

6.5 构件级设计和部署级设计

构件图和部署图是对面向对象系统的物理方面进行建模时所用到的两种图，它们显示了系统实现的一些特性，包括源代码的静态结构和运行时刻的实现结构。其中，构件图显示的是组成系统的构件之间的组织及其依赖关系；部署图则用于描述系统运行时的硬件节点。本节主要介绍构件图和部署图的基本概念和运用。

6.5.1 构件和构件图

构件（Component）是指系统中的可替代性的物理单元，它们是独立的，在一个系统或子系统中封装的物理单位提供一个或多个接口，是系统高层的可重用部件。

1. 构件

构件作为系统中的一个物理实现单元，包括软件代码（包括源代码、二进制代码和可执行文件等）或者相应组成部分，如脚本或命令行文件等，还包括带有身份标识，并有物理实体的文件，如运行时的对象、文档、数据库等。

构件能够不直接依赖于其他构件而仅仅依赖于构件所支持的接口。通过使用被软件或硬件所支持的一个操作集——接口，构件可以避免在系统中与其他构件之间直接发生依赖关系。在这种情况下，系统中的一个构件可以被支持正确接口的其他构件所替代。

一个构件实例用于表示运行中存在的实现物理单元和在实例节点中的定位，它有以下两个特征。

（1）代码特征。构件的代码特征是指它包含和封装了实现系统功能的类或者其他元素的实现代码以及某些构成系统状态的实例对象。

（2）身份特征。构件的身份特征是指构件拥有身份和状态，用于定位在其上的物理对象。由于构件的实例包含身份和状态，我们称之为有身份的构件。一个有身份的构件是物理实体的物理包容器。

在 UML 中，标准构件使用一个左边有两个小矩形的长方形表示，构件的名称位于矩形的内部。

2. 构件的种类

在对软件系统建模的过程中，存在以下 3 种类型的构件。

（1）实施构件。实施构件是构成一个可执行系统必要和充分的构件，是在运行时创建的构件，也是最终可运行的系统产生的允许结果，如动态链接库（dll）、可执行文件（exe），COM+、CORBA 及企业级 Java Beans、动态 Web 页面也属于实施构件的一部分。

（2）配置构件。配置构件是运行系统需要配置的构件，是形成可执行文件的基础。操作系统、Java 虚拟机和数据库管理系统都属于配置构件。

（3）工作产品构件。这类构件主要是开发过程的产物，包括创建实施构件的源代码文件及数据文件。这些构件并不是直接地参与可执行系统，而是用来产生可执行系统的中间工作产品，它们是配置构件的来源。工作产品构件包括 UML 图、Java 类和 JAR 文件、动态链接库 DLL 和数据库表等。

3. 构件的表示

在系统实现过程中，之所以构件非常重要，是因为它在功能和概念上都比一个类或者一行代码强。典型的构件拥有类的一个协作的结构和行为。在一个构件中，支持了一系列的实现元素，如实现类，即构件提供元素所需的源代码。构件的操作和接口都是由实现元素实现的。当然一个实现元素可能被多个构件支持。每个构件通常都具有明确的功能，它们在逻辑上和物理上有粘聚性，能够表示一个更大系统的结构或行为块。

图 6-29 所示为构件及构件接口的 UML 表示法。

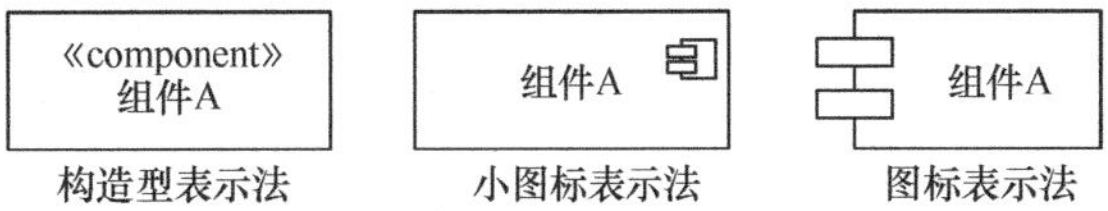

图 6-29　构件及构件接口的 UML 表示法

构件图（component view）是用来表示系统中构件与构件之间，以及定义的类或接口与构件之间的关系的图。构件图通过显示系统的构件以及接口等之间的接口关系，形成系统的更大的一个设计单元。在以构件为基础的开发（Component Based Development，CBD）中，构件图为架构设计师提供了一个系统解决方案模型的自然形式，并且，它还能够在系统完成后允许一个架构设计师验证系统的必须功能是由构件实现的，这确保了最终系统将会被接受。

在构件图中，构件和构件之间的关系表现为以下两种。

（1）依赖关系

这种依赖关系分为两种：一种是构件之间的依赖关系，它的表示方式与类图中类与类之间的依赖关系的表示方式相同，都是使用一个从用户构件指向它所依赖的服务构件的虚线箭头表示，如图6-30所示。其中，ComponentA为一个用户构件，ComponentB为它所依赖的服务构件。另一种是构件和接口之间的依赖关系，它是指一个构件使用了其他元素的接口。依赖关系可以用虚线箭头表示，箭头指向接口符号。图6-31所示是使用一个接口"InterfA"说明构件的实现元素只需要服务者提供接口所列出的操作。

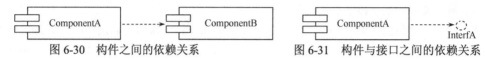

图6-30 构件之间的依赖关系　　　　　图6-31 构件与接口之间的依赖关系

（2）实现关系

实现一个接口意味着构件中的实现元素支持接口中的所有操作。在构件图中，如果一个构件是某一个或一些接口的实现，可以使用一条实线将接口连接到构件来表示，如图6-32所示。

图6-32 构件与接口的实现关系

构件能够呈现整个被建立系统的早期设计，使系统开发的各个小组由于实现构件的不同而连接起来。构件图成为方便不同开发小组的有用交流工具。系统的开发者通过构件图呈现的将要建立的系统的高层次架构视图，能够建立系统的各个里程碑，并决定开发的任务分配以及需求分析。系统管理员也可以通过构件图获得将运行于他们系统上的逻辑构件的早期视图，较早地获取了关于构件及其关系的信息。

6.5.2 构件设计

面向对象分析阶段将OOA模型中的类组织成构件，可以支持分析级的软件复用。面向对象设计阶段将OOD模型中的类组织成构件，除了支持设计级的软件复用之外，还可以支持以构件为单位进行软件系统的编程实现。如果只是着眼于本系统的开发，或者只要支持设计和实现级别的构件复用，那么OOA阶段不必考虑模型的构件问题，只需要对OOD模型进行构件设计即可。

构件设计考虑的主要问题是如何把系统划分成一些可以独立进行编程、发布、销售和升级的软件产品单位。对OOD模型而言，构件设计的核心工作是把类图中的类组织成构件。对相关的辅助模型和模型规约，可根据类图中的构件划分建立它们对相关构件的从属关系。

扫码看视频：

构件设计

在面向对象的开发中，构件的划分需遵守以下两个基本原则。

（1）构件的粒度不宜过小。粒度过小的构件划分太细将增加管理上的困难。一个构件通常可以包含多个类，除非某些类本身就已经很庞大。

（2）一个类可以在多个构件中复用，但是它不应该被拆散分到多个构件中。就是说，在组织构件时应该把类看成一个原子的系统单位。

把一个软件的基本成分组织成一些粒度较大的系统单位，通常需要考虑如下因素。

（1）各个软件成分之间关系的紧密程度。

（2）它们在问题域中所对应的事物。

（3）它们所提供的功能类别。

（4）彼此之间通信的频繁程度。

（5）它们在系统中的分布与并发情况。

回顾一下包图中的打包机制，有没有觉得它与构件图中的构件的划分相似？关键是包图中的类和构件图中的类在概念上是一致的。因此，如果没有充分的理由来推翻包图中的技术策略，就可以把包的划分作为组织构件的基本依据。具体策略如下。

（1）首先考虑以每个包对应一个构件，即把每个包中的类组织到一个构件中。

（2）如果包的粒度太小，考虑将多个包中的类合并到一个构件中。合并时所考虑的因素与包的合并相同。需要特别注意的是，不要把分布在不同结点上的包合并到一个构件中。

（3）如果包的粒度太大，则把包中的类划分到几个构件中。如果这个包原来就是由几个较小的包合并而成，可以参照原来的较小包来组织构件。

以上策略基本上是以包为单位进行构件的划分，这使得包图和构件图取得最大程度的一致，可以使这些模型图与问题和实现后的程序形成良好的映射。

确定了构件的划分之后，剩下的工作就是用构件图来表示所有的构件以及它们之间的关系。

6.5.3 部署图

部署图（Deployment Diagram）确定了一组构造元素，用于定义系统的物理架构，既描述了节点及其关系，也描述了可执行的软件如何部署和运行在节点上。

1. 部署图的概念

部署图描述了运行软件的系统中硬件和软件的物理结构，即系统执行处理过程中系统资源的部署情况。它是一种静态模型。每一个系统的模型中仅包含一个部署图。图 6-33 所示是某一个客户机/服务器体系结构风格的部署图。

部署图表示软件系统如何部署到硬件环境中，显示了该系统不同的构件将在何处物理地运行，以及它们将如何彼此通信。部署图中显示了系统的硬件、安装在硬件上的软件与用于

图 6-33　客户机/服务器风格部署图

连接硬件的各种协议和中间件等。创建一个部署模型的目的有以下 3 个。

（1）部署图可以通过连接描述组织的硬件网络结构或者嵌入式系统等具有多种与硬件和软件相关的系统运行模型。

（2）通过对各种硬件和在硬件中的软件，以及各种连接协议的显示，部署图可以很好地描述系统是如何部署的。

（3）部署图可以平衡系统运行时计算资源的分布。

系统的开发人员和部署人员可以很好地利用这种图去了解系统的物理运行情况，根据部署图了解系统的部署情况。

2. 部署图的表示

部署图由节点、连接和设备这几个基本的元素组成，下面介绍这些元素的概念和在 Rose 中的表示方法。

（1）节点

节点是存在于运行时并代表一项计算资源的物理元素，一般用于对执行处理或计算的资源建模。在建模过程中，可以把节点分成两种类型，即处理器（Processor）和设备（Device）。

处理器是指那些本身具有计算能力，能够执行各种软件的节点。例如，服务器、工作站等都是具有处理能力的机器。

在处理器的命名方面，每一个处理器都有一个与其他处理器相区别的名称，处理器的命名没有任何限制，因为处理器通常表示一个硬件设备而不是软件实体。

由于处理器是具有处理能力的机器，所以在描述处理器方面应当包含处理器的调度和进程。

① 调度（Scheduling）。调度是指在处理器处理其进程中为实现一定的目的面对共同使用的资源进行时间分配。有时需要指定该处理器的调度方式，从而使处理达到最优或比较优的效果。

② 进程（Process）。进程表示一个单独的控制线程，是系统中一个重量级的并发和执行单元。例如，一个构件图中的主程序或者一个协作图中的主动对象都是进程。一个处理器中可以包含许多进程，我们应使用特定的调度方式执行这些进程。

（2）连接（Connection）

连接用来表示两个节点之间的硬件连接。节点之间可以通过光缆等方式直接连接，或者通过卫星等方式非直接连接，但是通常连接都是双向的连接。

在 UML 中，连接使用一条实线表示，在实线上可以添加连接的名称和构造型。连接的名称和构造型都是可选的。

在连接中支持一个或多个通信协议，它们每一个都可以使用一个关于连接的构造型来描述。

（3）设备（Device）

设备是指那些本身不具备处理能力的节点。通常情况下都是通过其接口为外部提供某些服务，如打印机、扫描仪等。每一个设备如同处理器一样都要有一个与其他设备相区别的名称，当然有时候设备的命名可以比较抽象一些，如调节器或终端等。

6.5.4　部署图设计

扫码看视频：

部署图设计

部署图是一种展示运行时进行处理的节点和在节点上生存的制品的配置的图。它一般用于对系统的静态部署视图建模，用来表示构成物理系统的各组成部分的分布、提交和安装。

有些种类的系统不需要部署图。如果正在开发的软件将运行在一台机器上而且只和该机器上已由宿主操作系统管理的标准设备（如个人计算机的键盘、显示器和调制解调器）相互作用，就不必设计部署图；另外，如果与开发的软件进行交互的设备通常不是由宿主操作系统管理，或者这些设备是物理地分布在多个处理器上的，则使用部署图将有助于思考系统中软件到硬件的映射。

当用 UML 创建部署图时，记住每一个部署图只是系统静态部署视图的一个图形表示。这意味着单个部署图不必捕获系统部署图的所有内容。系统所有的部署图一起表示了系统的完整的静态部署视图，每一个部署图只反映系统部署视图的一个方面。

一个结构良好的部署图，应满足如下要求。

（1）侧重于描述系统的静态部署视图的一个方面。

（2）只包含对理解这个方面是必要的那些元素。

（3）提供与抽象级别一致的细节，只显露对于理解问题是必要的那些修饰。

（4）不要过分简化，以免使读者对语义产生误解。

当绘制一个部署图时，要遵循如下策略。

（1）取一个能表示其意图的名称。

（2）摆放元素时尽量避免线的交叉。

（3）从空间上合理地组织模型元素，使得在语义上接近的事物在物理位置上也比较接近。

（4）用注解和颜色作为可视化提示，以把读者的注意力吸引到图中的重要特征上。

（5）谨慎地使用衍型化元素。为项目或组织选择少量通用图标，并在使用它们时保持一致。

关键术语

复习思考题

1．开发面向对象设计模型的主要目的是什么？

2．面向对象的分析与设计方法优于传统的软件工程方法的重要因素是什么？

3．简述面向对象设计模型的总体结构，并画图表示。

4．进行面向对象设计时的准则有哪些？

5．进行问题域设计时有哪些方法，各要注意什么问题？

6．数据库设计方法有哪些？

7．根据 6.2.3 节介绍的方法给出合理的"××木业有限公司"管理信息系统的数据库设计。

8．用户界面设计准则有哪些？

9．进行用户界面设计需要经过哪些步骤？

10．什么是构件，构件之间的关系有哪些？

11．什么是部署图，部署图由哪些要素组成？

12．根据 6.5.4 节介绍的方法设计"××木业有限公司"的系统部署图。

13．试用 UML 对"教学管理系统"及相关的数据库系统进行分析和设计。"教学管理系统"一般包括：①选课管理功能；②成绩管理功能。试完成下列工作。

（1）建立系统静态结构模型——画出系统用例图和类图。

（2）建立系统动态结构模型——画出系统顺序图。

（3）建立关系数据库逻辑模型。

14．在"远程网络教学系统"中，以"系统管理员添加教师信息"用例为例，可以确定 Administrator、Teacher、AddTeacher 等类。

（1）根据这些类创建关于系统管理员添加教师信息的相关构件图。

在"远程网络教学系统"中，该系统的需求分析如下。

• 学生或教师可以在客户的PC机上通过浏览器（如IE 7.0等）登录远程网络教学系统。

• 在Web服务器端安装Web服务器软件，如Tomcat等，部署远程网络教学系统，并通过JDBC与数据库服务器连接。

• 在数据库服务器中使用SQL Server 2000提供数据服务。

（2）根据以上的系统需求创建系统的部署图。

第7章 管理信息系统实施

【学习目的】

理解管理信息系统的系统实施、系统测试和系统转换的概念。了解系统实施的内容、系统测试的原则和过程及工作流程、系统测试的 3 个模型、系统转换前的准备工作等。重点掌握系统实施的步骤、系统测试的概念和方法，以及系统转换的方式。

【本章要点】

- 系统实施的步骤。
- 系统测试的概念、原则、过程和方法。
- 系统转换前的准备。
- 系统转换的方式。
- 软件测试的概念。

管理信息系统的系统实施是将系统设计阶段完成的成果付诸实践，建立系统硬件和系统软件环境，编写和调试应用程序，组织系统测试和各类人员的培训，完成系统的转换并最终交付使用。从管理信息系统的生命周期来看，系统实施阶段是系统开发的后期阶段，它是前面各阶段工作的延伸和最终目的。与前两个阶段相比，工作量大，投入的人力、物力更多，组织管理工作繁重是其主要的特点。

项目负责人应针对系统实施阶段的特点，制订合理和周密的实施计划，组织协调好各方面的任务，随时检查工作进度和质量，最终完成新旧系统的转换。

7.1 系统实施概述

系统实施阶段的任务是根据用户确认的系统设计方案，实现具体的应用系统。

7.1.1 系统实施的步骤

系统实施的步骤包括购置和安装设备并建立计算机网络环境、安装系统软件、建立数据库文件、计算机程序设计、系统调试和测试、人员培训、系统转换、交付使用。下面介绍其中几项。

1. 购置和安装设备并建立计算机网络环境

系统实施的该项工作的内容是，依据系统设计中给出的管理信息系统的硬件结构和软件结构购置相应的硬件设备和系统软件，建立系统的软、硬件平台。

2. 计算机程序设计

计算机程序设计也常常被称为软件开发。进行计算机程序设计的目的是实现系统分析和设计中提出的逻辑模型和物理模型。

3. 系统调试与测试

在进行计算机程序设计之后，需要进行系统的调试。通过系统的调试与测试可以发现并改正隐

扫码看视频：

系统实施的步骤

藏在程序内部的各种错误以及模块之间协同工作存在的问题。

4. 人员培训

在系统转换和交付使用前对系统使用人员的培训,包括对系统操作员、系统维护人员等的培训。

5. 系统转换

管理信息系统交付使用前的最后一项任务是进行系统的转换,它包括进行基本数据的准备、数据的编码、系统的参数设置、初始数据的录入等多项工作。

以上工作在系统实施阶段是相对独立的,但它们之间又互相联系、互相促进,必须进行统一协调和配合,以保证系统开发成功。

7.1.2 物理系统的实施

物理系统实施的工作主要是实施物理系统,建立系统的开发环境。物理系统包括硬件系统和软件系统,其中,硬件系统的实施主要包括计算机、网络设备的购置、安装与调试。在物理系统实施以前,要进行相应的基础设施的建设,如机房地点的选取和建设等。计算机硬件和网络设备主要包括服务器、工作站和一些外设等,它们按照总体设计的要求进行购买或租用,对于购置量较大的设备还可以采用招标的方式进行。

购置设备的基本原则如下。

(1)质量可靠、价格合理。

(2)资料齐全、手续完整。

(3)良好的设备兼容性和可维护性。

购置完设备后,应开始建设计算机机房。建设计算机机房应考虑它对环境的要求、机房的面积和机房的总体布局等问题。

系统的设置购置与机房的建设工作完成以后,按照设计的位置进行设备的组装工作。系统设备的组装工作应按照由里到外、从单机到多机的步骤进行,即先进行设备单机各部件的组装,再进行各种互联设备的组装。这种循序渐进的方式有利于整个系统设备安装工作的组装与调试。物理系统的成功安装与调试,将为程序设计、数据录入以及整个系统实施工作奠定良好的基础。

在进行硬件系统准备的同时,也要进行软件系统的准备。软件系统主要是指操作系统(如 UNIX、Linux、Windows 等)、数据库管理系统(如 Access、MySQL、SQL Server、DB2、Oracle 等)及一些应用程序。软件系统配置的得当和完善,有利于硬件系统发挥其应有的功能,软件系统中有些软件需要购买,有些需要组织人力编写。软件系统的准备工作首先应从根据系统设计报告购置系统软件及应用程序的开发工具开始,并对之进行消化和二次开发,使之适应系统的要求;其次,应编写和调试应用程序,以实现系统的功能;最后,测试系统,以保证系统能够完成设计功能并能正常运行。

7.1.3 程序设计

系统实施阶段最主要也是最重要的工作就是程序设计。程序设计的任务是以用户需求为出发点,以系统分析和设计阶段的结果为依据,选择适当的程序设计语言和软件开发工具,编写计算机程序,并检查运行结果是否符合设计要求。在这个阶段,程序员要完成源程序的编码、编译(或汇编)和排错调试,得到无语法错误的程序清单。

1. 程序设计的基本要求

在系统实施阶段,程序设计的好坏直接关系到能否有效地利用计算机达到预期目的。因而程序设计的基本要求是在保证正确的前提下，注重源程序逻辑清晰、易读易懂、易维护，然后才是效率。但是，程序的质量最终还是取决于设计质量。为了提高程序的设计质量，程序设计必须符合以下基本要求。

（1）正确性。程序的功能必须按照设计的要求，正确满足预期的需要。

（2）规范性。在程序设计中应制订明确的设计规范，实行标准化设计。

（3）高效率。程序的结构严谨、简洁，算法和语句选用合理，执行速度快，节省机时。程序和数据的存储、调用安排得当，节省存储空间。

（4）可维护性。程序交付使用后，修改程序简便易行。

（5）可靠性。程序在正常情况下能够运行，而且在意外情况下，如用户出现误操作等，程序也要能做出恰当的处理。

（6）可读性。程序的可读性是指程序的易理解性，程序设计不仅要求能够正确执行，而且还要清晰、明了，没有繁杂的技巧，这也是保证系统可维护性的重要标准。为了提高程序的可读性，可以使用较详细的注释说明，注意程序的书写格式，变量的命名等。

（7）实用性。一般从用户的角度来审查，它是指系统各部分是否都非常方便实用。

2. 程序设计的基本方法

目前的程序设计方法主要有两种：结构化方法和面向对象的方法。

3. 软件开发工具

软件开发会用到开源工具和不开源的工具，同一个工具也会有开源版本和不开源版本。善用工具有利于提高开发效率。下面介绍各阶段常用软件开发工具。

（1）需求阶段

文档软件：Office办公软件，WPS金山办公、Rational Rose、StarUML、思维导图。

（2）分析设计阶段

① 软件设计工具：PowerDesign、Enterprise Architect。

② 原型设计：Axure、蓝湖、墨刀。

（3）编码开发阶段

① 代码管理服务端：GitLab、VisualSVN Server。

② 客户端代码管理：Git、TortoiseSVN。

③ 第三方代码管理平台：Gitee、GitHub。

④ FTP工具：Xftp、FileZilla、SecureCRT。

⑤ 远程登录客户端：Xshell、PuTTY。

⑥ API管理：Swagger、YApi。

⑦ API和Http请求调试：Postman、YApi。

⑧ 编程开发工具：Eclipse、Visual Studio Code、IntelliJ系列工具、WebStorm、Sublime Text、Atom。

⑨ 数据库连接：Navicat Premium、DataGrip。

⑩ 团队知识库管理：Confluence。

（4）软件运维阶段

① 持续集成工具：Jekins、Docker。

② 远程控制软件：向日葵、TeamView。

（5）软件生命周期管理软件

项目管理软件：Teambition、禅道。

在进行程序设计时，可以根据项目的应用领域、算法和计算的复杂性、软件的运行环境、各种性能的考虑、数据结构的复杂性、程序设计人员的知识水平和经验等因素来综合考虑，选择相应的软件开发工具。其中，项目的应用领域是选择软件开发工具的关键因素。

7.2 软件测试

随着计算机技术的迅猛发展，软件的销售量和使用量呈几何级数增长，软件的规模也越来越大，复杂性急剧提高。相应地，软件频繁发生各种各样的问题。

对于软件存在的各种问题，人们喜欢用"软件缺陷"（bug）这个词来表示。软件缺陷指计算机系统或者程序中存在的任何一种破坏正常运行能力的问题、错误或者隐藏的功能缺陷、瑕疵。缺陷会导致软件产品在某种程度上不能满足用户的需要。

软件缺陷表现的形式有多种，主要有以下几个。

- 功能、特性没有实现或者部分没有实现。
- 设计不合理，存在缺陷。实际结果和预期结果不一致。
- 运行出错，包括运行中断、系统崩溃、界面混乱。数据结果不正确、精度不够。
- 用户不能接受的其他问题，如存取时间过长、界面不美观。

尽早彻底地发现软件中存在的缺陷是一项非常复杂、需要创造性的工作。软件测试的核心任务就是对软件进行全面地测试，来尽可能地发现更多的软件缺陷。

7.2.1 软件测试的概述

1. 软件测试的概念

软件测试的研究可以追溯到 20 世纪 60 年代，但对软件测试的定义，还一直未能达成共识。目前根据侧重点的不同，主要有以下 3 种观点。

扫码看视频：

软件测试的概念

（1）IEEE 在 1983 年将软件测试定义为"使用人工或自动手段运行或测定某个系统的过程，其目的在于检验它是否满足规定的需求或是弄清预期结果与实际结果之间的差别。"该定义明确地提出了软件测试以"检验是否满足需求"为目标。

（2）迈尔斯（Glenford J.Myers）在 1979 年出版的被业内认为是经典之作的《软件测试的艺术》中指出，软件测试"是为了发现错误而执行程序的过程"，明确提出了"寻找错误"是测试目的。

（3）从软件质量保证的角度来看，软件测试是一种重要的软件质量保证活动，其动机是通过一些经济、高效的方法来捕捉软件中的错误，从而达到保证软件内在质量的目的。

上述 3 种观点实际上是从不同的角度理解软件测试，是将软件测试置于不同的环境下得出的结论。

而在软件测试工程师眼中，所谓软件测试，就是出于正常合理的目的，在特定的时间环境中，用事先制订的标准衡量一种软件产品或特性是否符合预期。

软件测试是由确认、验证、保证、评估、审核、报告等动作组成的统一体。它有 2 个基本职责——验证和确认。验证是指保证开发过程中某一具体阶段的产品与该阶段和前一阶段的需求一致。确认是指保证最终得到的产品满足系统需求。

2. 软件测试的原则

软件测试的
原则

在软件测试过程中，应注意和遵循以下 10 个原则。

（1）所有测试的标准都建立在用户需求之上。用户是软件的使用者，不满足用户需求的软件是无法顺利交付和收回成本的。

（2）尽早测试，不断测试。软件错误发现得越早，修改错误的成本就越低。所以软件项目一启动，软件测试也相应开始，而不是等程序写完才开始。

（3）穷举测试是不可能的。即使一个大小适度的程序，其路径排列的数量也非常大，因此在测试中不可能运行路径的每一种组合。然而，充分覆盖程序逻辑，并确保程序设计中使用的所有条件是有可能的。

（4）第三方进行测试会更客观、更有效。程序员待测试程序如同自己的孩子，怎么看怎么顺眼。同时对需求规格说明的理解产生的错误也很难在程序员本人测试时被发现。所以，程序员只进行最初的单元测试，其他测试还是应交给第三方（如软件测试员和用户）来进行。

（5）测试之前应该认真做好测试计划。软件测试计划是做好软件测试工作的前提。在进行实际测试之前，应制定良好的、切实可行的测试计划并严格执行，特别要确定测试策略和测试目标。

（6）测试用例要精心设计。所谓测试用例，是指为特定的测试目的而设计的，通常包括一组测试输入、执行条件和预期的结果，其中预期结果除了预期输出，还可以指定一些其他观察要求，如各种测试覆盖率等。要根据测试的目的，采用相应的方法去设计测试用例，从而提高测试的效率，更多地发现错误，提高程序的可靠性。除了检查程序是否做了它应该做的事，还要看程序是否做了它不该做的事。所以不仅应选用合理的输入数据，对于非法的输入也要设计测试用例进行测试。

（7）应该彻底检查每个测试的结果。测试结果可以形式多样，如界面的显示、数据文件以及性能测试中关注的软件执行时间等，不同形式的结果对于判断测试是否通过具有不同程度的影响。而且软件的预期输出描述可能不是很准确，我们更需要认真检查每个测试结果。

（8）对测试过程发现错误较多的程序段，应进行更深入的测试。一般来说，一段程序中已发现的错误数越多，其中存在的错误概率也就越大。人们也用"冰山原理"来定性程序中错误的分布。所谓"冰山原理"，就是两座冰山，露出水面部分大的那一座，其水下部分必然也较大。

（9）重视文档，妥善保存一切测试过程文档。测试计划、测试用例、测试报告都是检查整个开发过程的主要依据，有利于今后流程改进。

（10）当代码被修改后，还要进行回归测试。回归测试是指软件系统被修改或扩充（如系统功能增强或升级）后重新进行测试以确认修改没有引入新的错误或导致其他代码产生错误。

以上是软件测试的 10 个原则。在这些原则中，最基本的原则是尽早测试、不断测试，测试工程师应将它作为自己工作的座右铭。

3. 软件测试模型

软件测试模型

软件测试要尽早测试，那么软件开发过程中软件测试什么时候介入比较合适呢？可以用软件测试模型来说明测试活动与其他软件开发活动之间的关系。

快速应用开发模型（Rap Application Development，RAD），其模型结构图形似字母 V，如图 7-1 所示，所以又称 V 模型。V 模型是软件开发生命周期法模型的变种，它反映了测试活动与分析和设计的关系，从左到右，描述了基本的开发过程和测试行为，明确地标明了测试过程中存在的不同阶段，清楚地描述了这些测试阶段和开发过程期间各阶段的对应关系。

V 模型大体可以划分为几个不同的阶段，即用户需求、需求分析、概要设计、详细设计、编码、单元测试、集成测试、系统测试、验收测试。

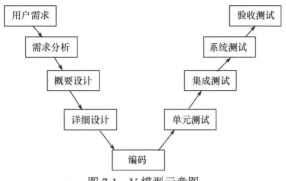

图 7-1   V 模型示意图

整个软件测试分为单元测试、集成测试、系统测试、验收测试 4 个步骤，每一步都是在上一步的基础上进行的。

（1）单元测试。单元测试是基于源代码的测试，最初由编写该单元的程序员来测试，验证其编写的可执行程序代码的各个部分是否已达到预期的功能要求。通常情况下，单元测试的方案设计比较容易，发现的错误主要是编码和详细设计方面的错误。单元测试是软件测试的基础。

（2）集成测试。集成测试则由专门的软件测试工程师进行，验证了多个单元之间的集成是否正确，并有针对性地对详细设计中所定义的各单元之间的接口进行检查。在所有单元测试和集成测试完成后，系统测试开始以客户环境模拟系统的运行，以验证系统是否达到了在概要设计中所定义的功能和性能。

（3）系统测试。系统测试把经过测试的子系统装配成一个完整的系统来进行测试，以检测系统功能、性能的质量特性是否达到系统要求的指标。在这个测试过程中，不仅要发现设计和编码的错误，还能验证系统是否提供需求说明书中指定的功能，而且能验证系统的动态特性是否符合预定要求。在系统测试中发现的往往是系统设计中的错误，也可以发现需求说明中的错误。

（4）验收测试。验收测试一般由客户自己进行，其目的是确定软件的实现是否满足客户的需求。在这个测试中发现的往往是系统需求说明书中的错误。

V 模型的不足是，仅仅把测试作为软件开发过程中最后一个阶段，那么在需求分析、系统设计阶段引入的错误需要到系统测试和验收测试的时候才能发现。这就不符合软件测试的"尽早"原则。

1993 年，保罗·赫利奇（Paul Herzlich）在 V 模型的基础上提出了 W 模型，如图 7-2 所示。相对于 V 模型，W 模型增加了软件各开发阶段中应同步进行的验证和确认活动。W 模型由两个 V 字型模型组成，分别代表测试与开发过程，图中明确表示了测试与开发的并行关系。W 模型强调：测试伴随着整个软件开发周期，而且测试的对象不仅仅是程序，需求、设计等同样要测试，也就是说，测试与开发是同步进行的。W 模型有利于尽早地、全面地发现问题。

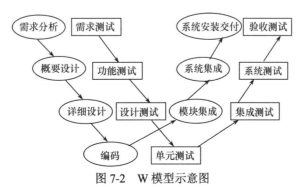

图 7-2   W 模型示意图

W 模型的不足是将软件开发和测试都看成串行的活动，保持着线性关系，无法支持迭代的开发模型，不支持变更的调整，未体现测试流程的完整性。

以上介绍的两种典型的测试模型对指导测试工作的进行具有重要的意义，但任何模型都不是完美的。因此，在实际的工作中，应灵活地运用各种模型的优点，并同时将测试与开发紧密结合，寻找恰当的就绪点开始测试并反复迭代测试，最终保证按期完成预定目标。

7.2.2　软件测试的方法

软件测试的方法有多种。根据被测程序是否需要运行，可分为静态测试和动态测试。

扫码看视频：

软件测试的方法

1. 静态测试

测试时基于一些文档，即需求文档、软件模型、设计文档和源代码。传统的静态测试包括代码评审、文档审查以及由软件工具自动进行的静态分析。它并不涉及在开发过程中对代码的实际执行，而是检查代码，推断在测试运行期间发生的所有可能出现的行为。

（1）代码评审包括变量检查、命名和类型审查、程序逻辑审查、程序语法检查和程序结构检查等，主要检查代码和设计的一致性、代码对标准的遵循、代码的可读性、代码逻辑表达的正确性、代码结构的合理性等方面，一般来说可以发现违背程序编写风格的问题。

（2）文档审查是对软件文档的一种测试方法，通过对文档的齐全性、完整性和准确性等多方面进行检查，以发现其中的各类软件文档问题。

（3）静态分析是一种对代码的机械性的、程式化的特性分析方法。静态分析常通过自动化测试工具进行。

2. 动态测试

软件系统的动态测试涉及程序的实际执行，以暴露程序可能的缺陷，还将观察程序的行为和性能特性。程序将会使用一些典型的、细心挑选的输入数据来执行。通常，输入数据集合可能是不切实际的庞大。不过从实际考虑，可以选定输入集合的一个有限的子集。细心挑选有限的测试集合对于得出一个可信的结论是至关重要的。动态测试主要包括白盒测试和黑盒测试。

（1）白盒测试是把测试对象看作透明的盒子，针对软件产品内部逻辑结构进行的测试。利用白盒测试进行动态测试时，测试人员需要全面了解软件产品的内部结构和处理过程。白盒测试的覆盖标准有逻辑覆盖测试、基本路径测试等测试；另外，程序插桩也是白盒测试中一种常用的方法。

① 逻辑覆盖测试是以程序内部的逻辑结构为基础设计测试用例的方法。

② 基本路径测试就是通过运行程序各种可能的运行方式，检查是否可能存在错误。

③ 程序插桩是一种通过向被测程序中插入操作（如打印语句）来发现和定位错误的方法。在白盒测试中，应灵活地使用各种测试方法。

（2）黑盒测试是把测试对象看作无法获知内部情况的只知道外部接口功能的黑盒子，注重测试软件的功能性需求。黑盒测试法常用的技术包括功能分解法、等价类划分法、边界值分析法、因果图法、随机测试、猜错法等。

① 功能分解法将需求规格说明中的每一个功能加以分解，确保各个功能被全面测试。

② 等价类划分法在分析需求规格说明的基础上，把程序的输入域划分为若干部分，然后在每部分中选取代表性数据形成测试用例。

③ 边界值分析法是对等价类划分法的补充。使用边界值分析法时，应针对等于、刚好大于或刚好小于个输入等价类和输出等价类边界值的情况设计测试用例。

④ 因果图法实质上是一种数字逻辑电路（一个组合的逻辑网络），但没有使用标准的电子学符号，而是使用了简化的符号。因果图法是辅助测试者明确测试对象，确定测试依据的有利手段，很好地弥补了边界值分析和等价类划分中未对输入条件的组合进行分析的弱点。

⑤ 随机测试指测试的输入数据是在可能的输入之中随机选取的。测试人员只需规定输入变量的取值区间，在需要时提供必要的变换机制，使产生的随机数据服从预期的概率分布即可。该方法获得预期的输出比较困难，多用于可靠性测试和满足系统强度要求。

⑥ 猜错法是有经验的测试人员，通过列出可能有的错误和易错情况表，对每种情况都要进行测试用例设计的方法。

在使用黑盒测试时，只有结合被测试软件的特点，有选择地使用若干种方法，才能真正满足软件测试的需求。同时，黑盒测试中，设计测试用例是很重要的。基本思想是：列举程序中所有可能出现的错误和容易发现错误的地方，以此来选择和设计测试用例。

程序测试的方法如此之多，如何综合使用这些测试方法呢？综合使用策略如下。

（1）先静态测试后动态测试。一般可先进行静态测试，如使用代码审查法、通过自动化测试工具静态分析等进行测试；接着进行动态测试，即使用逻辑覆盖法、基本路径测试法、插桩法等进行测试。

（2）在不同测试阶段使用不同的测试方法。在单元测试阶段，以代码审查方法、逻辑覆盖法和基本路径测试法为主。在集成测试阶段，需增加静态结构分析和代码质量度量等方法。在集成测试之后的测试阶段，应尽量使用黑盒测试方法，若发现软件中存在严重问题且无法用黑盒测试方法定位，则仍需选择性地使用白盒测试方法，深入模块的内部以定位错误。

（3）在白盒测试中覆盖率测试是一个重点。一般可使用基本路径测试方法使基本路径集合中的每条独立路径至少执行一次。对于重要的程序模块，应使用多种覆盖率标准衡量对代码的覆盖率。

（4）在黑盒测试方法中，可以先进行等价类划分，包括输入条件和输出条件的等价类划分，将无限测试变成有限测试，这是减少工作量和提高测试效率最有效的方法。然后，使用边界值分析方法，最后可以根据经验用猜错法补充一部分用例进行测试。如果程序的功能说明中含有输入条件的组合情况，则一开始就可以选用因果图法。

其实静态测试和动态测试是天然互补的，为了得到更好的效果，必须要重复、交替地进行这两类测试。测试人员需要熟悉这些测试方法的特点和适用范围，针对不同的测试对象灵活应用。

7.2.3　面向对象的软件测试

面向对象技术在软件工程中的推广使用，使得传统的测试技术和方法受到了极大的冲击。对面向对象技术所引入的新特点，传统的测试技术已经无法有效地对面向对象软件进行测试。为了能够尽早地发现面向对象软件中可能存在的错误，人们建立了图 7-3 所示的面向对象软件测试模型。

面向对象的系统测试		
面向对象编程测试（单元测试、集成测试）		
面向对象设计的测试		
面向对象分析的测试	面向对象设计	面向对象编程
面向对象分析		

图 7-3　面向对象软件测试模型

（1）面向对象分析主要检查分析结果是否符合相应的面向对象分析方法的要求，是否可以满足软件需求。对于 UML 用例模型，首先确定每个用例中的参与者，根据他们的职责审查各个用例和它们的规格说明，检查在功能上是否已经覆盖了所有需求以及其他不符合之处。对于 UML 结构模型，针对类图中的类、关系、包、属性、操作等，检查在数据对象上不符合之处，还需要利用"走查"等方法，审查 UML 的由活动图、状态图、顺序图等组成的行为模型，检查在系统服务方面的不符合之处，以及是否能够保证各个用例的顺利完成。

（2）面向对象设计的测试与面向对象分析的测试没有明显的界限，因为设计结果都是分析结果的扩展和延伸，针对设计的测试除了对设计结果的测试之外，还要检查设计结果与分析结果的一致性，设计结果对编程的支持。

（3）面向对象的单元测试是针对面向对象程序的基本单元——类。面向对象的单元测试分两步走——测试与类相关的操作和测试类。操作级的测试主要关注那些功能单一、调用频繁的方法可能出现的不易发现的错误。面向对象编程的特性使得成员函数的测试不同于传统的函数或过程测试。例如，继承的操作可能需要重新测试，特别是在子类中继承过来的成员函数做了改动，或者成员函数调用了改动过的成员函数。值得注意的是，父类的测试用例不能照搬到子类。对于类的测试需要覆盖类中所有操作、类中所有属性的设置和访问、类的对象的所有可能的状态转换，所有状态转换的事件都要模拟到。

（4）面向对象的集成测试又叫交互测试，目的是确保对象的消息传递能够正确进行，可用3种方法进行：用例或基于场景的测试、基于线索的测试和对象交互测试。

① 用例或基于场景的测试描述了系统的使用模式，测试可以根据场景描述和对象簇指定，这种测试侧重于系统结构，首先测试那些几乎不使用服务器的独立类，再测试那些使用了独立类的下一层次的类，这样一层一层地持续下去，直到整个系统构造完成。

② 基于线索的测试把响应某一系统输入或事件所需的一组类的实例集成在一起，形成一条线索。每条线索将分别集成和测试。因为面向对象系统通常是事件驱动的，所以这是一个特别适合的测试形式。

③ 对象交互测试提出了集成测试的中间层概念，中间层给出叫作“方法-消息”路径的对象交互序列，输入事件+“方法-消息”+输出事件=“原子”系统功能。

集成测试能够检测出相对独立的单元测试无法检测出的那些类相互作用时才会产生的错误，关注的是系统结构和内部的相互作用。

面向对象的集成测试包括静态测试和动态测试。静态测试对程序的结构进行检查，检查是否符合设计要求、是否存在结构和实现上的缺陷、是否符合设计要求。动态测试在设计测试用例时，参考功能调用结构图、类关系图或实体关系图等确定不需要重复测试的部分，从而优化测试用例，减少测试工作量，使得进行的测试能够达到一定覆盖标准。例如，达到类所有的服务要求或服务提供的一定覆盖率；达到对所有消息驱动的线程的一定的覆盖率；达到类的所有状态的一定覆盖率；以及使用现有测试工具得到一定的代码执行覆盖率。

（5）面向对象系统测试是基于集成测试的最后阶段的测试，主要以用户需求为测试标准，检验整个软件系统是否符合需求。

7.3 系统转换

系统完成测试后，系统开发的实质性工作已经结束。接下来该进行系统的转换工作。

扫码看视频：

系统转换前的准备

7.3.1 系统转换前的准备

系统转换指的是系统开发完成之后新旧系统之间的转换，即终止旧系统的使用，新系统交付用户使用，把新系统的控制权交给最终用户。用户在试用新系统一段时间后，如果觉得符合自己的需求，则进行系统的验收。

在系统进行转换、投入试运行之前，必须预先做好大量的准备工作，如数据的整理与录入，文档的完善、用户的培训等，只有这样才能保证转换工作顺利进行。

1. 数据的整理与录入

系统切换工作中的一项十分艰巨的工作就是数据的整理与录入。数据整理就是按照新系统对数据要求的格式和内容统一进行收集、分类和编码。录入是将整理好的数据送入计算机内并保存为文件。若新系统是在手工管理基础上建立起来的，就要将手工处理的各类数据，如单证、报表、账册和卡片等按照新系统的规则进行分门别类，组织人力进行数据录入工作。此时还要特别注意对变动数据的控制，一定使它们在切换时保持最新的状态。因此数据的录入工作量庞大，要耗费大量的人力和时间等。若管理信息系统是在已有的计算机信息系统上开发的，就要通过合并、更新、转换等方法，将原系统的数据转换到新系统中来。这种转化工作同样耗费时间，特别当涉及数据库的改建或重组时。

2. 文档的完善

软件产品开发完毕后，要交给用户使用。而软件不仅是程序，还包含开发、使用和维护程序需要的所有文档，一个软件产品必须由一个完整的配置组成。总体规划、系统分析、系统设计、系统实施、系统测试等各阶段都有最终产品的一个或几个组成部分（这些组成部分通常以文档资料的形式存在），这些组成部分记录了开发过程的轨迹，是开发人员工作的依据，也是用户运行系统、维护系统的依据，因此文档资料必须符合一定的规范。在系统交付使用后，必须将整套文档资料准备齐全，形成正规的文件。

系统实施阶段的文档包括程序设计报告、系统调试报告和系统使用说明书。

3. 人员培训

系统转换后，要想发挥它应有的作用，就需要有人去操作，有人去管理和维护。这些人员通常来自现行系统，他们熟悉甚至精通旧系统，但对新系统不了解，从不了解到熟悉去操作需要一个培训过程，如果现行系统是人工处理过程，那原有人员可能还缺乏计算机处理的有关知识，这更需要培训。所以，为了保证新系统的顺利使用，必须提前培训有关人员。

大多数系统在系统调试的同时就应该开始进行以下各种水平的培训。

（1）操作培训

操作培训即对操作人员或数据录入员进行操作培训，使他们掌握系统操作规则和操作过程。操作人员是管理信息系统的直接使用者，因此他们是人员培训工作的重点。操作培训时，应向操作人员提供比较充分的时间。培训内容除了必要的计算机硬件、软件知识，以及键盘指法、汉字输入等训练以外，还有新系统的工作原理、使用方法、简单出错的处理等知识。

（2）使用培训

使用培训即对各层的管理人员进行使用培训，使他们能够灵活地使用系统提供的各项功能，实现信息的查询检索、利用系统提供的各类信息进行管理和决策。新系统能否顺利运行并获得预期目标，在很大程度上与各层管理人员有关。因此，可以通过讲座、报告会的形式，向他们说明新系统的目标、功能，说明系统的结构及运行过程，以及对企业组织机构、工作方式等产生的影响。对管理人员进行操作培训时，必须做到通俗、具体。

（3）系统技术培训

系统技术培训即对系统管理人员，如系统维护人员、数据库管理员、系统管理员等进行系统技术培训，使他们掌握各个技能，以保证整个系统的正常运行。系统管理人员，要具有一定的计算机硬件、软件知识，并对新系统的原理和维护知识有较深刻的理解。在较大的企业和部门中，系统管理人员一般由计算机中心和计算机室的计算机专业技术人员担任。

（4）信息管理规则培训

信息管理规则培训即对全体人员进行信息管理规则培训，把信息管理制度传达到每一个人。

总之，在系统转换前要充分做好各方面的组织、准备工作，为系统转换和运行奠定基础。

7.3.2 系统转换

系统进行转换通常有 3 种不同的切换方式，即直接转换方式、并行转换方式和逐步转换方式。

系统转换

1. 直接转换方式

直接转换方式采用的是"一刀切"的方法。在完成系统测试后且确认新系统没有问题的情况下，选定某一时刻终止旧系统的使用并开始启用新系统。这种方式最简单、省时省钱，但危险性较大。由于新系统没有试用过，没有真正担负过实际工作，因此在切换过程中，新系统一旦出现了事先预想不到的问题，就会无法正常工作。

直接转换的条件是：新系统要经过详细的测试和模拟运行，经过较长时间的考验，有一定的把握，或者不得不采用此种转换方式，否则一旦运行失败，旧的系统已被废弃，新的系统又不能正常工作，将会造成严重的后果。

直接转换适用于系统的处理过程不太复杂、数据不很重要的场合，对一些重要性比较高的系统不能采用此种转换方式。因此采用此种方式切换时，最好让旧系统暂时保持随时可以重新启动的状态，并且将切换时间选在系统业务量最小时。

2. 并行转换方式

并行转换方式是在旧系统停止使用之前就开始新系统的使用，新系统和旧系统并行工作一段时间，在确认新系统正常工作一段时间之后再终止旧系统的使用。采用并行转换方式不会因新系统出现问题而引起系统工作的中断。另外，新旧系统同时工作，可以随时进行比较，对新系统运行的正确性和效率给出恰当的评价。

并行转换的优点是：转换期间工作不间断，而且新旧系统可以互相对比、审核，可靠性强，风险小。新旧系统运行期间，还可以对用户继续进行培训，规范用户的行为、检查并改进新系统的功能，新系统运行的成功率较高。它唯一的缺点是费用高。因为新旧系统并存一段时间，各自运行完成相应的工作，因此需要双倍的人员、设备，以及双倍的费用。

并行转换适用于系统的处理过程较复杂，数据很重要，系统的安全性、可靠性要求较高的场合。一般情况下，银行、证券等金融行业及一些企业的核心系统经常采用并行转换的方式来使新旧系统能平稳过渡。

值得注意的是，当新旧两个系统在技术上不兼容，或者运行环境无法同时支持两个系统时，并行转换就不一定适合。此外，如果两个系统执行不同的功能或者新系统涉及旧系统没有的业务处理方式，并行转换也不一定适合。

3. 逐步转换方式

逐步转换方式，也称为分段转换方式，它是直接转换方式和并行转换方式两种方法的结合，其特点是新系统分阶段、逐步交付使用。

逐步转换方式避免了直接转换方式的危险性，能够保证整个系统运行的可靠，与并行转换相比，费用也相对较少。但是，采用这种方式转换时，一部分新系统和另一部分旧系统同时工作，这样就增加了新旧系统之间功能与数据的衔接问题，这些问题对进行系统设计和实现有一定的要求，必须事先充分考虑。此外，当新旧系统差别太大或新系统不容易被分成几个逻辑模块时，此种转换方式就不能实现。逐步转换方式一般在大型系统交付使用时采用，可以保证新旧系统的顺利转换，并降低转换的费用。

综上所述，3 种转换方式如表 7-1 所示，各有各的长处和短处，无论采取哪种转换方式，都既要保证各种业务能正常开展，又要保证有关数据能及时处理，新旧系统能平稳过渡，不对相关的数据处理产生很大影响。另外，系统运行时可能会出现一些局部性的问题，这是正常现象。系统工作人员对此应有足够的准备，并做好记录。若系统只出现局部性问题，说明系统是成功的；反之，如果出现致命的问题，则说明系统设计质量不好，整个系统甚至要重新设计。

表 7-1   3 种转换方式的比较

转换方式	特点	费用	安全系数	适合环境
直接转换方式	一刀切	低	低	处理过程不太复杂、数据不很重要的场合
并行转换方式	新旧系统并行工作	高	高	处理过程较复杂，数据很重要的场合
逐步转换方式	分阶段逐步交付	中	中	新旧系统差别不大或者容易分成几个逻辑模块

关键术语

复习思考题

1. **名词解释**

软件缺陷、软件测试、快速应用开发模型、系统测试、单元测试、集成测试、验收测试、V 模型、W 模型、白盒测试、黑盒测试

2. **填空题**

（1）根据被测程序是否需要运行，软件测试的方法可分为_____和_____。

（2）传统的静态测试包括_____、_____，以及由软件工具自动进行的静态分析。

（3）_____是把测试对象看作透明的盒子，针对软件产品内部逻辑结构进行的测试。

（4）_____是把测试对象看作无法获知内部情况的只知道外部接口功能的盒子，注重测试软件的功能性需求。

（5）系统进行转换、交付使用通常有 3 种不同的切换方式：_____、_____和_____。

（6）动态测试主要包括_____和_____。

3. **简答题**

（1）根据软件测试的定义，给出一个比较完整的软件测试概念描述。

（2）软件测试的对象包括哪些？

（3）什么是测试用例？

（4）软件测试应遵循哪些原则？

（5）简单描述软件测试的流程。

（6）软件测试根据是否运行程序可分为哪些方法？

（7）什么是黑盒测试？什么是白盒测试？它们的优缺点是什么？

（8）系统测试和集成测试有哪些区别？

第3部分
信息系统的管理

思维导图

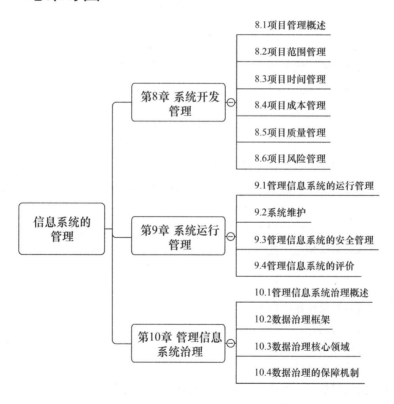

【学习目的】

掌握软件开发项目管理的基本原理和基本技能，能够界定项目的范围，制订项目计划，监督、执行项目计划，协调工作进度，在信息技术的支撑下有效地实现项目目标。

【本章要点】

- 项目管理的相关概念。
- 项目管理的过程。
- 项目干系人分析的方法。
- 项目范围管理的技术与方法。
- 项目时间管理的技术与方法。
- 项目成本管理的技术与方法。
- 项目质量管理的方法。
- 项目风险管理的方法。

8.1 项目管理概述

随着信息技术的飞速发展，软件项目的规模也越来越大，在大量的实践中，人们已经认识到仅仅采用常规的运作管理，很难达到项目的目标、保证项目的成功。正确的方法是组成专门的项目团队，将软件项目管理引入开发活动，对软件项目实行有效的管理。

8.1.1 项目管理的发展

现代项目管理出现在 20 世纪 50 年代。1957 年，美国的路易斯维化工厂由于生产过程的要求，每年都不得不安排时间，停下生产线进行全面检修，检修时间一般为 125 个小时。后来他们把检修流程精细分解，发现在整个检修过程中所经过的不同路线上的总时间是不一样的。缩短最长路线上工序的工期，就能够缩短整个检修的时间。他们经过反复优化，最后只用了 78 个小时就完成了检修，节省 38%的时间，当年产生效益超 100 万美元。这就是至今项目管理工作者还在应用的著名的时间管理技术"关键路径法"，简称 CPM。

扫码看视频：

看似应该成功的
项目为什么
失败了

就在"关键路径法"发明一年后，美国海军开始研制北极星导弹，当时美国有三分之一的科学家都参与了这项工作，管理这样一个项目的难度是可想而知了。项目组织者在关键路径法技术的基础上，为每个任务估计一个悲观的、一个乐观的和一个最可能的情况下的工期，用"三值加权"方法进行计划编排，最后只用了 4 年的时间就完成了预定 6 年完成的项目，节省了 33%以上的时间，这就是有名的 PERT 技术。

两项技术的显著成果说明项目管理对于项目的完成存在着极大的指导意义，这个发现吸引了不少从事项目管理的人们走到一起来共同探求其中的奥秘。1965 年，以欧洲国家为主的一些国家成立了一个组织——"国际项目管理协会"（International Project Management Association，IPMA）。1969 年，美国也成立了一个相同性质的组织，取名为"项目管理协会"（Project Management Institute，PMI）。这两个国际性项目管理组织大大地推动了项目管理的发展。

中国经济正在迅速发展，每年的项目投资多达万亿元，几乎含盖了经济、文化、科教、国防等所有重要领域，项目管理的应用迅速扩展到许多行业和领域，如银行、电信、医药、软件开发等。1991 年 6 月，中国项目管理委员会正式成立，促进了我国项目管理专业化和国际化的发展。

8.1.2　项目管理的相关概念

所谓项目，是为创造某种独特产品或服务所做的努力。有的项目会非常庞大，如三峡工程、登月计划；有的项目可能很小，只是准备一次考试、写一篇文章。但所有的项目，不论大小，都有这样一些特性：项目都有明确的目标，即满足特定的要求；项目具有唯一性；项目必须在一定时间内完成。

项目管理是以项目为对象的系统管理方法，通过一个临时性的、专门的柔性组织，对项目进行高效率的计划、组织、指导和控制，以实现项目全过程的动态管理和项目目标的综合协调与优化。项目管理有严格的时效限制、明确的阶段任务，在确定的期限内提供不完全确定的产品或者服务。

项目管理的本质就像其字面上所体现的一样，就是项目（过程）和管理（过程）相结合的产物。理论上讲，项目管理包含九大知识领域、五个阶段九大知识领域分别是项目范围管理、时间管理、成本管理、质量管理、风险管理、人员管理、采购管理、沟通管理和整体管理。五个阶段是项目启动过程、项目计划过程、项目执行过程、项目控制过程和项目结束过程。

8.1.3　项目管理的过程

项目管理过程就是根据项目目标制订项目计划，然后按照计划去执行，同时控制项目的进展，最终实现项目目标的过程。项目管理过程由 5 个阶段组成，各个阶段之间的关系如图 8-1 所示。

1. 项目启动阶段

项目启动阶段是识别和启动一个新项目的阶段。在这一阶段，开发方接到客户的需求建议书后，根据要求进行项目的识别，初步确定项目范围说明书，进行可行性研究。当确定开展项目后，任命项目经理并开始组建项目团队，制订项目章程，召开项目启动会，以及进行项目干系人分析。

图 8-1　项目阶段之间的关系

2. 项目计划阶段

项目计划阶段是为实现在启动过程时提出的目标而制订计划的阶段。这一阶段要编制各种基准计划，编制计划的主要目的是指导项目的具体实施。计划必须具有现实性和有效性，在计划编制过程中需要投入大量的时间和人力。

项目计划的详细和复杂程度与项目的规模、类型有密切关系，但计划编制工作的顺序基本相同，主要包括：项目范围的定义和工作分解、工作活动排序和时间进度计划、资源计划和成本预算。此外，还要制订质量计划、风险计划等。如果项目工作需要使用外部承包商和供应商，项目计划工作还要包括采购计划和编制合同。

3. 项目执行阶段

项目执行阶段是为完成项目计划中规定的工作，以达成项目目标而进行的工作阶段。这一阶段涉及协调人员和资源，完成项目活动。在执行中由于偏差通常会导致项目发生变更，需要修订项目计划。执行过程包括指导和管理项目执行、执行质量保证和质量控制、项目团队建设、项目信息发布等。

4. 项目控制阶段

项目控制阶段是监督项目执行情况、采取纠正措施控制项目执行的阶段。在此阶段，要定期监督和测量项目绩效，发现实际情况与项目计划之间的偏差，对引起变更的因素施加影响，并做到只有经过批准的变更才能进行实施。项目控制过程的工作主要包括：范围控制、进度控制、成本控制、质量控制、风险控制、绩效报告等。

5. 项目结束阶段

项目结束阶段是正式终止项目的工作阶段，是将完成的产品移交给用户或者取消项目的阶段。这一阶段的主要工作包括：全面检查项目工作和项目产出物，对照项目定义和项目计划，检查项目是否达到目标或要求的工作。当发现项目存在问题时，开展相应的整改工作，使项目最终达到目标和要求。最后，项目团队向客户进行移交。

8.1.4 项目的启动

项目开始的第 1 个阶段是项目启动阶段。为了避免出现项目的盲目上马，给项目后期的实施、维护和使用带来极大的风险，做好项目启动时的准备工作是十分必要的。这里主要介绍当确定开展项目后，组建项目团队、制订项目章程、召开项目启动会和项目干系人分析等内容。

1. 组建项目团队

项目团队是软件开发项目实施的主体，一个项目有一个项目经理，根据项目规模和工作需要，下设若干小组：系统分析设计组、系统开发组（可分为几个开发小组）、系统测试组、质量管理组、系统集成组、项目支持组等。

项目经理是项目团队的核心，是实现项目目标的责任人，对项目进行全面的管理。项目经理的基本职责是领导项目计划、组织项目实施和进行项目控制。通常项目经理要有以下权力：项目团队组建权、生产指挥权、项目财务权和技术决策权。

2. 制订项目章程

项目章程给出了项目的定义，实现了项目授权，确定了项目经理，确保项目经理对项目负责，分配项目经理权利。每个项目都应该有项目章程。

项目章程主要包括以下内容：项目的正式名称、项目发起人、项目经理、项目目标、项目主要业务、项目可交付成果、项目工作描述、基本时间安排、项目资源、预算、成员及供应商等。

项目章程在不同企业有不同的名称，内容也不完全相同。在我国，很多 IT 企业的项目开发任务书就是一种项目章程。

3. 召开项目启动会

项目启动会是项目开工的正式宣告，参会人员应该包括项目利益相关者中的关键角色，如双方管理层领导、项目经理、技术人员代表、客户代表、项目监理、供应商代表等。

在软件开发项目中，项目组需要跟用户的各个层面打交道，但现实往往是用户单位的员工根本不了解 IT 公司在给自己的企业做什么，因此有必要召开一个正式的项目会议，向双方员工传递项目相关信息，激发全体员工对项目的热情。

项目启动会的任务包括：阐述项目的背景、目标、意义；介绍项目交付物；介绍项目组织机构和主要成员职责；明确双方各个层次的接口；制订项目初步计划等。

4. 项目干系人分析

项目干系人（也称为项目利益相关者）是指与项目相关的人或组织。项目干系人的范围较大，项目组内部与外部的人员都会涉及，但需要重点关注以下角色。

- 客户。客户是提出项目需求的个人或组织，一般是指项目的采购方。
- 用户。用户是使用项目产品的人或组织。需要分析用户的改进意向、使用感受等。
- 项目实施组织。项目实施组织是指完成项目主要工作的组织，一般是IT公司。
- 项目经理。项目经理是项目的关键人物，对项目组内部来说他是领导者，承担着项目成败的主要责任；对项目组外部来说他是外交官，起着重要的协调作用。
- 项目组成员。项目组成员是让项目落到实处、分担项目任务的人员。项目的成功很大程度上取决于项目组成员的战斗力。

在项目启动阶段进行项目干系人分析是非常重要的。进行项目干系人分析要记录项目干系人的姓名、单位、在项目中扮演的角色等基本情况，还要分析各自的项目利益大小及对项目的影响程度，管理这些项目干系人关系的有关建议等。

（1）识别项目干系人

项目干系人分析需要先仔细识别项目的所有干系人。项目经理需要对项目干系人有一个全面的了解，在心中有一张完整的项目干系人结构图，以后无论是启动、计划、执行、问题处理还是收尾，都可以透过项目干系人来系统全局地思考问题。

（2）分析项目干系人的重要程度

在全部识别了项目干系人及其角色之后，项目经理要认识到他们的重要性是不一样的，他们在项目的不同阶段对项目目标达成的影响程度是有很大差别的。这一步要分析项目干系人对项目影响的程度情况，以便区别对待不同的项目干系人。有些干系人虽然显得并不重要，对推进项目也起不到什么实质性的作用，但项目经理也不能忽略他们的一些需求。他们一旦对项目起反作用，在一些重要干系人身边影响他们对项目的判断，后果也会比较严重。所以，项目经理在分析重要项目干系人的同时，一定也不要忽略一些不怎么重要的干系人可能的影响。

（3）分析项目干系人的支持度

项目干系人除了重要性不同之外，各干系人对项目的立场也有显著的不同。项目经理在拿到项目的时候，应该主动与销售人员进行详细沟通，事先弄清楚项目干系人对本项目的支持情况。

就一般项目而言，按支持度依次递减的顺序，干系人主要类别有首倡者、内部支持者、较积极者、参与者、无所谓者、不积极者、反对者。

此外，项目干系人的支持度并不是一成不变的，有时项目的内部支持者可能会因为各种原因在项目进行中逐渐演变成项目的反对者，也有些项目干系人前期是反对者，到后面却逐渐对项目进行支持。随着项目的推移，情况在不断变化，各干系人的支持度也必将发生变化。因此，项目经理需要动态地调整项目干系人支持度分析图，及时分析并修正各干系人的支持度，以便灵活应对项目的各种新变化。

（4）编制沟通计划

项目经理要分析项目干系人各自需要什么信息，在每个阶段要求的信息是否不同，信息传递的方式上有什么偏好。针对项目干系人的类别，项目经理需要制订相应的沟通计划，使项目中本来持支持态度的干系人继续保持支持的态度；使项目中持中立态度的人能够转而支持本项目；对于持反对态度的干系人，需要制订更有说服力的沟通计划，使他们支持本项目，至少不再持反对态度。沟通计划主要组成部分为：信息收集渠道、信息形式（报告、会议、通知等）、信息分发渠道、待分发信息的形式、信息发送的日程等。

8.2 项目范围管理

8.2.1 项目范围管理概述

项目范围是指产生项目产品所包括的所有工作及产生这些产品的过程，如需求调查、系统分析、系统设计、软件开发、软件测试等。项目范围管理是对项目包括什么工作的定义过程。项目范围管理的核心是：为了顺利完成项目而设计了一些工作，这些工作的目的是确保项目包括且仅包括所要求的工作。项目范围管理的主要过程如下。

扫码看视频：

项目范围管理

（1）启动。组织正式开始一个项目，通过调查、分析决定项目是否要做，并开始准备工作，如制订项目章程等。

（2）范围计划。制订项目范围说明和范围管理计划。项目范围说明用以衡量项目是否已经顺利完成，包括项目论证、项目产品简述、所有可交付成果综述等；范围管理计划包括如何管理项目范围、如何将变更纳入到项目范围之内。

（3）范围定义。将项目主要的可交付成果细分为较小的更易管理的部分，即建立项目工作分解结构（WBS）。

（4）范围核实。对项目范围的正式认定，项目用户和项目实施方正式接受可交付成果的定义。

（5）范围变更控制。对项目范围的变更实施控制，包括确定范围变更已经发生、对范围变更进行管理。

8.2.2 项目范围的定义与工作分解结构

定义详尽的项目范围对于项目成功是至关重要的。项目范围的定义是基于项目的主要可交付成果、限制条件、假设条件等，这些在项目范围说明书中已经进行了定义。随着项目信息的不断丰富，项目范围应该逐步细化，将工作分解为易于管理的部分，即进行项目范围定义。好的项目范围定义可以提高项目时间、成本以及所需资源估算的准确性，为项目实施绩效评测和进行项目控制提供基线，有助于弄清楚工作职责。项目范围定义的输出是项目的工作分解结构。

1. 工作分解结构

工作分解结构（Work Breakdown Structure, WBS）是面向可交付成果的层次型结构，是为方便管理而将项目范围分解成易于识别和管理的工作单元，这些工作单元构成了完整的项目范围。WBS对项目工作进行分解，随着 WBS 层次的降低，项目工作也越来越详细，最底层的 WBS 单元叫作工作包，是进行进度安排、成本估计和项目监控的基础。

WBS 可以采用清单形式表达分解结果，也可以采用图表形式表达。下面分别介绍。

（1）清单形式

将工作分解结构以清单的表述形式进行层层分解，如下例所示。

1　项目管理

  1.1　项目启动

    1.1.1　项目可行性研究

    1.1.2　项目章程编制

    1.1.3　项目启动会

    1.1.4　项目利益相关者分析

  1.2　项目计划

    1.2.1　项目范围

    1.2.2　项目进度

    1.2.3　项目成本

    1.2.4　项目质量

    1.2.5　项目风险

    1.2.6　项目采购

    1.2.7　整体管理

  1.3　项目执行

  1.4　项目收尾

2　系统分析

  ……

3　系统设计

  ……

4　系统实施

  ……

工作分解结构清单形式

（2）图表形式

利用图表表达工作分解结构的方式，如图8-2所示。

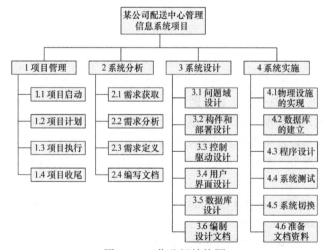

图8-2　工作分解结构图

2．工作任务分解方法

（1）分解标准

工作分解有多种标准，可以按子系统划分、按功能划分、按时间阶段划分、按专业划分、按子工程划分等。选择一种分解标准之后，在同一层次的分解过程中应该统一使用此标准，避免因使用不同标准而导致的混乱。

（2）分解过程

① 确认分解项目的主要组成要素。

② 确定分解标准，同一层次的采用相同的标准。

③ 进行工作分解，确认分解是否详细。

④ 确定项目交付成果。

⑤ 验证分解的正确性，建立编码。

（3）分解注意事项

项目 WBS 的层次由项目的复杂程度和规模大小决定，但最好不要超过 7 层。

WBS 最底层的单元叫工作包，是完成一项具体工作所要求的可确定的、可交付的工作任务。一个工作包最多不应超过 2 周的工作量，一般为 3～5 天的工作量。

WBS 中的每一项工作都要有编码，用来唯一确定其在 WBS 中的位置。

8.2.3 项目范围变更控制

项目范围的变化在项目变化中是最重要的变化之一，通过 WBS 详细界定的项目范围，确定了项目的工作边界，项目范围发生变化必然对项目的实现产生很大影响。

项目范围变更的原因是多方面的，包括：客户需求变更，要求增加产品功能；对项目的需求识别和表达不准确；项目设计不合理；技术问题导致设计方案修改；新技术、新方案出现；项目计划出现错误；另外还有商务变更、人员变更、法律法规变更等多方面的因素。以上原因都有可能导致项目工作的增加、减少或者改变，而产生项目范围变更。

在进行项目范围变更控制之前，应该清楚造成变更的影响因素，从而有效地进行项目范围变化的控制。

1. 需求变更控制

需求变更是导致项目范围变更的原因之一，是项目中常见的变更原因。需求变更的表现形式是多样的，如客户的业务发生改变、项目预算增加或减少等。需求变更分布在整个项目生命周期的全过程，并且是不可避免的，因此做好需求变更控制是至关重要的，在处理需求变更时有一套规范的流程。

拓展知识：

需求变更原因

在进行需求变更控制时，需要注意以下 3 点。

（1）设定项目需求基线。需求基线是需求变更的参照标准，每次的变更均应在需求基线的基础上进行。每次变更评审通过后要重新确定需求基线，使其符合需求变更后的状况。

（2）严格执行需求变更流程，并记录在变更过程中产生的所有文档。

（3）需求变更后，受影响的相关软件计划、产品、活动都要进行相应的变更，以保持和更新的需求一致。

2. 项目范围变更控制

项目范围变更控制是指为使项目向着有利于项目目标实现的方向发展而变动和调整某些方面因素而引起项目范围发生变化的过程。项目范围变更也是不可避免的，通常对发生的变更，需要识别是否在既定的项目范围之内。如果是在项目范围之内，那么就需要评估变更所造成的影响，以及应对的措施，受影响的各方都应该清楚自己所受的影响；如果变更是在项目范围之外，那么就需要商务人员与用户方进行谈判，看是否增加费用，还是放弃变更。

项目范围变更控制的任务是：对造成范围变更的因素施加影响，以保证变更得到各方的同意；

判断范围变更确已发生；在实际变更发生时对其进行管理。

在变更控制机制中，一般会包括一个变更控制委员会（Change Control Board，CCB），这个委员会由项目用户方和开发方的决策人员组成，裁定是否批准范围变更，以及是否批准变更所需的时间、工作量和经费。

项目范围变更控制需要提供工作任务分解、提供项目实施进展报告、提出变更请求、项目管理计划，在此前提条件下才能正式地进入项目范围变更控制阶段。为了很好地执行范围变更控制，必须建立有效的范围变更流程，如下所示。

（1）提交变更请求：项目经理提交变更请求，放置到变更控制委员会（CCB）审核队列中。

（2）审核变更请求：在 CCB 会议中对变更请求的内容进行初始审核，以确定它是否为有效请求。如果是，则基于小组所确定的优先级、时间表、资源、努力程度、风险、严重性以及其他任何相关的标准，判定该变更是在当前发布版的范围之内还是范围之外。如果怀疑某个变更请求为重复的请求或已拒绝的无效请求（例如，由于操作失误等引发的请求），将指定一个 CCB 代表来确认重复或已拒绝的变更请求。如果需要，该代表还要从提交者处收集更多信息。

（3）更新变更请求：如果评估变更请求时需要更多的信息，或者如果变更请求在流程中的某个时刻遭到拒绝，那么将通知提交者，并用新信息更新变更请求。然后将已更新的变更请求重新提交给 CCB 复审队列，以考虑新的数据。

（4）安排和分配工作：一旦变更请求被置为已打开，项目经理就将根据请求的类型把工作分配给合适的角色，并对项目时间表做必要的更新。

（5）进行变更：指定的角色执行在流程的有关部分中指定的活动集，以进行所请求的变更。这些活动将包括常规开发流程中所述的所有常规复审活动和单元测试活动。然后，将变更请求标记为已解决。

（6）核实测试工作版本中的变更：指定的角色解决变更后，将变更放置在要分配给测试员的测试队列中，并在产品工作版本中加以核实。

（7）核实发布工作版本中的变更：已确定的变更一旦在产品的测试工作版本中得到核实，就将变更请求放置在发布队列中，以便在产品的发布工作版本中予以核实、生成发布说明等，然后关闭该变更请求。

拓展知识：

范围变更注意事项

在项目执行的过程中，应通过项目范围变更控制合理地调整项目范围，纠正项目中出现的偏差现象，并获得新的项目基准，使项目中的变更尽可能地往对项目有利的方向发展。

8.3 项目时间管理

项目时间管理又称进度管理，是指为保证项目各项工作及项目总任务按时完成所需要的一系列的工作与过程。项目时间管理包括 5 个阶段：活动定义、活动排序、活动历时估算、编制进度计划、进度控制。

扫码看视频：

项目时间管理

8.3.1 活动定义

活动定义用于描述项目中必须进行的具体工作。活动定义将项目 WBS 分解为更小、更易管理的活动，这些活动应该是能够保障完成交付产品的、可实施的详细任务。活动定义是编制进度计划和进度控制的基础。

活动定义的输入包括：工作分解结构、范围叙述、历史资料、约束因素、假设前提。

活动定义的输出包括：活动清单、详细说明、更新了的工作分解结构。

8.3.2　活动排序

活动排序是通过识别项目活动清单中各项活动相互间的关联与依赖关系，并在此基础上对项目各项活动的先后顺序进行合理安排的管理工作。

1. 活动关系表示方法

单代号网络图：以节点表示活动，箭头表示活动之间的逻辑关系。如图 8-3 所示。

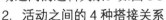

图 8-3　单代号网络图

2. 活动之间的 4 种搭接关系

（1）结束—开始（FS）

任务 A 完成后任务 B 才能开始。

（2）结束—结束（FF）

只有在任务 A 完成后任务 B 才能完成。

（3）开始—开始（SS）

只有在任务 A 开始后任务 B 才能开始。

（4）开始—结束（SF）

只有在任务 A 开始后任务 B 才能完成。

这 4 种搭接关系如图 8-4 所示。

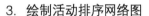

图 8-4　4 种活动搭接关系示意图

3. 绘制活动排序网络图

在完成活动排序后，通过网络图的形式展示出来，可以更加直观清晰。

（1）项目分解：明确项目工作的名称、范围和内容。

（2）工作关系分析：分析确定工作之间的逻辑顺序关系，形成项目活动一览表，如表 8-1 所示。

表 8-1　　　　　　　　　　　　　　　项目活动一览表

活动	紧前活动	工时估计（天）
活动 1	—	3
活动 2	1	7
活动 3	2	2
活动 4	2	2
活动 5	4	2
活动 6	5	2
活动 7	3，6	1
活动 8	7	3
活动 9	8	3

（3）编制网络图：依据一览表和网络图原理绘制网络图，如图 8-5 所示。

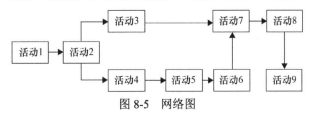

图 8-5　网络图

编制网络图时需注意以下几个问题。

- 只有1个开始和1个结束节点（同时开始或同时结束时应设置虚拟开始或结束活动节点）。
- 注意方向，不存在循环回路（避免逻辑关系混乱，致使顺序无法判断）。
- 1个节点上不能同时出现2项活动。
- 不存在无箭头线和双箭头线。
- 不存在无节点的箭头线。
- 注意编号次序（不可相同，一般依先后顺序）。

8.3.3 活动历时估算

项目活动历时估算是指对已确定的项目活动的完成时间进行估算的工作，它是项目进度计划的基础工作，直接关系到整个项目所需的总时间。完成一项活动所需的时间，不仅取决于活动本身的难度和数量，还受外部诸多因素的影响限制，如项目资源、项目的约束前提、假设条件等。

活动历时估算主要依据的数据基础包括：活动的清单、项目约束前提和假设条件、资源数量、资源能力、历时信息等。

历时估算的主要方法如下。

（1）专家判断：由专家根据经验和知识来进行活动历时的判断，具有一定的风险和不确定性。

（2）类比估计：根据以前类似项目的实际历时来估计当前项目活动的时间。

（3）单一时间估计法：对每个项目活动估计一个最有可能的实现时间，适用于关键路径（CPM）网络。

（4）3个时间估计法：对一个项目活动，估计3个可能的时间，即乐观、最可能和悲观的时间，三者加权，综合计算，得到活动的平均历时。

8.3.4 编制进度计划

编制进度计划需要使用先前项目时间管理过程的结果来确定项目中各项活动开始和结束的日期，在项目进度计划最终确定之前，所有时间管理过程都可能需要反复进行。

编制进度计划将用到甘特图、关键路径法等工具。

1. 甘特图

甘特图是表示项目各阶段任务开始时间与结束时间的图形，它把活动计划和时间安排组织在一起。甘特图可以很方便地进行项目计划编制和控制，简单易用，容易理解，因此被广泛应用到项目管理中。

甘特图用水平线段表示阶段任务；线段的起点和终点分别对应任务的开始时间和结束时间；线段的长度表示完成任务所需要的时间，如图8-6所示。

图8-6所示是用Project软件编制的一个IT项目的甘特图。图中的黑色菱形表示里程碑，里程碑是项目中关键的事件。对非常大的项目而言，高级项目经理可能只想在甘特图上看到里程碑，而Project软件可以过滤甘特图上显示的信息，可以只显示特定的任务，如里程碑。

2. 关键路径法

关键路径法（Critical Path Method, CPM）是一种运用特定的、有顺序的网络逻辑估算出项目活动工期，确定每项活动的最早与最晚开始和结束时间，并做出项目工期网络计划的方法。项目网络图中最长的活动路径称为"关键路径"。

活动时间的计算公式如下。

（1）活动最早开始时间（ES）= 所有前序活动的EF中的最晚时间

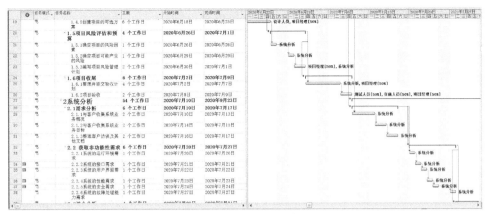

图 8-6　某 IT 项目甘特图

（2）活动最早结束时间（EF）＝ES ＋ 本活动工时估算

（3）活动最迟开始时间（LS）＝LF － 本活动工时估算

（4）活动最迟结束时间（LF）＝ 所有后续活动的 LS 中的最早时间

通过正推法可计算出最早开始时间、最早结束时间。正推法从网络计划的起点节点开始，顺着箭线方向依次进行时间计算。

通过倒推法可计算出最迟结束时间、最迟开始时间。倒推法从网络计划的终点节点开始，逆着箭线方向依次进行时间计算。

【例 8-1】假设某个项目规定的完成时间是 23 天，图 8-7 所示为附有各种活动时间的网络图。根据正推法，可以算出各个活动的最早开始时间和最早结束时间；根据倒推法，可以得到各个活动的最迟结束时间和最迟开始时间。

分析关键路径的方法：确定项目各活动的最早、最迟开始和结束时间，计算时差，作为该活动的重要程度的参考。最早、最迟时间的差额即为机动时间，机动时间为零或负数的活动就是关键活动。所谓关键路径，就是从开始到终止的所有路径中，活动工期相加最大的那些路径。

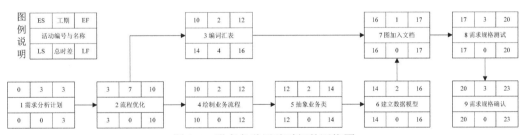

图 8-7　附有各种活动时间的网络图

在图 8-7 所示案例中，从活动 1 至活动 9 有两条路径，分别是：

路径 1：1-2-3-7-8-9，活动工期相加为 19 天；

路径 2：1-2-4-5-6-7-8-9，活动工期相加为 23 天。

所以，路径 2 就是关键路径。

需要注意的是，一个项目的关键路径可能不止一条。

在不影响整个项目结束时间的前提下，活动允许调整的时间称为总时差。

- 总时差 ＝ 最迟开始时间 LS － 最早开始时间 ES

　　　　＝ 最迟结束时间 LF － 最早结束时间 EF

显然，总时差为零或者小于零的活动就是关键活动；时差最小（等于零或者小于零）的任务组成路径是关键路径。这种通过计算总时差来确定关键活动、关键路径的方法是最常用的方法。

上例中，各项活动的总时差标注位置见图中图例说明。

只有减少关键路径中的工期，才能减少整个项目的工期。总时差可以帮助我们分析每一个工作相对时间紧迫程度。当一个任务的总时差大于零时，即最早开始时间早于最迟开始时间，说明时间存在富余；当总时差等于零时，说明时间没有富余；当总时差小于零时，说明已经存在延误。总时差可以作为资源调配的重要参考依据，以便将紧缺资源集中到关键活动上去。

8.3.5 进度控制

进度控制是指持续收集项目进展数据，掌握项目计划的实际实施情况，将实际情况与进度计划进行对比，分析差距和造成差距的原因，必要时采取有效的纠正或预防措施，使项目按照进度计划进行。

1. IT项目进度控制的依据

（1）项目进度计划文件：是项目进度控制的最根本依据，它提供了度量项目实施绩效和报告项目进度计划执行情况的基准和依据。

（2）项目工期计划实施情况报告：提供了项目活动完成与未完成的情况报告。

（3）项目变更请求：是对项目计划任务提出改动的要求，这也是项目进度控制的主要依据之一。

（4）项目进度管理的计划安排：规定了应对项目进度计划变动的措施和管理安排，包括资源安排、应急措施安排等。

2. 进度控制的流程

项目进度控制的流程如图8-8所示。

3. 项目进度调整的方法

当发现项目实际情况与项目计划有较大差距时，需要采取相应的纠正措施。调整进度的方案可以有多种，应根据实际情况择优选择。基本的调整方案有以下几种。

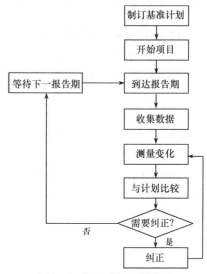

图 8-8　项目进度控制流程

（1）赶工：是指利用休息时间继续进行项目工作。赶工一般将增加项目费用。

（2）改变活动的逻辑关系：通过改变关键路径上活动间的先后顺序及并行关系来实现缩短工期的方法。

（3）增减工作任务：由于编制计划时考虑不周，或因某些原因需要增加或取消某些工作，而重新调整进度计划。

（4）重新编制计划：当采用其他方法仍不能奏效时，将剩余工作重新安排，编制进度计划，使其满足工期要求的方法。

8.4 项目成本管理

项目成本是指因为项目而发生的各种资源耗费的货币体现。项目成本管理是指为保障项目实际发生的成本不超过项目预算，使项目在批准的预算内按时、按质、经济高效地完成既定目标而开展的成本管理活动。成本管理的过程包括：项目资源计划、项目成本估算、项目成本预算和项目成本控制。

8.4.1 项目资源计划

资源可理解为一切具有现实和潜在价值的东西，包括完成项目必须要消耗的劳动力（人力资源）、材料、设备、资金等有形资源，同时还可能需要消耗其他一些无形资源。而且由于存在资源约束，项目耗用资源的质量、数量、均衡状况对项目的工期、成本有着不可估量的影响。项目资源是完成项目所必需的各种实际投入。编制项目资源计划就是确定完成项目活动所需各种资源的种类和数量的过程。

1. 项目资源计划的主要依据

编制项目资源计划是在识别项目的资源需求，确定项目资源种类、数量和时间的基础上，制订项目资源供应计划的活动。编制项目资源计划的依据主要包括：工作分解结构 WBS、项目进度计划、历史资料、资源库描述（对项目拥有的资源存量的说明）、组织策略（项目实施组织的企业文化、项目组织的组织结构、项目组织获得资源的方式和手段体现了项目高层在资源使用方面的策略，可以影响人员招聘、物资和设备的租赁或采购，对如何使用资源起重要作用）。

2. 项目资源计划的编制步骤

（1）资源需求分析

该分析通过分析 WBS 中的每一项任务，确定所需项目资源的种类，根据有关项目领域中的消耗定额或经验数据，确定资源需求的数量及质量。一般可以按照以下步骤进行：工作量计算，确定实施方案，估计人员需求量，估计设备、材料需求量，确定资源的使用时间。

（2）资源供给分析

分析项目资源的可获得性、获得的难易程度以及获得的渠道和方式，可分别从内部获得、外部获得两个方面进行分析。

（3）资源成本比较与资源组合

确定需要哪些资源和如何得到这些资源后，要比较这些资源的使用成本，从而确定资源的组合模式（即各种资源所占比例与组合方式）。完成同样的工作，不同的资源组合模式的成本可能会有较大的差异。要根据实际情况，考虑成本、进度等要求，来确定适合的资源组合方式。

（4）资源分配与计划编制

资源分配是一个系统过程，既要保证各个任务得到适合的资源，又要努力实现资源总量最少、所有资源得到充分利用、使用负荷平衡。在合理分配资源的基础上，编制项目资源计划。在软件项目中，人力资源是最主要的资源，其他资源相对比较简单，因此可以用人力资源需求表作为资源计划的主要内容。表 8-2 所示为某软件项目的人力资源需求表。

表 8-2　　　　　　　　　　　某软件项目的人力资源需求表

任务名称	人力资源名称	工作量（人月）	资源数量（人）	工期（月）
项目管理	项目经理	10	1	10
系统分析	系统分析师	4	2	2
系统总体设计	系统架构师	4	2	2
系统详细设计	系统设计师	6	3	2
软件编码	程序员	60	15	4
系统测试	测试工程师	6	3	2
文档编写	文档编辑	2	2	1
合计		92	28	

8.4.2 项目成本估算

项目成本估算是根据项目资源计划及各种资源的价格信息，粗略地估计和确定项目各项任务的成本以及项目总成本的活动。

1. 项目成本估算的主要依据

项目成本估算的主要依据包括：工作分解结构 WBS、项目资源计划、资源单位价格、同类项目历史信息等。

2. 项目成本估算的方法

（1）自上而下的估算（又称类比估算）

自上而下的估算实际上是以项目成本总体为估算对象，在收集中上层管理人员的经验和以往类似项目历史数据的基础上，将成本从 WBS 的上部向下部依次分配、传递，直至最底层。自上而下的估算通常在项目的初期或信息不足时进行，只确定了初步的工作分解结构，分解层次少，估算精度较差。

自上而下估算法的优点是该方法通常比其他方法简便易行，费用低；这种方法的局限性在于很多时候没有类似项目的成本数据，因为项目的独特性和一次性使多数项目之间不具备可比性。

（2）自下而上的估算

自下而上的估算是先估算各个工作包的费用，然后自下而上地将各个估算结果汇总，算出项目的费用总和。采用这种方法的前提是确定了详细的 WBS。该方法大量的工作是在中下层进行的，并逐层向上传递。每项工作的实行者进行他所负责部分的成本估算，而不是不熟悉该工作的人去做，所以估算的专业性、合理性和准确性都会大大提高。但同时也存在着某些员工过分夸大项目活动所需资源数量的风险，因此需要管理者正确判断估算结果的可靠性，并从全局的角度进行适当的调整。

自下而上的估算方法能做出较准确的估算，但估算过程本身要花费较多的费用。

（3）自上而下和自下而上相结合的估算

自上而下和自下而上相结合的估算是针对项目的某一个或几个重要的子项目进行详细具体的分解，从该子项目的最低分解层次开始估算费用，并自下而上汇总，得到该子项目的成本估算值；之后，以该子项目的估算值为依据，估算与其同层次的其他子项目的费用；最后，汇总各子项目的费用，得到项目总的成本估算。

3. 项目成本估算的结果

（1）项目成本估算文件

项目成本估算文件对完成项目所需费用的估计和计划安排，对完成项目活动所需资源、资源成本和数量进行概略或详细的说明。这包括对于项目所需人员、设备和其他成本估算的全面描述和说明。另外，这一文件还要全面说明和描述项目的不可预见费用等内容。

（2）细节说明文件

细节说明文件是对项目成本估算的依据和考虑细节的说明文件，主要包括以下内容。

① 项目范围的描述。

② 项目成本估算的基础和依据文件。包括制订项目成本估算的各种依据性文件，各种成本计算或估算的方法说明，以及参照的各种国家规定等。

③ 项目成本估算各种假定条件的说明文件。包括在项目成本估算中所假定的各种项目实施的效率、项目所需资源的价格水平、项目资源消耗的定额估计等假设条件的说明。

④ 项目成本估算可能出现的变动范围的说明。

（3）变更请求

成本估算过程可能产生影响成本管理计划、活动资源要求和项目管理计划的其他组成部分的变更请求，变更请求要通过变更控制流程进行评估和审查。

（4）项目成本管理计划（更新）

如果批准的变更请求影响成本的管理，则应该更新项目管理计划中的项目成本管理计划。

8.4.3 项目成本预算

项目成本预算是在项目成本估算的基础上，更精确地估算项目总成本，并将其分摊到项目的各项具体活动上，为项目成本控制制订基准计划的活动。项目成本预算的主要依据有：成本估算、工作分解结构、项目进度计划等。

1. 项目成本预算的步骤

（1）分摊总预算成本

分摊总预算成本到各成本要素中去，再分到 WBS 中的工作包，为每一个工作包建立预算成本。示例如图 8-9 所示。

（2）制订累计预算成本

为每一个工作包建立了预算成本后，还要把总预算成本分配到各任务的工期中去，每期的成本是根据组成该阶段的各个任务进度确定的。把每一任务的预算成本分摊到工期的各个时间区间，就能确定在这一时间内的预算。

【例 8-2】对于某软件需求分析项目，表 8-3 所示为该项目部分预算成本表。该项目总预算是 1.2 万元，预计工期为 20 天。为了监控成本，需要把每项任务的费用按天分摊。预算累计量就是从项目启动到报告期之间所有预算成本的求和。从表 8-3 中可以看出，本项目到第 12 天的累计量是 7 500 元。

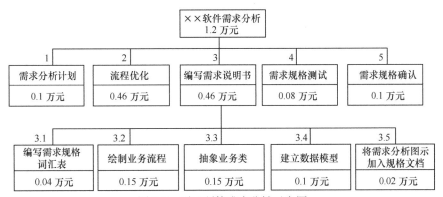

图 8-9　项目预算成本分摊示意图

表 8-3　　　　　　　　　　　项目每天分摊预算与预算累计表

活动	天													小计（千元）
	1	2	3	4	5	6	7	8	9	10	11	12	...	
1.需求分析计划	0.3	0.3	0.4											1
2.流程优化				0.8	0.8	0.9	0.7	0.7	0.7					4.6
3.需求词汇表										0.4				0.4
4.绘制业务流程											0.8	0.7		1.5
……														
预算累计	0.3	0.6	1	1.8	2.6	3.5	4.2	4.9	5.6	6	6.8	7.5		7.5

2．成本预算的输出

（1）成本基准计划

成本基准计划也叫成本基线，是用来度量与监测项目成本绩效的按时间分段预算。将按时段分摊的成本累加，即可得到成本基线。

（2）项目管理计划（更新）

成本预算过程可能涉及成本基准计划的修改，成本基准计划属于项目管理计划的一部分，其变更应该通过变更控制来处理。

8.4.4　项目成本控制

项目的成本控制是指在项目实施过程中，根据项目实际发生的成本情况，修正初始的成本预算，尽量使项目的实际成本控制在预算范围内的各种工作。

成本控制的内容包括：监控成本预算执行情况以确定与计划的偏差，对造成费用基准变更的因素施加影响；确认所有发生的变化都被准确记录在费用线上；避免不正确的、不合适的或者无效的变更反映在费用线上；确保合理变更请求获得同意，当变更发生时，管理这些实际的变更；保证潜在的费用超支不超过授权的项目阶段成本和项目成本总预算。

1．成本控制的依据

（1）项目成本基准计划：是按时间分段的项目成本预算，是度量和监控项目实施过程中项目成本费用支出的最基本的依据。

（2）项目执行报告：提供项目范围、进度、成本、质量等信息，它反映了项目预算的实际执行情况。

（3）项目变更申请：不可预见的各种情况要求在项目实施过程中重新对项目的费用做出新的估算和修改，形成项目变更请求。

（4）项目成本管理计划：确定了当项目实际成本与计划成本发生差异时如何进行管理，是对整个成本控制过程的有序安排，是项目成本控制的有力保证。

2．项目成本控制的工具

（1）成本变更控制系统

成本变更控制系统是项目成本控制的程序性方法，通过建立项目成本变更控制体系，对项目成本进行控制。该系统主要包括3个部分：成本变更申请、批准成本变更申请和变更项目成本预算。提出成本变更申请的人可以是项目业主（客户）、项目管理者、项目经理等所有项目干系人。提出的项目成本变更申请交给项目经理或其他项目成本管理人员，这些管理者根据严格的项目成本变更控制流程，对变更申请进行一系列的评估，以确定该项变更所导致的成本代价和时间代价，再将分析结果报告给项目业主（客户），由他们最终判断是否接受这些代价，核准变更申请。变更申请被批准后，需要对相关工作的成本预算进行调整，同时对成本基准计划进行相应的修改。最后，注意成本变更控制系统与其他变更控制系统相协调，成本变更的结果与其他变更结果相协调。

（2）挣值分析法

挣值分析法是一种综合的绩效度量技术，既可用于评估项目成本变化的大小及程度，又可用于对项目进度进行评估，帮助项目管理团队评估项目绩效。挣值分析法的独特之处在于其以预算和费用来衡量工程的进度、绩效。

① 挣值分析法的3个基本参数如下。

●　计划值/计划工作量的预算费用（The Planned Value/Budgeted Cost for Work Scheduled, PV/BCWS）：是指某阶段计划要求完成的工作量所需的预算工时值（或费用）。

- 实际成本/已完成工作量的实际费用（Actual Cost/Actual Cost for Work Performed，AC/ACWP）：是指某阶段完成的工作量实际所消耗的工时值（或费用）。AC主要反映项目执行的实际消耗成本。
- 挣值/已完成工作量的预算成本（Earned Value/Budgeted Cost for Work Performed，EV/BCWP）：是指某阶段实际完成工作量按预算定额计算出来的工时值（或费用）。

② 挣值分析法的 4 个评价指标如下。

- 成本偏差（Cost Variance，CV）：挣值与实际费用之间的差异。

计算公式为：CV = EV–AC。

CV>0，表明项目实施处于成本节省状态；CV<0，表明项目实施处于成本超支状态。

- 进度偏差（Schedule Variance，SV）：挣值与计划费用之间的差异。

计算公式为：SV = EV–PV。

SV>0，表明项目实施超过计划进度；SV<0，表明项目实施落后于计划进度。

CV 和 SV 可以转化为效率指数，反映项目的成本绩效与进度绩效。

- 成本绩效指数（Cost Performance Index，CPI）：挣值与实际费用值之比（或工时值之比）。

计算公式为：CPI = EV / AC。

CPI>1，表示成本节余，实际费用少于预算费用，资金使用效率较高；CPI<1，表示成本超支，实际费用多于预算费用，资金使用效率较低。

- 进度绩效指数（Schedule Performance Index，SPI）：项目挣值与计划值之比。

计算公式为：SPI = EV / PV。

SPI>1，表示进度提前，即实际进度比计划进度快，进度效率高；SPI<1，表示进度延误，即实际进度比计划进度慢，进度效率低。

图 8-10 所示是某项目各项指标之间的关系。

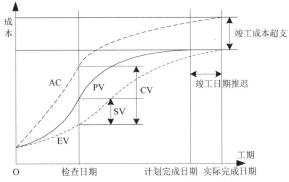

图 8-10　挣值分析法各项指标示意图

（3）预测技术

如果按照目前的进度和费用情况继续进行下去，预测完工时的费用是多少。完工估算（EAC）是根据项目绩效对项目总成本进行的预测，根据假设条件的不同，主要有下述 3 种不同形式。

- EAC = AC + BAC–EV。目前的偏差是一种特例，项目团队认为将来不会发生类似的偏差，常采用这种方法。（BAC为总预算。）
- EAC = AC +(BAC–EV)/ CPI = AC×(BAC / EV)。目前的偏差是一种典型情况，将来会发生和目前相同比例的偏差。
- EAC = AC + ETC。如果项目实施情况表明原来的成本预算假定彻底过时了，或者由于条件的变化使原来的预算不再适合，需要重新进行计算项目预算，对所有剩余工作进行新的估算（即完工尚需估算ETC）。

【例8-3】项目成本分析案例：某项目的预算总成本为100万元，到检查日期为止，任务的完成百分比为40%，实际支出的成本为60万元，项目计划中原定支出的成本为50万元。请评价项目的进度和成本状况。

任务预算总成本为100万元，即BAC＝100。

任务完成40%时的计划成本为40万元，即EV＝40。

到检查日期为止，项目计划原定支出的成本为50万元，即PV＝50。

任务实际支出的成本为60万元，即AC＝60。

- 成本偏差 CV＝EV-AC＝40-60＝-20
- 进度偏差 SV＝EV-PV＝40-50＝-10
- 成本绩效指数 CPI＝EV / AC＝40 / 60＝66.7%
- 进度绩效指数 SPI＝EV / PV＝40 / 50＝80%

从以上计算结果可知如下情况。

项目成本状况是：CV小于零，说明项目成本超支了。CPI<100%，说明成本超支，而且66.7%偏离100%较大，说明超支情况非常严重。

项目进度状况是：SV小于零，说明实际进度落后于原定计划。SPI<100%，说明进度落后于计划，情况比较严重。

假设按照目前的情况做完项目，则有如下情况。

完工估算 EAC＝AC×(BCA / EV)＝60×(100 / 40)＝150

完工尚需估算 ETC＝EAC-AC＝150-60＝90

表明如果按照目前的情况做完项目，还需要投入90万元。

3. 成本控制的输出

成本控制的输出是实施项目成本控制后项目所发生的变化，包括成本估算更新、成本预算更新、纠正措施、变更请求等。

扫码看视频：

挣值分析法应用
举例

拓展知识：

成本控制输出的
内容

8.5 项目质量管理

质量是"反映实体满足明确和隐含的需求的能力和特性的程度"，软件质量是"软件与明确的和隐含的定义的需求相一致的程度"。换言之，软件质量是软件符合明确叙述的功能和性能需求、文档中明确描述的开发标准，以及所有专业开发的软件都应具有的隐含特征的程度。

项目质量管理是指为确保项目质量目标而开展的项目管理活动，其根本目的是保障最终交付的项目成果符合质量要求。质量管理包括3个主要阶段：质量计划、质量保证、质量控制。

- 质量计划：确定哪些质量标准适用于该项目，并决定如何达到这些标准。
- 质量保证：定期评审总体项目绩效，以树立项目能够达到有关质量标准的信心。
- 质量控制：监控具体项目的执行结果，以确定它们是否符合有关的质量标准，并制定适当措施来消除导致项目绩效不令人满意的原因。

扫码看视频：

项目质量管理

拓展知识：

影响软件质量的
主要因素

8.5.1　项目质量计划

IT 项目质量计划就是要将与项目有关的质量标准标识出来，并提出如何达到这些质量标准和要求的设想。

拓展知识：

质量计划参考
模板

在编制质量计划时，主要的依据为：质量方针、范围描述、产品描述、标准和规则。

质量计划要说明项目管理小组如何具体执行其质量策略，应该满足下列要求。

（1）确定应达到的质量目标和所有特性要求。

（2）确定质量活动和质量控制程序。

（3）确定项目不同阶段中的职责、权限、交流方式和资源分配。

（4）确定采用控制的手段、合适的验证手段和方法。

（5）确定和准备质量活动计划。

编制项目质量计划要根据项目的具体情况来决定采取的计划形式，没有统一的格式。

8.5.2　项目质量保证

质量保证的含义是为提供项目能满足质量要求的适当可信赖程度，在质量体系内所实施的并按需要进行证实的全部有策划的和系统的活动。

拓展知识：

质量保证的思想
理念

1．IT 项目质量保证的思想

质量保证的基本思想是强调对用户负责，其思路是为了确立项目的质量能满足规定的质量要求，必须提供相应的证据。因此，项目组织必须开展有计划、系统的质量活动。

2．质量保证体系

质量体系是指为实施质量管理所需要的项目组织结构、职责、程序、过程和资源。用于内部管理的质量体系称为质量管理体系，用于需方对供方提出外部证明要求的质量体系称为质量保证体系。质量保证体系是质量管理体系派生的。

拓展知识：

影响产品质量的
因素

质量保证体系的总体要求如下。

（1）识别质量保证体系所需的过程及其在组织中的作用。

（2）确定这些过程的顺序和相互的作用。

（3）确定为确保这些过程的有效动作和控制所需要的准则和方法。

（4）确保可以获得必要的资源和信息，以支持这些过程的运作。

（5）监视、测量和分析这些过程。

（6）实施必要的措施，以实现对这些过程所策划的结果和对这些过程的持续改进。

3．软件项目质量保证活动

（1）与软件质量保证（Software Quality Assurance，SQA）计划直接相关的工作。根据项目计划制订与其对应的 SQA 计划，定义各阶段的检查重点，标识检查、审计的工作产品对象，以及在每个阶段 SQA 的输出产品。编写完 SQA 计划后要组织对 SQA 计划的评审，并形成评审报告，把通过评审的 SQA 计划发送给项目经理、项目开发人员和所有相关人员。

（2）参与项目的阶段性评审和审计。在 SQA 计划中通常已经根据项目计划定义了与项目阶段对应的阶段检查，包括参加项目在本阶段的评审和对其阶段产品的审计。对于阶段产品的审计通常是检查其阶段产品是否按计划、按规程输出并且内容完整。SQA 组对阶段产品内容的正确性一般不负责检查，对于内容的正确性通常由评审来完成。SQA 组参与评审是从保证评审过程有效性方面入手，如参与评审的人是否具备一定资格、规定的人员是否都参加了评审、评审对象的每个部分是否都进行了评审并给出了明确的结论等。

（3）对项目日常活动与规程的符合性进行检查。这是 SQA 组的日常工作活动。如果只是参与阶段性的检查和审计很难及时反映项目组的工作过程，所以 SQA 组也要在 2 个里程碑之间设置若干小的跟踪点，来监督项目的进行情况，以便能及时反映项目中存在的问题，并对其进行跟踪。

（4）对配置管理工作的检查和审计。对项目过程中的配置管理工作是否按照项目最初制定的配置管理计划进行监督，包括配置管理人员是否定期进行该方面的工作，是否所有人得到的都是开发过程产品的有效版本等。

（5）跟踪问题的解决情况。对于评审中发现的问题和项目日常工作中发现的问题，SQA 组要进行跟踪，直至解决。对于在项目组内可以解决的问题就在项目组内部解决，对于在项目组内部无法解决的问题，或是在项目组中催促多次也没有得到解决的问题，可以利用其独立汇报的渠道报告给高层经理。

（6）收集新方法。SQA 组有机会接触很多项目组，对于项目组在开发管理过程中的优点和缺点都能准确地获得第一手资料，在 SQA 组的活动中与其他 SQA 小组共享。

8.5.3　项目质量控制

质量控制是确定项目结果是否与质量标准相符，同时确定不符合质量标准的原因和消除方法，控制产品的质量，及时纠正缺陷的过程。

1. 常见 IT 项目质量问题

（1）违背 IT 项目规律。如未经可行性论证、不做调查分析就启动项目；任意修改设计；不按技术要求实施；不经过必要的测试、检验和验收就交付使用等。

（2）技术方案本身的缺陷。系统整体方案本身有缺陷，不能有效地保证项目目标的实现。

（3）基本部件不合格。选购的软件组件、中间件、硬件设备等不稳定、不合格，造成整个系统都不能正常运行。

（4）实施中的管理问题。许多软件项目质量问题往往是由于技术人员技术水平、敬业精神、工作责任心不足及管理疏忽等原因造成的。

2. 质量控制分类

按照项目实施的进度可以将项目质量控制分为 3 种：事前质量控制、事中质量控制、事后质量控制。

（1）事前质量控制是指项目正式实施前进行的质量控制。其具体工作内容包括：审查开发组织的技术资源，选择合适的项目承包组织；对所需要的资源质量进行检查与控制；审查技术方案，保证项目质量具有可靠的技术措施；协助开发组织完善质量保证体系和质量管理制度。

（2）事中质量控制是指项目正式实施过程中进行的质量控制。其具体工作内容包括：协助开发组织完善和实施控制，把影响产品质量的因素都纳入管理状态；严格交接检查，对关键阶段和里程碑应有合适的验收方法；对完成的分项应按相应的质量评分标准和方法进行检查、验收并按合同或需求规格说明书行使质量监督权；组织定期或不定期的评审会议，及时分析、通报项目质量状况，并协调有关组织间的业务活动等。

（3）事后质量控制是指在完成项目过程、形成产品后的质量控制。其具体工作内容包括：按规定的质量评价标准和办法，组织单元测试和功能测试，并进行可能的检查和验收；组织系统测试和集成测试；审核开发组织的质量检验报告以及有关技术性文档；整理有关的项目质量的技术文件，并编号、建档。

3. 软件项目质量控制活动

质量控制的任务是策划可行的质量管理活动，然后正确地执行和控制这些活动以保证绝大多数的缺陷可以在开发过程中被发现。软件项目质量控制的主要方法有：技术评审、代码走查、代码会审、软件测试、缺陷跟踪。

（1）技术评审

技术评审的主体一般是产品开发中的一些设计产品，主要的评审对象有软件需求规格说明书、软件设计方案、测试计划、用户手册、维护手册、系统开发规程、产品发布说明等。

技术评审流程如下：召开评审会议；技术人员对提交的评审对象进行讲解；评审小组可以对技术人员进行提问，提出建议和要求，也可以与技术人员展开讨论；会议结束时做出以下决策之一：接受、拒绝接受、暂时接受但需要对某一部分进行修改；对所提出的问题都要进行记录，并完成评审报告。

（2）代码走查

代码走查是由审查人员读代码，然后对照标准进行检查。进行代码走查的第 1 个目的是通过人工模拟执行源程序的过程，检查软件设计的正确性。第 2 个目的是检查程序书写的规范性，以及程序的可理解性。

（3）代码会审

代码会审是由一组人通过阅读、讨论和争议对程序进行静态分析的过程。会审小组在充分阅读待审程序文本、控制流程图及有关要求和规范等文件的基础上，召开代码会审会，程序员逐句讲解程序的逻辑，并展开讨论甚至争议，以揭示错误的关键所在。实践表明，程序员在讲解过程中能发现自己原来没有发现的错误，讨论和争议则进一步促使问题暴露。

（4）软件测试

软件测试所处的阶段不同，测试的目的和方法也不同。单元测试可以测试单个模块是否按其详细设计说明运行，它测试的是程序逻辑。集成测试是测试系统各部分的接口及在实际环境中运行的正确性，保证系统功能之间接口与总体设计的一致性，而且满足异常条件下所要求的性能级别。系统测试是检验系统作为一个整体是否按其需求规格说明正确运行，验证系统整体的运行情况。验收测试是在客户的参与下检验系统是否满足客户的所有需求，尤其是在功能和使用的方便性上。

（5）缺陷跟踪

缺陷跟踪是指从缺陷发现开始，一直到缺陷改正为止的全过程。缺陷跟踪要一个缺陷、一个缺陷地加以追踪，也要在统计的水平上进行，包括未改正的缺陷总数、已经改正的缺陷百分比、改正一个缺陷的平均时间等。缺陷跟踪是最终消灭缺陷的一种非常有效的手段，一般采用工具软件来实现。

8.6 项目风险管理

风险是在一定条件下和一定时期内可能发生的各种结果的变化程度。风险管理是指在项目进行过程中不断对风险进行识别、评估和监控的过程，其目的是减少风险对项目的不利影响。风险管理用来处理项目中的各种不确定性。软件项目风险管理包括风险识别、风险分析、风险管理计划和风险监控 4 个过程。

扫码看视频：

项目风险管理

8.6.1 项目风险识别

对项目进行风险管理，首先必须对可能存在的风险进行识别，即查明项目中的不确定因素，便于制定规避和降低风险的计划。如果不能准确地辨明所面临的各种风险，就会失去处理这些风险的机会，使风险管理的职能得不到正常的发挥。

1. 风险识别过程

风险识别是确定何种风险可能会对项目产生影响，并将这些风险的特征形成文档。由于在项目的进行中很可能再发现新的风险，所以风险识别是一个不断重复的过程。风险识别过程包括的主要步骤如下。

（1）风险识别输入：项目章程、项目范围说明书、项目管理计划、历时项目数据、项目资源和要求等。

（2）标识风险：通过分析和因素分解，把复杂的事物分解为一系列要素，并找出这些要素对于事物的影响、风险。标识风险主要工作内容包括如下几个方面：识别并确定项目中有哪些潜在的风险；识别引起这些风险的主要影响因素；识别项目风险可能引起的后果。

（3）风险识别输出：风险列表，包括风险描述、风险征兆或警告信号、风险的根本原因、风险可能引起的后果等。

2. 风险识别的工具和技术

（1）检查表法

识别 IT 项目风险最常用的方法是建立风险检查表。风险检查表中列出了项目中常见的风险，通过一组提问来帮助管理人员和技术人员了解项目中存在哪些可能的风险。项目相关人员通过核对风险检查表，判断哪些风险会出现在项目中；可根据项目经验对风险检查表进行修订和补充；该方法可以使管理者集中识别常见类型的风险。

拓展知识：

风险检查表

使用检查表法进行风险识别的优点是快速而简单，可以用来对照项目的实际情况，逐项排查，从而帮助识别风险。但由于每个项目都有其特殊性，检查表法很难做到全面周到。

风险检查表中的风险条目通常与以下几个方面相关：项目规模、项目范围、商业影响、客户特性、管理水平、技术要求、开发环境、人员数目及其经验等，其中每一项都包含很多风险条目。

（2）德尔菲方法

德尔菲方法又称专家调查法，本质上是一种匿名反馈的函询法。它起源于 20 世纪 40 年代末，最初由美国兰德公司应用于技术预测。把需要做风险识别的软件项目的情况分别匿名征求若干专家的意见，然后把这些意见进行综合、归纳和统计，再反馈给各位专家，再次征求意见。这样反复经过四轮至五轮，逐步使专家意见趋向一致，作为最后预测和识别风险的依据。

（3）头脑风暴法

头脑风暴（Brain Storm）法简单来说就是团队的全体成员自由地提出自己的主张和想法，它是解决问题时常用的一种方法。利用头脑风暴法识别项目风险时，要将项目主要参与人员代表召集到一起，然后使他们利用自己对项目不同部分的认识，识别项目可能出现的问题。一个有益的做法是询问不同人员所担心的内容。

（4）情景分析法

情景分析法是通过对项目未来的某个状态或某种情况（情景）的详细描述，并分析所描绘情景中的风险与风险要素，从而识别项目风险的一种方法。其适用于：分析和识别项目风险的后果、分析和识别项目风险波及的范围、检验项目风险识别的结果、研究某些关键因素对项目风险的影响。

3. 风险识别结果

风险识别之后要把结果整理出来，形成书面文件，为风险管理的其他步骤做好准备。风险识别主要形成以下 4 个方面的结果。

（1）已识别的项目风险：由一个因素产生的风险事件发生的可能性、可能的结果范围、预期发生的时间、一个风险因素所产生的风险事件的发生频率。

（2）可能潜在的项目风险：指一些独立的风险事件，如自然灾害、特殊团队成员辞职等。可能潜在的项目风险与已识别项目风险不同，它们是尚没有迹象表明将会发生，但是人们可以想象得到的一种主观判断的项目风险。

（3）项目风险的征兆：指那些指示项目风险发展变化的现象或标识，又被称作项目风险触发器。例如，项目团队士气低落可能会导致绩效低下，从而可能出现项目工期拖延的风险，所以士气低落是项目工期风险的征兆。

（4）对项目管理其他方面的要求：在风险识别过程中可能会发现项目管理其他方面的问题需要完善和改进，应该在风险识别结果中表现出来，并向有关人员提出要求，让其进一步完善或改进工作。

风险识别结果的整理，要完成以下工作：根据风险点，列出风险识别表；根据风险事件，对风险进行分类；根据风险将要发生的症状，描述风险触发点；根据风险识别阶段的结果，提出对各个相关阶段工作的改进要求。

8.6.2 项目风险分析

风险分析是在风险识别的基础上，对项目可能出现的风险事件进行分析，以确定风险事件发生的概率和可能影响项目的后果。风险分析需要详细检查风险的过程，确定风险的范围、重要程度以及风险彼此如何关联。通过风险分析，可制定有效的决策。

1. 风险分析的主要工作

（1）项目风险可能性的度量

风险分析的第 1 项任务是分析和估计项目风险发生的概率，即项目风险可能性的大小。风险的可能性越大，对它的控制就应该越严格。在项目风险的实际评估中，通常把风险划分为低风险、中等风险和高风险 3 个级别。

低风险是指风险发生的可能性相当低，其起因也无关紧要，一般只需要用正常的方式对其加以监控，而不需要采取其他的专门措施来处理该类风险。

中等风险是指对系统的技术性能、费用或进度将产生较大影响的风险。这类风险发生的可能性比较大，需要对其进行严密监控。

高风险是指发生的可能性很大，其后果将对工程项目有极大影响的风险。这种风险只能在单纯的研究工作、初步设计或项目研制的方案阶段才允许存在，对一个进入工程实施阶段的项目则是不允许的。

（2）项目风险影响范围的度量

风险分析的第 2 项任务是分析和评估项目风险影响的范围，即风险事件可能影响项目哪些方面的工作。如果一个项目风险的发生会影响项目的许多工作，则需要对它进行严格的控制，防止它搅乱整个项目工作活动。

（3）项目风险发生时间的度量

风险分析的第 3 项任务是分析和估计项目风险发生的时间，即项目风险可能在项目的哪个阶段和什么时间发生。越先发生的风险越应优先控制，后面发生的风险可以通过监视其各种征兆，做进一步的识别和度量。

（4）项目风险后果的度量

风险分析的第 4 项任务是分析和估计项目风险的后果，即项目风险可能带来的损失大小。这是项目风险分析中一项非常重要的工作，因为即使一个项目风险发生的概率不大，但如果它一旦发生则后果十分严重，那么对它的控制也需要十分严格，否则会给整个项目造成严重的影响。后果评估标准的示例如表 8-4 所示。

表 8-4　　　　　　　　　　　　项目风险后果评估标准

影响程度	成本	进度示例	技术目标
低	低于 1%	比原计划落后 1 周	对性能稍有影响
中	1% ~ 5%	比原计划落后 2 周	对性能有一定的影响
高	5% ~ 10%	比原计划落后 1 个月	对性能有严重影响
严重	10%以上	比原计划落后 1 个月以上	无法完成任务

在项目风险分析的过程中，人们需要克服各种认识上的偏见，包括主观臆断、思想僵化、缺少概率分析的能力等。

2. 风险分析的方法

风险分析的方法很多，一般采用定性风险估计和定量风险分析等方法。定性风险估计是评估风险发生的可能性和影响的过程；定量风险分析是量化分析每一风险发生的概率和对项目造成的影响。定性风险估计一般采用历史资料、概率分布法、风险后果估计法等来进行评估；定量风险分析方法有敏感性分析、概率分析和决策树分析等。

将风险发生的概率等级和风险后果影响的等级编制成矩阵，并赋予一定的权值，可形成风险评估指数矩阵。表 8-5 所示为一种风险评估定性等级矩阵的示例。

表 8-5　　　　　　　　　　　　风险评估定性等级矩阵

概率等级 ＼ 影响等级	Ⅰ（灾难性）	Ⅱ（严重）	Ⅲ（轻度）	Ⅳ（轻微）
A（极高）	1	3	7	13
B（高）	2	5	9	16
C（中）	4	6	7	18
D（低）	8	10	14	19
E（极低）	12	15	17	20

3. 风险分析的结果

在绝大多数情况下，一个项目会有许多种风险，我们要根据风险分析的结果确定它们的优先顺序。项目风险发生的可能性、风险影响严重程度等都会影响风险优先顺序的安排，基本原则是风险影响严重、发生可能性高、发生时间早的优先。已经识别的所有项目风险都应该按照这种原则确定优先顺序，如表 8-6 所示。

表 8-6　　　　　　　　　　　　风险分析结果清单

风险	类别	概率	影响	排序
用户变更需求	产品规模	80%	5	1
规模估算可能非常低	产品规模	60%	5	2
人员流动	人员数目及经验	60%	4	3
最终用户抵制该计划	商业影响	50%	4	4
交付期限将被紧缩	商业影响	50%	3	5
用户数量大大超出计划	产品规模	30%	4	6
技术达不到预期的效果	技术情况	30%	2	7
缺少对工具的培训	开发环境	40%	1	8
人员缺乏经验	人员数目及人员经验	10%	3	9

8.6.3 项目风险管理计划

项目风险管理计划是项目风险监控工作的计划安排，它包括：对于风险识别和风险分析的结果描述、对于项目风险控制责任的分配和说明、对于如何更新项目风险识别和风险分析结果的说明、项目风险管理计划的实施说明，以及项目预备资金如何分配和使用的说明等。项目风险管理计划是整个项目计划的一个部分。表 8-7 所示是某软件开发项目的风险管理计划（部分）。

表 8-7　　　　　　　　　　　某软件开发项目的风险管理计划（部分）

项目过程	风险识别		风险分析				风险应对措施		
	潜在的风险事件	风险发生的后果	可能性	严重性	不可控性	风险级别	应急措施	预防措施	责任人
系统分析	客户的需求不明确	客户不认可软件或拒绝付款	5	8	7	280	按照客户要求修改	事先进行需求评审	
	项目范围定义不清楚	项目没完没了	6	9	4	216	按照客户要求变更	事先定义清楚并获得客户的确认	

8.6.4 项目风险监控

随着项目的开展，风险监控活动也开始进行。项目风险监控是要跟踪风险，识别剩余风险和新出现的风险，修改风险管理计划，保证风险计划的实施，并评估风险的效果，从而保证风险管理能达到预期的目标。

项目风险监控的内容主要包括：持续开展项目风险的识别与度量、监控项目潜在风险的发展、追踪项目风险发生的征兆、采取各种风险防范措施、应对和处理发生的风险事件、消除和缩小项目风险事件的后果、管理和使用项目不可预见费用、实施项目风险管理计划等。

项目风险控制的依据主要有：项目风险管理计划、实际项目风险发展变化情况、附加的风险识别和分析、项目评审。

1. 项目风险监控方案

（1）建立项目风险事件控制体制。

（2）确定要控制的具体项目风险。

（3）确定项目风险的控制责任。

（4）确定项目风险控制的行动时间。

（5）制订各具体项目风险的控制方案。

（6）实施具体项目风险控制方案。

（7）跟踪具体项目风险的控制结果。

（8）判断项目风险是否已经消除。

2. 风险监控的输出

（1）随机应变措施：消除风险事件时所采取的未事先计划的应对措施。这些措施应有效地进行记录，并融入项目的风险应对计划。

（2）纠正行动：实施已计划的风险应对措施（包括实施应急计划和附加应对计划）。

（3）变更请求：实施应急计划经常导致对风险做出反应的项目计划变更请求。

（4）修改风险应对计划：当预期的分析风险发生或未发生时，当风险控制的实施削减或未削减风险的影响时，必须重新对风险进行评估，对风险事件发生的可能性和影响以及风险管理计划的其他方面做出修改，以保证重要风险得到恰当控制。

关键术语

复习思考题

1. 简述项目管理的过程。

2. 怎样进行项目干系人分析？

3. 什么是项目范围？怎样进行项目的 WBS 分解？

4. 项目时间管理包括哪些过程？

5. 调整项目进度可以从哪些方面考虑？

6. 编制项目资源计划的依据是什么？

7. 项目成本估算和成本预算各有什么用途？

8. 如何用挣值分析法控制项目的成本和进度？

9. 简述软件项目的质量计划包括哪些内容。

10. 项目质量保证与项目质量控制有哪些区别和联系。

11. 简述项目风险计划包括哪些内容。

【学习目的】

了解如何进行管理信息系统的运行管理、维护管理、安全管理和系统评价，掌握管理信息系统运行期间的各种管理工作的要点。

【本章要点】

- 系统运行管理的组织机构和日常管理工作。
- 系统维护工作的内容和步骤。
- 系统安全的内容与策略。
- 管理信息系统评价的主要内容与评价指标体系。

9.1 管理信息系统的运行管理

管理信息系统运行阶段管理工作的目的和要求与开发阶段有很大的区别。开发阶段要求经济地、按质按时地开发系统，而运行管理的目的是使管理信息系统在其生命周期内保持良好的可运行状态，保证其功能的发挥。管理信息系统的运行管理就是围绕这一目的开展的。

扫码看视频：

管理信息系统的
运行管理

9.1.1 运行管理的组织与制度

管理信息系统开发成功只是完成了任务的一部分，更为重要的是系统投入运行后，如何确保系统正常运转，并为组织决策提供信息服务。为此必须从机构、人员、制度等方面加强管理和控制。

1. 系统运行的组织机构

有效地组织好管理信息系统运行对提高系统的运行效率是十分重要的，系统运行组织的建立与管理信息系统在企业中的地位分不开。随着人们认识的提高，管理信息系统在企业中的地位也逐步提高。目前，国内企业组织中负责系统运行的大多是信息中心、计算中心、信息处等信息管理职能部门。图9-1所示是一个典型的信息中心的组织结构。

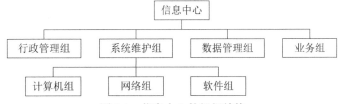

图 9-1　信息中心的组织结构

该结构的特点是信息中心在推广管理信息系统应用和管理方面能代表组织行使职权，是组织管理信息系统管理的权威部门，它负责管理信息系统的修改与维护，为系统的正常运行保驾护航，并对系统的运行结果进行评价、分析，以确认系统是否需要重新开发。

2．人员的配置与职责

（1）人员管理是管理信息系统运行成败的关键

由于管理信息系统本身是运用先进的技术为管理工作服务，因此，其工作必然要涉及多方面的、具有不同知识水平及技术背景的人员。这些人员在系统中各负其责、互相配合，共同实现系统的功能。而这些人员能否发挥各自的作用，他们之间能否互相配合、协调一致是系统成败的关键之一。系统主管人员的责任就在于对他们进行科学的组织与管理。如果系统主管人员不善于进行这样的组织及管理工作，就谈不上实现信息管理的现代化和科学化。在这种情况下，整个系统的运行就会出现混乱。人员管理的好坏是系统发挥作用的关键，没有好的人员管理与分工协作，就不能有效管理，这种人机系统的整体优化将是一句空话。

（2）人员管理的内容

① 明确地规定其任务及职权范围。尽可能确切地规定各类人员在各项业务活动中应负的责任、应做的事情、办事的方式、工作的程序，要有明确的授权。

② 对于每个岗位的工作要定期的检查及评价。为此，对每种工作要有一定的评价指标。这些指标应该尽可能有定量的尺度，以便检查与比较。并且，这些指标应该有客观的衡量办法，要真正按这些标准去衡量各类工作人员的工作，即必须有检查和评价。

③ 在工作中对工作人员进行培训。使工作人员的工作能力不断提高，工作质量不断改善，从而提高整个系统的效率。

（3）人员的责任及其绩效评价原则

① 系统主管人员的责任是：组织各方面人员协调一致地完成系统所担负的信息处理任务、掌握系统的全局，保证系统结构的完整，确定系统改善或扩充的方向，并按此方向组织系统的修改及扩充工作。其工作的评价应与整个应用系统在管理中发挥的作用及其效益关联。

② 数据收集人员的责任是：及时、准确、完整地收集各类数据，并通过所要求的途径把它们送到专职工作人员手中。数据收集的准确、完整、及时目标，则是评价他们工作的主要指标。

③ 数据校验人员（或称数据控制人员）的责任是：保证送到录入人员手中的数据从逻辑上讲是正确的，即保证进入信息系统的数据正确地反映客观事实。在系统内部发现不正确数据的数量及比例目标，是衡量校验人员业务水平的主要指标。

④ 数据录入人员的任务是：把数据准确地输入计算机。录入的速度及差错率目标是他们工作的主要衡量指标。

⑤ 硬件和软件操作人员的任务是：按照系统规定的工作规程进行日常的运行管理。系统硬件和软件安全正常运行目标是衡量他们工作的最主要的指标。

⑥ 程序员的任务是：在系统主管人员的组织之下，完成系统的修改和扩充，为满足使用者的临时需求，编写所需要的程序。编写程序的速度和质量目标是衡量他们工作情况的指标。

（4）管理信息系统管理人员的学习培训

在系统管理中，针对有关人员的培训工作是不可缺少的。长远来看，这种工作将使系统具有不断发展、不断完善的巨大潜力。无论是管理人员还是对计算机技术人员，都必须把学习、培训和提高专业素质及业务能力作为自己工作的不可缺少的部分。管理信息系统的主管人员，应该鼓励并组织各类人员学习技术进行知识更新。创造条件使他们能够在完成日常工作的同时，在业务知识和工作能力上不断有所进步。各类人员的业务学习，无疑应该围绕工作的需要来进行。

3．系统运行的管理制度

系统运行的管理制度是确保系统运行并充分发挥其效用的必要条件，包含运行机制和保障措施。为了保证系统正确、安全地运行，除了遵守我国的法律、法规，如《中华人民共和国计算机信息网络国际联网管理暂行规定》《计算机信息网络国际联网安全保护管理办法》和《中华人民共和国计算机信息系统安全保护条例》，还要建立企业自身的相关制度，通常它应该包括以下几项。

（1）基础数据管理制度：涉及数据收集和统计渠道的管理，计量手段和计量方法的管理，原始数据管理，系统内部各种运行文件、历史文件的归档管理等。

（2）运行管理制度：涉及各类人员的构成、各自职责、主要任务，系统操作规程，系统安全保密，系统修改，系统定期维护，系统运行状态记录和日志归档等。

（3）机房管理制度：涉及系统维护人员、操作人员及值班人员的义务、权限、任务和责任；信息系统日常运作记录，包括值班日记、系统故障及排除故障日记；机房设备安全管理和维护，应急情况的方案等。

（4）技术档案管理制度：涉及管理信息系统硬件、软件手册和使用说明的保管，系统开发文档的保管，系统维护和二次开发的技术资料的规范及管理，技术资料的购买、使用和保管。

9.1.2 日常运行管理

管理信息系统运行管理的目标就是对管理信息系统的运行进行实时控制，记录其运行状态，进行必要的修改与扩充，以便使系统真正符合管理决策的需要，为管理决策者服务。缺乏科学的组织与管理，管理信息系统将无法自动地为管理工作提供高质量的信息服务，而且系统本身也会陷入混乱。

1. 收集数据

数据是管理信息系统进行信息处理的原料，数据收集是否准确、完整、及时，直接关系到系统的输出结果是否正确、及时。人们常用"进去的是垃圾，出来的也是垃圾"来形容由于原始数据不准确而产生错误信息的现象。没有准确、完整、及时的数据，系统的处理能力再强，也不能获得有用的信息。

拓展知识：

数据收集工作注意事项

数据收集包括数据采集、数据校验和数据录入 3 个方面。

2. 例行的信息处理和信息服务

例行的信息处理和信息服务是按照系统研制中规定的各项规程，由软件操作人员定期或不定期地运行某些程序，如数据更新、统计分析、报表生成、数据的复制与保存、与外界的数据交流等。这些工作是在系统已有的各种资源的基础上，直接向领导、管理人员及使用者提供信息服务。这些工作的规程应该是在系统研制中已经详细规定好的，操作人员也应经过严格的培训，清楚地了解各项操作规则，了解各种情况的处理方法。组织操作人员完成这些例行的信息处理及信息服务工作，是系统主管人员又一项经常性任务。

拓展知识：

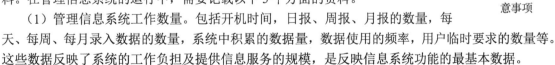

系统运行记录注意事项

3. 系统运行情况的记录

系统运行情况的资料对系统管理、评价来说是十分重要且十分宝贵的。管理信息系统的主管人员应该从系统运行的一开始就注意积累系统运行情况的详细资料。在管理信息系统的运行中，需要记载以下 5 个方面的资料。

（1）管理信息系统工作数量。包括开机时间，日报、周报、月报的数量，每天、每周、每月录入数据的数量，系统中积累的数据量，数据使用的频率，用户临时要求的数量等。这些数据反映了系统的工作负担及提供信息服务的规模，是反映信息系统功能的最基本数据。

（2）管理信息系统的效率。即系统为了完成所规定的工作，占用了多少人力、物力及时间。如完成一次年度报表的编制，用了多长时间、多少人力。又如，使用者提出一个临时的查询要求，系统花了多长时间才给出所要的数据。此外，还有系统在日常运行中，例行的操作所占用的人力是多少，消耗性材料的使用情况如何等。任何新技术的采用，都应考虑经济效益，否则是不可能得到广泛应用的。

（3）系统提供信息服务的质量。信息服务和其他服务一样，应保质保量。如果一个管理信息系统生成的报表，并不是管理工作所需要的，那么这样的报表生成得再多、再快也毫无意义。同样，使用者对于提供的方式是否满意、所提供信息的精确程度是否符合要求、信息提供得是否及时、临时提出的信息需求能否得到满足等，也都在信息服务的质量评价范围之内。

（4）系统的维护修改情况。系统中的数据、软件和硬件对应有更新、维护和检修的工作规程。这些工作都要有详细的及时的记载，包括维护工作的内容、情况、时间、执行人员等。这不仅是为了保证系统的安全和正常运行，也有利于系统的评价及进一步扩充。

（5）系统的故障情况。无论大小故障，都应该及时地记录以下这些情况：故障发生时间、现象、发生时的工作环境、处理方法、处理结果、处理人员、善后措施、原因分析。需要注意的是，我们所说的故障不限于计算机本身的故障，而是对整个信息系统来说的。例如，由于数据收集不及时，年度报表的生成未能按期完成，这是整个信息系统的故障，但并不是计算机的故障。同样，收集来的原始数据有错，这也不是计算机的故障。这些错误的类型、数量等统计数据是非常有用的资料，其中包含了许多有价值的信息，对整个系统的扩充与发展具有重要的意义。

9.2 | 系统维护

系统维护是指在信息系统交付使用后，为了改正错误或满足新的需要而修改系统的过程。在系统运行期间，对系统进行的各种变更，便构成了维护阶段的任务。这些工作的好坏将直接影响系统的使用寿命。

扫码看视频：

系统维护

9.2.1 维护工作中常见的问题

一个系统的质量高低与系统的分析、设计有很大关系，也与系统的维护有很大关系。在维护工作中常见的绝大多数问题，都可归因于系统开发方法有缺点。在系统生命周期的前两个时期没有严格而又科学的管理和规划，必然会导致在最后阶段出现问题。

拓展知识：

维护工作中的常见问题

9.2.2 衡量系统维护的指标

系统是否能被很好地维护，可用系统的可维护性这一指标来衡量。可维护性是指维护人员理解、改动和改进这个系统的难易程度。提高可维护性是开发信息系统所有步骤的关键目标，决定软件可维护性的质量属性主要有以下几个。

（1）可理解性。可理解性是指人们通过阅读源代码和相关文档，了解程序功能、结构、接口和内部过程的容易程度。一个可理解的程序主要应该具备模块化、结构化、风格一致化（代码风格与设计风格一致）、易识别化（使用有意义的数据名和过程名），以及文档完整化等一些特性。

（2）可测试性。可测试性是指论证程序正确性的容易程度。程序复杂度越低，论证其正确性就越容易。测试用例设计得合适与否，与对程序的理解程度有关。因此，一个可测试的程序应当是可理解的、可靠的和简单的。

（3）可修改性。可修改性是指程序容易修改的程度。一个可修改的程序应当是可理解的、通用的、灵活的和简单的。其中通用是指程序适用于各种功能变化而无须修改。灵活是指能够容易地对程序进行修改。

（4）软件文档。文档是软件可维护性的决定因素。由于长期使用的信息系统在使用过程中必然经历多次修改，因此，文档比程序代码更重要。

上述可维护性诸因素之间是有密切联系的。事实上，维护人员不可能正确地修改一个他还不理解的程序。如果不进行完善的诊断和测试，一个看似正确的修改有可能导致其他错误的产生。在实际应用中，也可通过某些其他指标来间接地对系统的可维护性进行定量描述。例如，识别问题的时间、管理上的延迟时间、维护工具的收集时间、分析和诊断问题的时间、修改时间、调试时间、复查时间、恢复时间等。为了从根本上提高软件的可维护性，可以通过直接维护系统分析文档和设计文档来维护软件。

9.2.3　系统维护的内容和类型

在维护阶段，要求进行维护的情况很多，归纳起来有 3 类维护需求。

（1）在特定的使用条件下暴露的一些潜在的程序错误和设计缺陷，需要改正。

（2）系统经用户和数据处理人员使用一段时间后，有改进现有功能或增加新功能，或改善总体性能的一些需求。为了满足这些变更要求，需要修改软件把这些要求纳入软件产品。

（3）在系统使用过程中数据环境发生变化。例如，一个事务处理的数据发生改变、处理环境发生变化、安装了新的硬件或操作系统，需要修改软件以适应相应的环境变化。

根据维护活动的目的不同、维护活动的具体内容不同，系统维护可分为软件维护、代码维护、数据维护和设备维护这 4 类。下面分别对维护类型和内容做简要说明。

1．软件维护

软件维护指改写一部分或全部程序。修改后的原程序，必须在程序首部的序言性注释语句中进行说明，指出修改的日期、人员。同时，必须填写程序修改登记表，填写内容包括所修改程序的所属子系统名、程序名、修改理由、修改内容、修改人、批准人和修改日期等。软件维护不一定在发现错误或条件发生改变时才进行，效率不高的程序和规模太大的程序也应不断地设法予以改进。软件维护分成改正性维护、适应性维护、完善性维护和预防性维护 4 种类型。

（1）改正性维护。系统测试一般不可能发现一个大型系统中所有潜藏的错误，所以，在信息系统运行期间，用户难免会发现程序中的错误，这就需要对错误进行诊断和改正。

（2）适应性维护。计算机科学技术迅速发展，新的硬件、软件不断推出，系统的外部环境相应发生变化。这里的外部环境不仅包括计算机硬件、软件的配置，而且包括数据库、数据存储方式在内的"数据环境"。为了适应变化了的系统外部环境，需要对系统进行相应的修改。

（3）完善性维护。在系统的使用过程中，随着业务处理方式的变化和人们对信息系统功能要求的提高，用户会提出增加新功能或者修改已有功能的要求。例如，修改输入格式，调整数据结构使操作更简单、界面更漂亮等。为了满足这类要求就需要进行完善性维护。

（4）预防性维护。预防性维护主要是采用先进的技术方法对已经过时的，很可能需要维护的软件系统，或者软件系统中的某一部分重新设计、编码和测试，以期达到结构上的更新。随着软件技术的进步，相对早期开发的软件系统可能会暴露结构上的缺陷；随着不断维护，软件系统的结构的合理性也可能降低。如果这些情况发生，就需要在改善软件结构上下功夫，解决的办法就是进行预防性维护。

2．代码维护

随着用户环境的变化，如果原代码已经不能适应新的要求，就必须对代码进行变更。代码的变更（即维护）包括订正、新设计、添加和删除等内容。当有必要变更代码时，应由业务人员和计算机技术人员组成专门的小组进行讨论决定，用书面格式写清并事先组织有关使用者学习，然后输入计算机并开始实施新的代码体系。代码维护过程中的关键是如何使新的代码得到贯彻。

3. 数据维护

系统的业务处理对数据的需求是不断变化的，要经常对数据库文件进行修改，增加数据库的内容或建立新的数据库文件等。数据维护的内容主要是对文件或数据库中的记录进行增加、修改和删除等操作，对某些重要数据库文件的定期备份，对受到破坏的数据库文件、索引文件进行恢复或重建索引等，通常采用专用的程序模块。

4. 设备维护

管理信息系统正常运行的基本条件之一就是保持计算机及其外部设备的良好运行。因此，有关人员要定期地对设备进行检查、保养和杀病毒，应设立专门的设备故障登记和检修登记表，以便设备维护工作的进行，做好机器设备的日常管理维护工作，一旦机器发生故障，应能及时修复。

9.2.4 系统维护的步骤

不少人往往认为系统的维护要比系统开发容易得多，因此，维护工作不需要预先拟定方案或加以认真准备。实际上，在许多情况下，维护比开发更困难，需要更多的创造性工作。第一，维护人员必须用较多的时间去理解别人编写的程序和文档，且对系统的修改不能影响该程序的正确性和完整性；第二，整个维护的工作必须在所规定的很短时间内完成。因此，应该重视系统的维护工作，并严格按照系统维护的步骤进行。

图 9-2 简要说明了系统维护工作的步骤，从图 9-2 中可以看出，在某个维护目标确定以后，维护人员必须先理解要维护的系统，然后建立一个维护方案。由于程序的修改涉及面较广，某处修改很可能会影响其他模块的程序，因此，建立维护方案后要加以考虑的重要问题是修改的影响范围和波及面的大小，然后按预定维护方案修改程序。还要对程序和系统的有关部分进行重新测试，若测试发现较大问题，要重复上述步骤；若通过，则可修改相应文档并交付使用，结束本次维护工作。必须强调的是，维护是对整个系统而言的。因此，除了修改程序、数据、代码等部分以外，必须同时修改涉及的所有文档。

从图 9-2 中还可以看出，系统维护活动实际上是一个修改和简化了的系统开发过程，系统开发的所有环节几乎都要在维护中用到。因此，需要采用系统开发的原理和方法，这样才可以保证维护的标准化、高效率，从而降低维护成本。

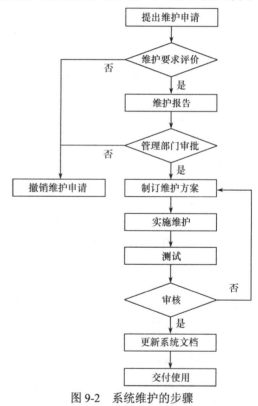

图 9-2　系统维护的步骤

9.3 管理信息系统的安全管理

信息安全管理是管理信息系统安全的重要组成部分，管理是保障信息安全的重要环节，是不可或缺的。实际上，大多数安全事件和安全隐患的出现，与其说是技术上的原因，不如说是由于管理不善而造成的。因此，管理信息系统的安全是"三分靠技术，七分靠管理"，由此可见管理的重要性。安全管理的内容十分广泛，贯穿系统规划、设计、实施、运行、维护等各个阶段。

9.3.1　管理信息系统的脆弱性及面临的威胁

从安全的角度来看，任何管理信息系统都是有安全隐患的，都有各自的系统脆弱性和漏洞，零风险的管理信息系统只是一种理想，是一个可期不可达的目标。因此，在实际应用中，管理信息系统成功的标志是风险的最小化和可控性，并非是零风险。威胁管理信息系统安全的因素包括硬件故障、软件故障、人员行为、终端访问渗透、数据窃取、程序错误、远程通信以及灾难和供电问题等，可以将这些威胁概括为灾难、系统安全问题、系统错误和质量问题等。

1. 灾难

灾难是指人为引起的灾难或者自然灾难，包括水灾、火灾、雷电、电力故障以及其他导致信息系统瘫痪的灾难。如 1998 年 8 月吉林省某电信业务部门的通信设备被雷击中，导致设备损坏、通信中断，造成了很大的损失。

2. 系统安全问题

系统安全问题是指未经授权的任何个人或者组织利用任何手段进入企业管理信息系统，并且修改数据文件、窃取数据文件，对系统的软硬件或者数据文件进行破坏所引发的问题。计算机黑客入侵、计算机病毒泛滥是目前管理信息系统面临的最为突出和最为严重的系统安全问题。

3. 系统错误和质量问题

系统错误问题是指由于数据处理错误、数据传输错误、程序错误、计算机硬件以及软件错误等引发的系统本身的错误。这种错误不仅会导致产生错误的信息，给决策者提供错误的决策依据，严重的还会导致整个系统的瘫痪。系统的质量问题是指由于系统软件或者数据存在缺陷而引发的系统问题。

9.3.2　完整的安全管理需求

信息系统的安全不是一个局部问题，不可能只依靠某个产品就能解决所有的安全问题，要从一个整体的角度出发，针对系统的各个层次、各个环节采取不同的防范措施与管理手段，并且互相补充、联合动作。

从技术角度来看，信息系统安全一般包括计算机安全、网络安全、信息安全、系统运行安全等方面。

1. 计算机安全

对于单独运行的计算机系统而言，计算机安全的主要目标是保护计算机资源免于毁坏、替换、盗窃和丢失。这些资源涵盖计算机设备、储存介质、软件、计算机输出材料和数据等。计算机安全主要涉及：进入计算机系统之后，对文件、程序等资源的访问进行控制；防止或控制不同种类的计算机病毒和计算机破坏程序对计算机施加影响；对信息编码和解码，以保证只有被授权人才能访问信息，即加密；保证计算机装置和设备的安全；重视伴随网络和电信系统增长的通信安全问题；为保证资源安全进行计划、组织和管理计算机相关设备的策略和过程。

2. 网络安全

网络安全主要关心联网设备上的系统、程序和数据的安全。计算机系统的互连在大大扩展信息资源的共享空间的同时，也将其本身暴露在更多的能够损坏或毁坏计算机系统和数据的攻击之下。因此，网络独有的特点增加了网络安全问题发生的可能性。网络安全涉及网络的各个层面，包括物理层、链路层、网络层的安全，也包括操作系统、应用平台、应用系统等的安全。当内部网络通过路由器同 Internet 互连后，网络除了面临来自其自身的内部威胁外，还有来自 Internet 庞大系统的外部威胁。

3. 信息安全

计算机安全和网络安全的核心问题是信息安全。信息安全是指防止信息财产被故意地或偶然地非授权泄露、更改、破坏，或是信息被非法系统所辨识和控制，即确保信息的完整性、保密性、可用性和可控性。信息安全主要包括信息的存储安全和信息的传输安全两个方面。信息的存储安全指信息在静止存放状态下的安全，包括是否会被非授权调用等。信息的传输安全是指信息在流动传输状态下的安全，主要包括对网上信息的监听、对用户身份的仿冒、对网络上信息的篡改以及对发出信息的否认。

4. 系统运行安全

系统在运行过程中应有良好的操作规程和制度，对系统的操作和运行维护有必要的安全措施，如数据备份与恢复机制、系统权限管理制度等。

信息安全管理的目标是在组织管理、人员、应用程序、数据库、操作系统、网络、硬件等各个层次上建立安全防范机制和审计机制，防范恶意攻击、非法访问、盗窃篡改数据、中断服务和防范计算机病毒等。因此，需要从安全威胁预警、安全防护、安全管理、安全响应多个方面着手建立，争取做到在整个系统范围内安全的主动控制，而不是被动的防护。另外从不同的角度来考虑安全问题，根据需要逐步考虑网络级安全、系统级安全、应用级安全和管理级安全。这样做的目的主要是力求最大限度地主动控制各种安全威胁和安全风险，当威胁到来时可以尽量把其抵挡在外或延迟攻击的发生，使企业有足够的时间来进行响应，力求把影响减到最小。

9.3.3 管理信息系统的安全策略

管理信息系统的安全策略是为了保障系统一定级别的安全而制定和必须遵守的一系列准则和规定，它考虑入侵者可能发起的任何攻击，以及为使系统免遭入侵和破坏而必然采取的措施。实现信息安全，不仅要依靠先进的技术，而且要依靠严格的安全管理机制、法律约束和安全教育。不同组织开发的信息系统在结构、功能、目标等方面存在着巨大的差别。因而，对于不同的管理信息系统必须采取不同的安全措施，同时还要考虑保护信息的成本、被保护信息的价值和使用的方便性之间的平衡。

拓展知识：
安全策略制定注意事项

常见的管理信息系统安全风险防范对策如表 9-1 所示。

表 9-1　　　　管理信息系统安全风险防范对策

风险		防范对策
用户风险	身份假冒	身份认证
	身份窃取	身份认证
	非授权访问	访问授权管理
	重放攻击	鉴别、记录、预警
	否认	审计、记录
	深度入侵	预警、阻断
数据风险	窃取	实体安全、加密
	篡改	完整性检验
	毁坏	灾难恢复
	有害数据侵入（包括计算机病毒等）	检测、过滤、分析、捕获
应用和服务风险	非授权访问	访问授权
	身份假冒	身份认证
	密钥管理漏洞	认证技术（CA、KDC、PKI）

续表

	风险	防范对策
应用和服务风险	数据库自身的漏洞	检测、打补丁、升级
	操作系统自身的漏洞	检测、打补丁、升级
	服务的脆弱性及漏洞	检测、打补丁、升级
	应用系统自身的缺陷	更新完善
服务器风险	入侵探测	实时监测、预警、回火
	非授权访问	访问控制
	策略漏洞	策略管理、检查
	系统配置缺陷	检查、调整
	系统版本	检测、更新
	系统平台	评测、选择
	实体安全缺陷	防辐射、防撬、防雷击
	服务器所存在的陷门和隐通道	尚无相应的解决技术及产品
网络风险	入侵探测	检测、预警、回火
	设备攻击	实时监测、管理、维护
	通道保密强度	采用高强度加密产品
	网络设备配置缺陷	定期检测、加强配置管理、日志、审计
	网络设备物理安全缺陷	更新
	网络设备存在的陷门和隐通道	尚无相应的解决技术及产品
	网络设备实体的安全	防盗、防辐射、防雷击

9.3.4　管理信息系统的安全审计

安全审计的目的是保证管理信息系统安全可靠地运行，从总体上说，安全审计采用数据挖掘和数据仓库技术，实现在不同网络环境中终端对终端的监控和管理，在必要时通过多种途径向管理员发出警告或自动采取排错措施，能对历史数据进行分析、处理和追踪。

1. **管理信息系统审计简介**

管理信息系统审计包括两层含义：一是管理信息系统运行审计，这是管理信息系统支持的业务信息或业务数据的审计，检验其正确性、真实性；二是管理信息系统开发审计，审计管理信息系统的开发过程，检查开发过程是否科学、规范。此外，管理信息系统审计也指以计算机和管理信息系统为工具，辅助审计工作。管理信息系统运行审计的内容包括以下几个方面。

（1）内部控制制度审计。严格的内部控制制度，可以保证系统输出信息的正确、完整、及时、有效，防止和纠正舞弊和犯罪行为。管理信息系统的内部控制系统包括组织和操作控制、硬件和软件控制、安全控制和文件资料控制等一般控制系统，以及输入控制、处理控制、输出控制等应用控制系统。内部控制制度的审计，首先审核控制目标、控制系统的基本要素、主要环境控制措施、应用系统和应用项目的基本情况。在此基础上确定控制领域、控制点、控制目标和必要的内部控制措施，对控制措施的实施情况进行测试，对内部控制制度的可靠性做出评价。

（2）应用程序审计。应用程序审计主要检查程序的控制功能是否可靠，处理经济业务的方法是否正确。应用程序的审计分为间接审计和直接审计。间接审计把系统看作一个黑箱，通过调查系统的输入、输出达到审计目的。审计员选取一些测试数据输入系统，分析相应的输出结果。如果结果吻合、精度有效，就认为工作情况合理。直接审计强调测试应用程序本身，而不完全是输出结果。审计员既要测试计算机操作，又要测试计算机内部处理是否准确。

（3）数据文件审计。数据文件审计包括由计算机打印出来的数据文件及存储在各种介质上的数据文件审计。对后面一种文件的审计，需要用信息技术进行测试。测试包括数据文件安全控制的有效性、控制功能的可靠性、文件内容的真实性和准确性。

（4）处理系统综合审计。处理系统综合审计是对管理信息系统中硬件功能、输入数据、程序和文件4个因素进行综合审计，以确定其可靠性、准确性。

2. 管理信息系统的安全审计

安全审计系统是事前控制人员或设备的访问行为，并能事后获得直接电子证据，防止行为抵赖的系统。审计系统把可疑数据、入侵信息、敏感信息等记录下来，供取证和跟踪使用。安全审计的主要功能是记录和跟踪管理信息系统状态的变化，监控和捕捉各种安全事件，实现对安全事件的识别、定位并予以响应。

安全审计过程的实现可分成3步：第1步，收集审计事件，产生审计记录；第2步，根据记录进行安全事件的分析；第3步，采取处理措施。审计范围包括操作系统和各种应用程序。

审计的工作流程为：根据相应的审计条件判断事件是否是审计事件。对审计事件的内容按日志的模式记录到审计日志中。对满足报警条件的事件向审计员发送报警信息并记录其内容。当事件在一定时间内频繁发生，满足逐出系统的条件值时，则将引起该事件的用户逐出系统并记录其内容。审计员可以查询、检索审计日志以形成审计报告。

9.4 | 管理信息系统的评价

系统评价一般是根据使用者的反映以及系统的运行情况，对系统的功能、效率和效益做出客观的评价，从而提出系统改进和扩充的方向。在管理信息系统建成并运行一段时间后，就要对其进行技术性能及经济效益等方面的评价。评价的目的是检查系统是否达到预期的目标；技术性能是否达到设计要求；系统的各种资源是否得到充分的利用；经济效益是否理想；并指出系统的长处与不足，为系统的改进与扩展提出意见。

扫码看视频：

管理信息系统的
评价

9.4.1 系统评价的主要内容

对于一个管理信息系统来说，大致可以从系统的总体水平、质量、性能、获得的效益等方面对系统进行评价。具体内容如下。

（1）系统质量。管理信息系统投入使用一段时间后，要对其质量进行评价，以便及时发现问题，纠正错误。管理信息系统的质量包括系统的安全与保密性，系统文档的完备性，系统的可使用性、正确性、可扩展性、可维护性、通用性等。质量的概念是相对的，所谓优质只能是在某种特定条件下相对令人满意。

（2）系统运行。管理信息系统在运行后要不断地对其运行状况进行分析和评价，并以此作为系统维护、更新及进一步开发的依据。对系统运行的评价一般应从系统建立的目标及其用户接口方面来进行。

（3）系统性能。这里主要是评价计算机系统的性能，包括对硬件的评价、对软件的评价以及对软硬件进行综合评价。系统性能包括面向设计者的性能和面向用户的性能两个方面。

（4）系统效益。管理信息系统的经济效益评价主要是指对系统所产生的直接经济效益和间接经济效益的评价。管理信息系统所产生的直接经济效益一般较之所产生的间接经济效益小。管理信息系统所产生的经济效益主要体现在其运行结果所产生的间接经济效益方面。正确评价管理信息系统的各种效益不仅影响管理信息系统本身的前途，还将影响企业的长远发展和效益。

9.4.2　系统评价的指标体系

1．系统质量评价指标

管理信息系统质量的评价指标包括以下几项。

（1）用户对系统的满意程度。

（2）系统的开发过程的规范程度。

（3）系统功能的先进性。

（4）系统运行结果的有效性、可行性和完整性。

（5）信息资源的利用率。

（6）提供信息的质量。

（7）系统的实用性。

（8）系统的安全性和保密性。

2．系统运行评价指标

系统的运行情况可从预定系统开发目标的完成情况、系统运行实用性及适用性和设备运行效率3 个方面进行评价。其具体的评价指标如下。

（1）预定系统开发目标的完成情况。

（2）系统运行实用性及适用性。

（3）设备运行效率。

3．系统性能评价指标

系统性能的评价指标主要包括以下几项。

（1）周转时间，是指用户从提交作业到执行后的该作业返回给用户所需的时间。

（2）响应时间，是指从用户键入确认键到系统开始显示回答信息为止的时间。响应时间同每次会话时要求系统完成的工作量的大小有关，也同硬件、操作系统及同时运行的其他作业有关。响应时间不能太长，否则会引起用户的不满。

（3）吞吐量，是指单位时间内所能完成的工作量。它用于衡量整个计算机系统的能力。

（4）利用率，是指系统中各种资源的利用效率。

4．经济效益评价指标

使用新系统后产生的经济效益是评价新系统的一个决定性因素。但是经济效益的评价是一个非常复杂的问题，因为要搜集各种定量的指标值需要较长的时间。同时，有的经济效益是不能单纯通过数字来反映的。

（1）直接经济效益。系统的直接经济效益是指可以定量计算的效益，通常可通过以下指标来反映。

① 一次性投资，包括系统硬件、软件和系统开发费用。其中硬件费用包括主机设备费用，终端设备、通信设备和机房建设（电源、空调和其他）费用；软件费用包括系统软件、应用软件、试验软件等费用；系统开发费用包括调查研究、系统规划、系统分析和设计、系统实施等阶段的全部费用。

② 运行费用，包括计算机及其外部设备的运行费用（如磁盘、打印纸等）、人工费用（人员工资）、管理费用，以及设备、备件的折旧费用。运行费用是使新系统得到正常运行的基本费用。

③ 年生产费用节约额。使用新系统以后，年生产费用的节约额，可用下式求得

$$U = \sum (C_i - C_a) + E[\sum (K_i - K_a)] + U_n$$

式中，C_i 表示应用计算机后节约的费用；C_a 表示应用计算机后增加的费用；E 表示投资效益系数；K_i 表示采用计算机后节约的投资；K_a 表示建立计算机管理信息系统所用的投资；U_n 表示本部门以外其他部门所获得的年度节约额。

例如，运输部门使用计算机管理后节约机动车辆，减少了在途货物，除可节约本部门投资外，还使有关部门节约了流动资金。年生产费用节约额是一个综合的货币指标。事实上，只有在能够节约年生产费用时，使用计算机管理信息系统才是合理的，否则说明使用的条件还未成熟。需要指出的是，上述年生产费用节约额的计算公式只是一个理想化的公式，尤其是投资效益系数 E 的选取，目前还没有统一的看法，国外曾有人建议取 E=0.25。如何选择符合我国国情的效益系数，还有待于进一步探索。

④ 机时成本。计算机的机时成本可用下式计算

$$C_p = (s + m + d + p) \times (1+h\%) / (t \times k)$$

式中，s 表示工作人员的工资；m 表示材料费；d 表示设备折旧费；p 表示电力费用；h 表示间接费率；t 表示机器正常工作时间；k 表示机器利用系数。

从上式可知，降低机时成本的一个重要途径，就是设法降低各项费用和增大机器利用系数。

（2）间接经济效益

间接经济效益是通过改进组织结构及运作方式、提高人员素质等途径，促使成本下降、利润增加而逐渐地、间接地获得的效益。由于成因关系复杂，计算困难，我们只能做定性的分析，因此，间接经济效益也称为定性效益。尽管间接效益难以估计，但其对企业的生存与发展所起的作用往往要大于直接经济效益。一般信息系统的成功应用所产生的间接经济效益可体现在以下几个方面。

① 对组织为适应环境所作的结构、管理制度与管理模式等变革会产生巨大的推动作用，这种作用一般无法用其他方法实现。

② 能显著地改善企业形象，对外可提高客户对企业的信任程度，对内可提高全体员工的自信心与自豪感。

③ 可使管理人员获得许多新知识、新技术与新方法，进而提高他们的技术素质，拓宽思路，进入学习与掌握新知识的良性循环。

④ 系统信息的共享使部门之间、管理人员之间的联系更紧密，这可加强他们的协作精神，提高企业的凝聚力。

⑤ 对企业的规章制度、工作规范、定额与标准、计量与代码等的基础管理产生很大的促进作用，为其他管理工作提供有利的条件。

系统评价结束后应形成正式书面文件，即系统评价报告。系统评价报告既是对新系统开发工作的评价和总结，也是进行系统维护工作的依据。

关键术语

复习思考题

1. 为什么要设立管理信息系统的运行管理部门？各类人员的职责分别是什么？

2. 管理信息系统维护的内容包括哪些方面？软件维护有哪些类型？

3. 简述管理信息系统的安全策略。

4. 管理信息系统运行审计的内容有哪些？

5. 管理信息系统评价指标体系是怎样的？

【学习目的】

理解管理信息系统治理的概念，及其运行的机制，以便从事管理信息系统治理工作。

【本章要点】

- 管理信息系统治理的概念、功能。
- 管理信息系统治理框架及其组成。
- 管理信息系统治理的10个核心领域。
- 管理信息系统治理的3个保障体系。

管理信息系统建设由管理信息系统构建和管理信息系统管理 2 部分组成，管理信息系统发展到一定阶段时，必将产生海量的数据，"大数据"时代由此诞生，其中管理信息系统管理也就从对管理信息系统本身的管理演变成对其中的数据进行治理，即数据治理（Data Governance）。"数据治理"作为一种概念和思潮由计算领域发端，之后逐渐延伸到科学领域和商业领域。在全球范围内，运用数据治理推动经济发展、完善社会治理和监管能力正成为趋势。

10.1 管理信息系统治理概述

10.1.1 数据治理的现状

在数字化的时代，特别是近几年，与大数据相关的研究和应用层出不穷，数据已经成为各个单位最重要的资产。国务院也于 2015 年 8 月正式印发了《促进大数据发展行动纲要》，在纲要中明确指出了大数据已经成为推动经济转型发展的新动力，大数据持续激发商业模式创新，不断催生新业态，已成为政府、企事业单位促进业务创新增值、提升核心价值的重要驱动力。但是随着大数据行业的蓬勃发展，国内的相关部门正面临越来越多的挑战，数据治理应运而生。

扫码看视频：

数据治理的现状

数据治理的现状可以从宏观层面和行业层面考察。

1. 从宏观层面考察

（1）数据治理能力不足

近年来，数据规模呈几何级数高速成长。据国际信息技术咨询企业国际数据公司（IDC）的报告，2020 年全球数据存储量将达到44ZB，到 2030 年将达到 2 500ZB。当前，需要处理的数据量已经大大超过处理能力的上限，从而导致大量数据因无法或来不及处理，而处于未被利用、价值不明的状态，这些数据被称为"暗数据"。IBM 公司的研究报告估计，大多数企业仅对其所有数据的1%进行了分析应用。

（2）数据治理理论的发展相对滞后。目前国内各家单位更多的是采用国际咨询公司的理论框架或者国际数据管理协会的数据治理知识体系作为引导，但是这些理论基本没有考虑国内数据行业发展的现状和特性，同时，普及程度也有待提高。这导致目前国内很多行业在数据治理方面的意识薄弱、管理方式各异、发展相对落后。

（3）数据治理体系不健全，特别是大数据治理体系远未形成，如隐私保护、数据安全与数据共享利用效率之间尚存在明显矛盾。

数据治理体系远未形成，如数据资产地位的确立尚未达成共识，数据的确权、流通和管控面临多重挑战；数据壁垒广泛存在，阻碍了数据的共享和开放；法律法规发展滞后，导致大数据应用存在安全与隐私风险等。如此种种因素，制约了数据资源中所蕴含价值的挖掘与转化。

2. 从行业层面考察

根据行业信息化发展的现状，结合当今行业数据治理的要求，大型集团或政务管理部门现阶段在数据治理方面存在以下的不足。

（1）数据多头管理，缺少专门对数据治理进行监督和控制的组织。管理信息系统的建设和管理职能分散在各部门，致使数据治理的职责分散，权责不明确。组织机构各部门关注数据的角度不一样，缺少一个组织从全局的视角对数据进行管理，导致无法建立统一的数据治理规程、标准等，相应的数据治理监督措施无法得到落实。组织机构的数据考核体系也尚未建立，无法保障数据治理标准和规程的有效执行。

（2）多系统分散建设，没有规范统一的行业级数据标准和数据模型。组织机构为应对迅速变化的市场和社会需求，逐步建立了各自的信息系统，各部门站在各自的立场生产、使用和管理数据，使得数据分散在不同的部门和信息系统中，缺乏统一的数据规划、可信的数据来源和数据标准，导致数据不规范、不一致、冗余、无法共享等问题出现，组织机构各部门对数据的理解难以应用一致的语言来描述，导致理解不一致。

（3）缺少统一的主数据，组织机构核心系统间的人员等主要信息并不是存储在一个独立的系统中，或者不是通过统一的业务管理流程在系统间维护。缺乏对集团公司或政务单位主数据的管理，就无法保障主数据在整个业务范围内保持一致、完整和可控，导致业务数据正确性无法得到保障。

（4）缺乏统一的集团型数据质量管理流程体系。当前数据质量管理主要由各组织部门分头进行；跨局跨部门的数据质量沟通机制不完善；缺乏清晰的跨局跨部门的数据质量管控规范与标准，数据分析随机性强，存在业务需求不清的现象，影响数据质量；数据的自动采集尚未全面实现，处理过程存在人为干预问题，很多部门存在数据质量管理人员不足、知识与经验不足、监管方式不全面等问题；缺乏完善的数据质量管控流程和系统支撑能力。

（5）数据全生命周期管理不完整。目前，大型集团或政务单位，数据的产生、使用、维护、备份到过时被销毁的数据生命周期管理规范和流程还不完善，不能确定过期和无效数据的识别条件，且非结构化数据未纳入数据生命周期的管理范畴；无信息化工具支撑数据生命周期状态的查询，未有效利用元数据管理。

10.1.2 数据治理的概念

1. 数据治理定义及其演化

数据治理是一个组合词，即数据和治理，它的概念绝不只是两个词汇简单的组合，而是有其内在的含义，一般来说，数据是基础、作用的对象，治理提供思路和依据。

首先要弄清楚最基本的两个概念：数据，治理。

数据（Data），在网络和各类大数据书籍中有许多定义，简而言之，数据就是对真实世界的对象、事件和概念的被选择的属性的抽象表示，通过可明确定义的约定对其含义、采集和存储进行表达和理解。

治理对应的英文是 Governance，但是 Governance 对应的词，却不只是治理，包括：治理、管理、管

扫码看视频：

数据治理的概念

治、治理结构。全球治理委员会（Commission on Global Governance）于 1995 年对治理做出如下界定：治理是或公或私的个人和机构经营管理相同事务的诸多方式的总和。它是使相互冲突或不同的利益得以调和并且采取联合行动的持续的过程。它包括有权迫使人们服从的正式机构和规章制度，以及种种非正式安排。

对数据治理概念的理解，随着信息技术的发展也在不断深入。

数据治理最早应该源于 20 世纪 70 年代末期的数据管理（Data Administration，DA）。DA 的概念在介绍诺兰模型时有过阐述。彼时正处于美国信息化发展到数据库成为主流存储进入广泛建设阶段，形成了不少数据孤岛，数据过时、冗余、不一致，因此人们提出要开展数据管理工作。注意，此时并不称为数据治理（Data Governance），甚至还不是 Data Management，而专家罗伯特·辛纳（Robert Seiner）的数据管理专栏网站，也以此命名：TDAN——The Data Administration Newsletter，这在一定程度上体现了行业发展早期的特点。

在 20 世纪 80 年代，信息工程（Information Engineering）理论得到发展，战略信息规划（Information Strategic Engineering）、数据管理（Data Management）的相关理论逐渐成型，对数据的统筹规划和管理、保障数据一致性被业界所重视。通过检索相关文献，跟踪学术动态得知，国外学界关于"数据治理"的认识始于 2004 年，华生（H.Watson）探讨了"数据仓库治理"在 Blue Cross 和 Blue Shield of North Carolina 两家公司的最佳实践，由此拉开了"数据治理"在企业管理中的大幕。2005 年之后，陆续有学者对"数据治理"展开研究，比较有代表性的有格里芬（J.Griffin）、帕沃（D.Power），讨论数据治理环境下企业、政府、医院的职能角色、模型、框架、因素与机制等。

国内对于数据管理的有关研究活动始于 2010 年左右，类似的名词有数据监护、数据管理、数据策展、数据管护等。一直以来，国内在数据治理的概念界定上都较为模糊，虽然都涉及数据的控制、保护和利用，但与数据治理的核心要义还有一定的区别。学界对"数据治理"有明确定义的研究是从国家治理、大数据治理的探索开始的，之后出现了学术争鸣与大胆探索的新局面。主要成果表现为：①制定《数据治理白皮书》国际标准。我国于 2015 年 5 月提出了《数据治理白皮书》国际标准研究报告，在报告中提出了数据治理模型和框架，模型由 3 个框架组成：原则框架、范围框架、实施和评估框架。②提出大数据时代数据治理的新范式。有学者指出大数据时代数据治理的新范式全局数据，具有场景化、开放性、可度量、及时性、价值化的特点，通过全局数据有助于实现治理决策科学化、智能化、协同化和治理目标精准化。③政府数据治理：精简、精准与智慧。也有学者指出数据治理是政府治理方式变革的必然趋势。精简、精准和智慧的数据治理，使得政府的公共事务流程、社会管理方式以及实践探索都得到提升。

有关数据治理的定义，由于切入视角和侧重点不同，业界给出的定义已经不下几十种，到目前为止还未形成一个统一标准的定义，以下选取几个有代表性的分享给大家。

- 维基百科：数据治理对于确保数据的准确、适度分享和保护是至关重要的。有效的数据治理计划会通过改进决策、缩减成本、降低风险和提高安全合规等方式，将价值回馈于业务，并最终体现为增加收入和利润。
- 国际数据管理协会（DAMA）给出的定义：数据治理是对数据资产管理行使权利和控制的活动集合。
- 国际数据治理研究所（DGI）给出的定义：数据治理是一个通过一系列与信息相关的过程来实现决策权和职责分工的系统，这些过程按照达成共识的模型来执行，该模型描述了谁（Who）能根据什么信息，在什么时间（When）和地点（Where），用什么方法（How），采取什么行动（What）。
- IBM公司给出的定义：数据治理是一门将数据视为一项企业资产的学科。数据治理是针对数据管理的质量控制规范，它将严密性和纪律性植入企业的数据管理、利用、优化和保护过程。它涉及以企业资产的形式对数据进行优化、保护和利用的决策权利。它涉及对组织内的人员、流程、技术和策略的编排，以从企业数据中获取最优的价值。

从上述各种定义可知，数据治理就是以组织数据获取最优的价值为目的所进行的一系列与信息相关的持续过程，由组织数据治理部门发起并推行，关于如何制定和实施针对整个组织内部数据的业务应用和技术管理的一系列政策和流程。它是一个管理体系，包括组织、制度、流程、工具。

2．数据治理的目标和任务

数据治理的目标是提高数据的质量（准确性和完整性），保证数据的安全性（保密性、完整性及可用性），实现数据资源在各组织机构部门的共享；推进信息资源的整合、对接和共享，从而提升集团公司或政务单位信息化水平，充分发挥信息化作用。简而言之，数据治理的目标：共同保证"正确的信息，以正确的形式，在正确的时候，交付给正确的人"。

拓展知识：

为什么要实施数据治理？

不同组织数据治理的内容不尽相同。以企业财务管理为例，会计负责管理企业的金融资产，遵守相关制度和规定，同时接受审计员的监督；审计员负责监管金融资产的管理活动。数据治理扮演的角色与审计员类似，其作用就是确保企业的数据资产得到正确有效的管理。

对于数据治理的基本内容，中国电子工业标准化技术协会信息技术服务分会（ITSS WG1）认为，数据治理包含以下几个方面任务。

（1）确保信息利益相关者的需要评估，以达成一致的企业目标，这些企业目标需要通过对信息资源的获取和管理实现。具体就是构筑适配灵活、标准化、模块化的多源异构数据资源接入体系。

（2）确保有效助力业务的决策机制和方向。具体就是建设规范化、流程化、智能化的数据处理体系，打造数据精细化治理体系、组织的数据资源融合分类体系。

（3）确保绩效合规进行监督。构建统一调度、精准服务、安全可用的信息共享服务体系。

3．数据治理过程

从范围来讲，数据治理涵盖了从前端事务处理系统、后端业务数据库到终端的数据分析，从源头到终端再回到源头形成一个闭环负反馈系统（控制理论中趋稳的系统）。从流程来讲，数据治理就是要对数据的获取、处理、使用进行监管（监管就是我们在执行层面对信息系统的负反馈），而监管的职能主要通过5个方面的执行力来保证——发现、监督、控制、沟通、整合。

可见数据治理基本上涵盖了企业所有与数据有关的内容，因此在整个企业范围内，包括工作流程、涉及人员和使用的技术等，都需要经过仔细考量，以保证数据的可用性、一致性、完整性、合规性和安全性，确保在整个数据生命周期中，都具有较高的数据质量。

10.2 数据治理框架

数据治理框架（Data Governance Framework）是指为了实现数据治理的总体战略和目标，将数据治理领域所蕴含的基本概念组织起来的一种逻辑结构，可为企业的数据治理实践提供理论指导。内容包含：每个组件的职能以及组件间的逻辑关系、数据治理的工作范围和重点、数据治理的工作目标和任务、建立清晰的组织架构和职责分工、建立数据治理成效的评估标准。

创建数据治理框架的目的是建立数据拥有者、使用者和数据之间的和谐关系，从

扫码看视频：

数据治理框架

全机构协调、对各个层面的数据进行协调统领，确保内部各类人员可以得到及时、准确的数据支持和服务。通常情况下，数据治理应当有以下功能域：原数据、数据标准、数据资产、主数据、生命周期等。

数据治理框架的目标是为了进行更佳的决策、减少工作摩擦、保护数据利益相关者的需求，培训管理人员和员工以通用的方法解决数据问题，建立标准的可重复的流程，通过协调努力降低成本和提高效益，确保流程的透明性。

10.2.1 数据治理知识框架简介

国内外的研究机构在各自研究成果的基础上，提出了一些数据治理框架，这些数据治理框架为理解数据治理工作提供了一个多角度、多层次的服务指南和价值评价体系。

1. 国际标准化组织的 ISO 38500:2015——IT 治理标准

国际标准化组织于 2008 年推出第一个 IT 治理的国际标准：ISO 38500，它的出台不仅标志着 IT 治理从概念模糊的探讨阶段进入了一个正确认识的发展阶段，而且也标志着信息化正式进入 IT 治理时代。

现在 ISO 38500 发展到第 2 版 ISO 38500:2015。ISO 38500 提出了 IT 治理框架（包括目标、原则和模型），并认为该框架同样适用于数据治理领域。在目标方面，ISO 38500 认为 IT 治理的目标就是促进组织高效、合理地利用 IT；在原则方面，ISO 38500 定义了 IT 治理的 6 个基本原则：职责、策略、采购、绩效、符合和人员行为，这些原则阐述了指导决策的推荐行为，每个原则描述了应该采取的措施，但并未说明如何、何时及由谁来实施这些原则；在模型方面，ISO 38500 认为组织的领导者应重点关注 3 项核心任务：一是评估现在和将来的 IT 利用情况，二是对治理准备和实施的方针和计划做出指导，三是建立"评估→指导→监督"的循环模型。ISO 38500:2015 的框架及其组成如图 10-1 所示。

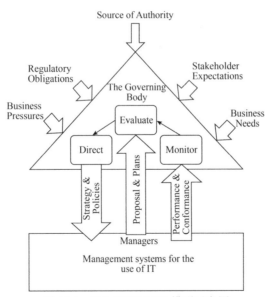

图 10-1　ISO 38500:2015 模型示意图

基于 ISO 38500:2015 模型的 IT 治理中三要素的功能如表 10-1 所示。

表 10-1　　　　　　　　　　　IT 治理中三要素的功能

评估（Evaluate）	指导（Direct）	监控（Monitor）
了解内部环境	定义 IT 使用的期望状态	定义成功的依据
了解外部环境	启动变更程序	建立监测系统
识别 IT 使用的当前状态	识别治理支持机制	

2. 国际数据治理研究所（International Data Governance Institute，DGI）的数据治理框架

ISO/IEC 38505
数据治理框架

DGI 数据治理框架包括人员与组织机构、规则、过程三大部分的 10 个小部分。

DGI 从数据治理组织结构、治理规则和治理过程 3 个维度提出了关于数据治理活动的 10 个关键要素，并在这些要素的基础上构建了数据治理框架。框架按照职能划分为 3 组：人员与组织机构、规则与协同工作规范、过程。

DGI 数据治理
框架

人员与组织机构是指在数据治理过程中承担执行和控制数据治理规则和规范的组织机构。其中主要从决策层、管理层和执行层 3 个维度构建数据治理人员与组织结构。决策层是组织内部负责数据治理的最高级别的权威机构；管理层由各业务部门业务高管、项目负责人等组成，主要负责业务规则与数据标准定义和维护；执行层由子公司和分支机构等具体的业务专员负责治理维护数据质量。

规则与协同工作规范是指制定一套统一的数据治理工作制度和规则，并协调各个不同的业务部门之间的治理工作。包含对企业数据治理的使命、企业数据治理核心业务的关注域（治理目标、度量指标）、数据标准和业务规则的定义、决策权、职责分工、控制 6 个组件。

过程即数据治理流程中的步骤，主要包括主动、被动和正在进行的数据治理过程。

3. 国际数据管理协会（DAMA）的《DAMA–DMBOK》

《DAMA-DMBOK》（DAMA 数据管理知识体系指南）是由国际数据管理协会（DAMA）提出的数据治理框架，该框架将在下一节详细介绍。

4. 国家标准 GB/T 34960

国家标准 GB/T 34960 发布的数据治理框架，如图 10-2 所示。其中包含顶层设计、数据治理环境、数据治理域和数据治理过程。

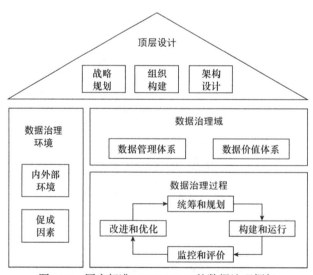

图 10-2 国家标准 GB/T 34960 的数据治理框架

（1）顶层设计是数据治理实施的基础，是根据组织当前的业务现状、信息化现状和数据现状，设定组织机构的职权，并定义符合组织战略目标的数据治理目标和可行的行动路径。

（2）数据治理环境是数据治理成功实施的保障，指的是分析领导层、管理层、执行层等利益相关方的需求，识别项目支持力量和阻力，制定相关制度以确保项目的顺利推进。

（3）数据治理域是数据治理的相关管理制度，是指制定数据质量、数据安全、数据管理体系等

相关标准制度，并基于数据价值目标构建数据共享体系、数据服务体系和数据分析体系。

（4）数据治理过程就是一个 PDCA（plan-do-check-act）的过程，是数据治理的实际落地过程，包含确定数据治理目标、制订数据治理计划、执行业务梳理、设计数据架构、数据采集清洗、存储核心数据、实施元数据管理和血缘追踪，并检查治理结果与治理目标的匹配程度。

表 10-2 所示为国内外数据治理框架比较。

表 10-2   国内外数据治理框架比较

框架名称	提出者	框架组成	框架功能及目的	异同
ISO 38500:2015-IT 治理标准	ISO	治理主体（评估、指导、监控）、管理对象	提出了数据治理的意义、原则、模型和特征，并明确了数据治理的任务、实施导则和应用	为 IT 治理提供了一个有效的、易实施的、高效的框架，更好地将组织决策与 IT 联系起来
DGI 数据治理框架	DGI	包括规则、人员与组织机构、过程 3 大部分的 10 个小部分	进行更佳的决策、减少工作摩擦、保护数据利益相关者的需求、培训管理人员和员工以通用的方法解决数据问题、建立标准的可重复的流程、通过协调努力降低成本和提高效益、确保流程的透明性	DGI 认为，数据管理和数据治理是相互独立的。数据管理是确保通过数据治理制定的政策和实践能有效地促进相关数据工作的进行
DAMA 数据治理框架	DAMA	包括功能子框架和环境要素子框架	解决数据管理的 10 个功能和 7 个要素之间的匹配问题	不同于 DGI 框架，在 DAMA 框架中，数据管理包括数据治理，治理是管理的核心
GB/T 34960 发布的数据治理框架	国家市场监管总局、国家标准化管理委员会	顶层设计、数据治理环境、数据治理域和数据治理过程	4 个相互独立、相互联系组成，顶层设计是数据治理实施的基础，环境是数据治理成功实施的保障，域是数据治理的相关管理制度，过程就是具体实施	强调组织外部的监管、组织内部的数据管理及应用的需求，法律法规、行业监管和内部管理对数据及其应用的安全、合规的要求

上述治理框架大多只涉及方法论、过程、制度和工具中的一部分，并且更侧重宏观的战略和管理问题，对于执行层面的工具方法关注不够，普遍存在落地难的问题。同时，数据治理的定义宽泛且模糊，导致数据治理的任务太过复杂庞大。

10.2.2 DAMA-DMBOK数据治理框架

在过去的 30 年里，数据管理的概念和支撑技术发展得非常迅速。有关数据管理的整个知识体系在不断扩大着，数据管理进入了以数据治理为核心的新阶段。2006 年 DAMA-DMBOK1.0 版发布，2008 年更新至 3.0.2 版。下面就介绍 DAMA-DMBOK3 的内容。

如图 10-3 所示，车轮图（由 10 个数据管理职能领域组成）和环境因素六边形图（由 7 个基本环境要素组成）共同构成"DAMA 数据管理知识体系"，每项数据职能领域都在 7 个基本环境要素约束下开展工作，从而形成了 DAMA-DMBOK3 理论矩阵框架。

图 10-4 所示为 DAMA-DMBOK3 中数据管理的 10 个职能，以及每个职能的范围。

图 10-4 单独展示了这 10 个职能，暗示了这样一个叙述顺序，即从中心开始，然后按顺时针旋转，从 12:00 的位置到 11:00 的位置。数据管理的十大组成职能介绍如下。

- 数据治理：在数据管理和使用层面之上进行规划、监督和控制。包括：战略、组织和角色、政策和标准、项目和服务、问题、估值等工作。
- 数据架构管理：定义数据资产管理蓝图。包括：企业数据模型、价值链分析、相关的数据架构等工作。
- 数据开发：数据的分析、设计、实施、测试、部署、维护等工作。
- 数据操作管理：提供从数据获取到清除的技术支持。包括：获取、恢复、调优、保留、清除等工作。

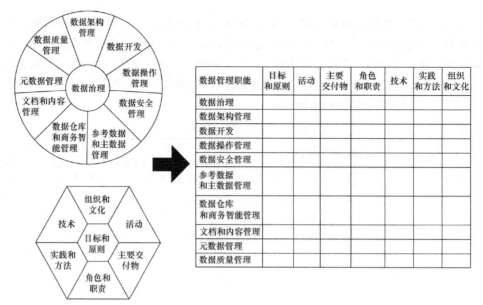

图 10-3　DAMA 数据管理知识体系

图 10-4　DAMA-DMBOK3 中数据管理十职能图

● 数据安全管理：确保隐私、保密性和适当的访问权限等。包括：标准、分级、管理、授权、审计等工作。

● 参考数据和主数据管理：管理数据的黄金版本和副本。包括：外部规范、内部规范、客户数据、产品数据、维度管理等工作。

● 数据仓库和商务智能管理：实现报告和分析。包括：架构、实施、培训和支持、监控和调优等工作。

● 文档和内容管理：管理数据库以外的数据。包括：获取和存储、备份和恢复、内容管理、检索、保留等工作。

● 元数据管理：元数据的整合、控制以及提供元数据。包括：构架、整合、控制、支付等工作。

● 数据质量管理：定义、监测和提高数据质量。包括：规范、分析、度量、改进等工作。

这些职能每一项都可以分解为活动。在某些情况下，多个活动可以组合成为子职能。通过名词短语对职能和子职能命名，通过动词短语对活动命名。

DAMA-DMBOK3 环境要素结构图和详细结构图如图 10-5、图 10-6 所示。

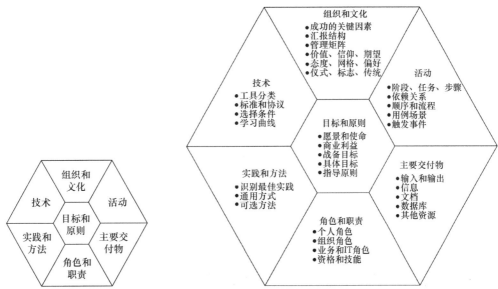

图 10-5　DAMA-DMBOK3 环境要素结构图　　图 10-6　DAMA-DMBOK3 中 7 个环境要素详细结构图

基本环境要素包括如下几个方面（从中心开始，然后按顺时针转圈，从 1：00 的位置到 12：00 的位置）。

（1）目标和原则：每个职能的方向性业务目标，以及指导每个职能绩效的基本原则。

（2）活动：每个职能都是由低一级的活动组成。有些活动被分为子活动。活动进一步分解成任务和步骤。

（3）主要交付物：信息、物理数据库及各职能在管理过程中最终输出的文档。有些交付物是必需的，有些是建议性的，还有些则是视情况而定可选的。

（4）角色和职责：参与执行和监督职能的业务和 IT 角色，及其承担相应职能中的具体职责。很多角色都参与数据管理的多个职能。

（5）实践和方法：常见和流行的方法，以及交付物的执行过程和步骤。实践和方法也可能包括共同的约定、最佳实践建议及简单描述的可选方案。

（6）技术：配套技术（主要是软件工具）的类别、标准和规程、产品的选择标准和常见的学习曲线。根据 DAMA 国际的宗旨，不涉及具体的厂商或产品。

（7）组织和文化：这些问题可能包括如下几个方面。

- 管理指标——规模、工作量、时间、成本、质量、成效、效率、成功和商业价值的度量。
- 成功的关键因素。
- 报告的结构。
- 签约策略。
- 预算和相关资源的分配问题。
- 团队和群体动态。
- 权威和授权。
- 共同的价值观和信仰。
- 期望和态度。
- 个人风格和偏好差异。
- 文化仪式、礼节和符号。
- 组织传统。
- 变革管理的建议。

DAMA-DMBOK3 框架定义了一个二维矩阵，如图 10-7 所示。其纵向定义了 10 个主要的数据管理职能，横向定义了 7 个基本环境要素。

数据管理职能	环境元素						
	目标和原则	活动	主要交付物	角色和职责	实践和方法	技术	组织和文化
数据治理							
数据架构管理							
数据开发							
数据操作管理							
数据安全管理							
参考数据和主数据管理							
数据仓库和商务智能管理							
文档和内容管理							
元数据管理							
数据质量管理							

图 10-7 DAMA-DMBOK3 框架定义的矩阵

10.3 数据治理核心领域

由上一节的定义可知，数据管理 10 个职能之间的关系是：数据治理是引领，是其他 9 个职能的总管，其他 9 个职能为数据治理提供支撑；而其他 9 个职能可以分为管理为主类和技术为主类两类，管理为主类有：数据架构管理是数据管理实践和项目所做的计划，数据质量管理是数据管理实践和项目的监督，数据安全管理是对数据和信息资产价值的保护；技术为主类有：数据开发和数据操作管理是数据治理的具体执行，参考数据和主数据管理、数据仓库和商务智能管理是实现数据资产价值提升的方法，元数据管理、文档和内容管理是对数据资产价值进行控制的基础。

使用时，应考虑数据管理职能范围相关性。根据不同组织不同时期、不同阶段，考虑相关职能的优先级，同时考虑投入、时间、努力等。这些内容既有机结合，又相互支撑。

由于数据架构管理在本书第 4 章、数据开发在第 5 章～第 8 章已经详细介绍，数据操作管理的内容在第 6 章也已涉及，所以本章对数据架构管理、数据开发和数据操作管理这三个数据治理核心领域将不再赘述。

扫码看视频：

数据治理核心领域

拓展知识：

数据架构管理

10.3.1 数据安全管理

数据安全管理（Data Security Management）是数据管理框架中的第 5 个数据管理职能，如图 10-3和图 10-4 所示。它是第 4 个与数据治理职能交互并受其影响的数据管理职能。本章将介绍数据安全管理职能的定义，并说明数据安全管理的概念和所涉及的活动。

1. 数据安全管理的基本概念

（1）数据安全管理的定义

国际标准化组织（ISO）对计算机系统安全的定义是：为数据处理系统建立和采用的技术和管理的安全保护，保护计算机硬件、软件和数据不因偶然和恶意的原因遭到破坏、更改和泄露。

即将颁布的《中华人民共和国数据安全法（草案）》（以下简称《数据安全法（草案）》），将数据定义为任何以电子或者非电子形式对信息的记录。数据安全是指通过采取必要措施，保障数据得到有效保护和合法利用，并持续处于安全状态的能力。

有关数据安全管理的定义有多种，列举如下。

① 国家互联网信息办公室颁布的《数据安全管理办法（征求意见稿）》规定，数据安全管理是指在中华人民共和国境内利用网络开展数据收集、存储、传输、处理、使用等活动（以下简称数据活动），以及数据安全的保护和监督管理。

② DAMA 对数据安全管理的定义是：计划、制定、执行相关安全策略和规程，确保数据和信息资产在使用过程中有恰当的认证、授权、访问和审计等措施。

有效的数据安全策略和规程要确保合适的人以正确的方式使用和更新数据，并限制所有不适当的访问和更新数据。

（2）数据安全管理的涵义

理解并符合所有利益相关者的隐私及保密利益需求，是任何组织的最佳利益所在。客户、供应商和彼此信任关系都取决于数据的可靠使用。在理解利益相关者的诉求和关注点上投入时间，一般来说是一项明智的投资。

数据安全管理的最终目标是保护信息资产符合隐私及保密法规要求，并与业务要求相一致。这些要求来自如下几个非常重要的不同方面。

① 利益相关者的关注——组织必须认识到利益相关者的隐私及保密需要，包括客户、病人、学生、市民、供应商及商业伙伴等。利益相关者是其相关数据的最终拥有者，组织中的每个人都应是对该数据负责的托管人。

② 政府法规——政府法规保护一些利益相关者的安全利益。一些法规限制信息的访问，而其他一些法规要求信息公开、透明和有认责机制。

③ 特定业务关注——每个组织都有自己需要保护的特定数据。知识产权确保了企业的竞争优势，掌握客户的真实需求和业务伙伴关系是各种商业计划的基石。

④ 合法访问需求——数据安全实施者还必须了解数据访问的法律要求。业务战略、规则和流程要求的特定角色的人承担的某些数据的访问和维护职责。

2. 数据安全管理职能关系

DAMA 数据管理知识体系职能框架要求：每个职能将按照目标和原则、活动、主要交付物、角色和职责、技术、实践和方法、组织和文化这 7 个基本环境元素进行描述。

数据安全管理职能关系如图 10-8 所示，介绍如下。

（1）树立数据安全管理目标。

① 为数据资产读取和变更提供适合的方法，阻止不适合的方法。

② 实现监管对隐私性和机密性的要求。

③ 确保满足所有利益相关者隐私性和机密性需求。

（2）获取所有利益相关者（包括数据管理专员、IT 指导委员会、数据管理制度委员会、政府机构、客户）的隐私及保密利益需求，包括：业务目标、业务战略、业务规则、业务流程、数据战略、数据隐私问题、相关的 IT 政策和标准等方面的需求。

（3）利用各种相关技术工具（数据库管理系统、商务智能工具、应用框架、身份管理技术、变更控制系统），通过数据安全管理的 9 个执行活动，这些活动包括：理解数据安全需求及监管要求，定义数据安全策略，定义数据安全标准，定义数据安全控制及措施，管理用户，密码和用户组成员，管理数据访问视图与权限，监控用户身份认证和访向行为，划分信息密级，审计数据安全进行数据安全管理。

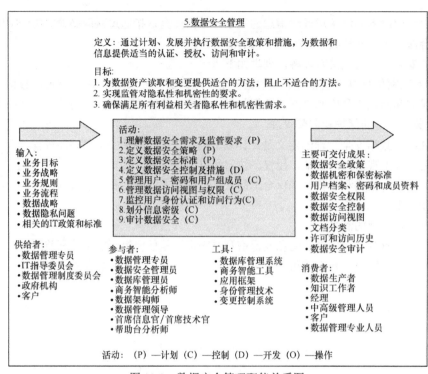

图 10-8　数据安全管理职能关系图

（4）为不同的安全消费者（数据生产者、知识工作者、经理、中高级管理人员、客户、数据管理专业人员）提供数据安全成果，这些成果包括：数据安全政策，数据机密和保密标准，用户档案、密码和成员资料，数据安全权限，数据安全控制，数据访问视图，文档分类，许可和访问历史，数据安全审计。

3. 数据安全管理的 DAMA–DMBOK3 理论矩阵

表 10-3 所示为数据安全管理的 DAMA-DMBOK3 理论矩阵。

表 10-3　　　　　　　　　　数据安全管理的 DAMA-DMBOK3 理论矩阵

目标和原则	活动	主要交付物	角色和职责	技术	实践和方法	组织和文化
（1）为数据资产读取和变更提供适合的方法、阻止不适合的方法。（2）实现监管对隐私性和机密性的要求。（3）确保实现所有利益相关者隐私性和机密性需求	（1）理解数据安全需求及监管要求	业务安全需求、法规要求	数据管理专员 法务部门 IT 安全人员	数据到流程和数据到角色关系矩阵是映射这些需求	调查方法，关键成功因子法，数据安全要求和相关规程，可归纳为 4 个 "A"：认证、授权、访问、审计	人们有理解和尊重数据安全的需要，避免违背数据安全行为的最佳办法就是建立数据安全意识，让大家理解数据安全需求、策略和规程
	（2）定义数据安全策略	数据安全策略	数据管理专员 法务部门 IT 安全人员	企业系统规划法（Business System Planning，BSP）	企业 IT 战略和标准通常确定了访问企业数据资产的高级策略	
	（3）定义数据安全标准	数据安全标准	数据管理专员 法务部门 IT 安全人员	企业系统规划法	组织应设计自己的安全控制措施，并证明这些措施符合法律法规要求，同时要记录这些措施的执行情况	
	（4）定义数据安全控制及措施	数据安全控制和措施	数据管理专员 IT 安全人员	数据库安全技术	组织必须实施适当的控制，以满足相关法规的目标	
	（5）管理用户、密码和用户组成员	用户账户 密码 角色群组	数据生产者 数据消费者 帮助热线	数据库安全技术	角色组使安全管理员能够按角色定义权限，并通过将用户加入适当的角色组来授予用户权限	

续表

目标和原则	活动	主要交付物	角色和职责	技术	实践和方法	组织和文化
（1）为数据资产读取和变更提供适合的方法、阻止不适合的方法。 （2）实现监管对隐私性和机密性的要求。 （3）确保实现所有利益相关者隐私性和机密性需求	（6）管理数据访问视图与权限	数据访问视图 数据资源权限	数据生产者 数据消费者 软件开发人员 管理人员 帮助热线	数据库安全技术中数据资源权限设置技术	数据安全管理不仅涉及防止不适当的数据访问，还应有助于进行有效和适当的数据存取	人们有理解和尊重数据安全的需要，避免违背数据安全行为的最佳办法就是建立数据安全意识，让大家理解数据安全需求、策略和规程
	（7）监控用户身份认证和访问行为	数据访问日志 安全通知警告 数据安全报告	数据管理专员 帮助热线	数据库安全技术	监控活动有助于检测到异常或可疑的交易，方便进一步调查和解决问题	
	（8）划分信息密级	分级别的文档 分级别的数据库	数据管理专员	数据库安全技术、密级分类模式	使用简单密级分类模式，对企业数据和信息产品进行分类	
	（9）审计数据安全	数据安全审计报告	安全管理员 数据库管理员 数据管理专员	数据库安全技术	审计数据的安全性是一项控制活动，负责经常性分析、验证、讨论、建议数据安全管理相关的政策、标准和活动	

10.3.2　参考数据和主数据管理

参考数据和主数据管理（Reference and Master Data Management）是数据管理框架中的第 6 个数据管理职能，如图 10-3 和图 10-4 所示。它是第 5 个与数据治理职能交互并受其影响的数据管理职能。本节将给出参考数据和主数据管理职能的定义，并说明参考数据和主数据管理所涉及的活动。

1.　参考数据和主数据管理的定义

在任何组织中，不同的群体、流程和系统需要相同的信息。早期流程中所创建的数据可为下一个流程所创建的数据提供关联环境。然而，不同的群体会基于不同的目的来使用相同的数据。例如，销售、财务和制造部门都关心产品销售数据，但每个部门会有不同的数据质量期望。为满足这些特定的需求，组织会建立特定的应用，每一个应用可能会以不同的格式存储相似但不完全一致的数据。这些不一致对整体的数据质量有显著的负面影响。

首先应弄清什么是参考数据和主数据。

先假设一个场景，现在某企业正在设计一个地理信息系统。设计了"地市"这个对象。其中主数据、元数据、参考数据这三者的关系如图 10-9 所示。

主数据（main data）主要是指经实例化的企业关键数据。

在此场景中设计完成的数据模型的"城市表"中填写了相应的城市数据，如北京、上海、广东等。这些在城市表中填充的数据，正是组织该企业的主数据（见图 10-9 中虚线框 II 部分），因为这些数据是该企业的关键业务实体，它为组织的业务开展提供关联环境，而且它可能在企业业务开展过程中被反复引用。针对这些核心关键数据，组织和企业无论在数据的质量、一致性、可用性，还是管理规范等方面都应该有着最严格的数据要求。

那么一般而言，以下涉及企业经营的人、财、物的数据最有可能纳入企业主数据管理的范畴。

- 企业产品及其相关信息：包括企业相关产品、服务、版本、价格、标准操作等。
- 企业财务信息：包括业务、预算、利润、合同、财务科目等。
- 企业利益相关者：如客户、供应商、合作伙伴、竞争对手等。
- 企业组织架构：如员工、部门等。

可见，主数据就是企业被不同运营场合反复引用的关键状态数据，它需要在企业范围内保持高度一致。主数据可以随着企业的经营活动而改变，例如，客户的增加、组织架构的调整、产品下线等；但是，它的变化频率应该是较低的。所以，企业运营过程产生的过程数据，如生产过程产生的订购记录、消费记录等，一般不会纳入主数据的范围。

在本节的案例中，我们注意到刚才填写的地市这类数据有些列，如省份、城市类别等，如果缺少上下文的环境，我们无法理解其具体含义，这时候我们往往引入参考数据（reference data）加以解释和理解（见图 10-9 中虚线框Ⅲ部分）。参考数据是增加数据可读性、可维护性以及后续应用的重要数据。

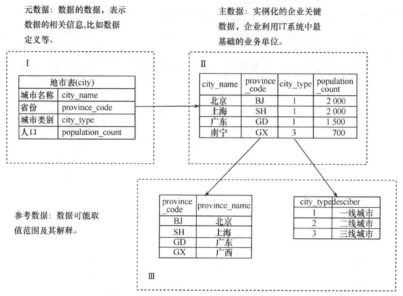

图 10-9　参考数据和主数据的关系图

参考数据和主数据管理是对参考数据和主数据进行的持续的协调一致和维护工作。

● 参考数据管理是对定义的数据域值（也称为词汇/术语）进行控制，包括对标准化术语、代码值和其他唯一标识符以及每个取值的业务定义的控制，和对数据域值列表内部和跨不同列表之间的业务关系的控制；并且对准确、及时和相关参考数据值的一致、共享使用进行控制，以进行数据分类和目录整编。

● 主数据管理是对主数据值进行控制，以实现跨系统的一致、共享、上下文相关地使用主数据，以及对核心业务实体的真实情况的最准确、及时和相关的版本的控制。

参考数据和主数据提供了交易数据的关联环境。例如，一笔销售交易可以识别该活动相关的客户、员工、被售出的产品或服务，以及其他参考数据，如交易状态和任何适用的会计科目等，并可以派生如产品类型和季度销售等其他参考数据元素。

2. 参考数据和主数据管理职能关系

图 10-10 所示是参考数据和主数据管理的关联图。DAMA 数据管理知识体系职能框架要求，每个职能将按照目标和原则、活动、主要交付物、角色和职责、实践和方法、技术、组织和文化 7 个环境元素进行描述。

构建参考数据和主数据管理职能关系包括以下几点。

（1）树立参考数据和主数据管理目标。

① 提供来自权威数据源的协调一致的高质量的主数据和参考数据。

② 通过利用和重用标准来降低成本和复杂度。

③ 支持商业智能和信息整合。

（2）获取信息提供者（包括指导委员会、业务数据管理专员、领域专家、数据消费者、标准化组织、数据提供者）相关需求，包括业务驱动、数据需求、政策和法规、标准、代码集合、主数据、交易数据等方面的需求。

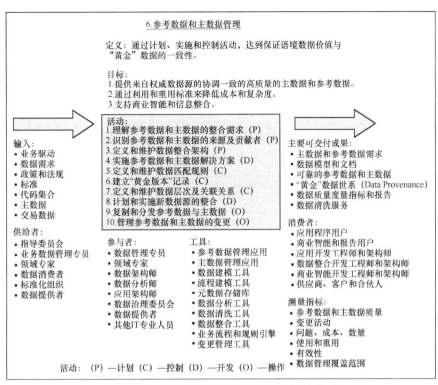

6. 参考数据和主数据管理

定义：通过计划、实施和控制活动，达到保证语境数据价值与"黄金"数据的一致性。

目标：
1. 提供来自权威数据源的协调一致的高质量的主数据和参考数据。
2. 通过利用和重用标准来降低成本和复杂度。
3. 支持商业智能和信息整合。

输入：
- 业务驱动
- 数据需求
- 政策和法规
- 标准
- 代码集合
- 主数据
- 交易数据

供给者：
- 指导委员会
- 业务数据管理专员
- 领域专家
- 数据消费者
- 标准化组织
- 数据提供者

活动：
1. 理解参考数据和主数据的整合需求（P）
2. 识别参考数据和主数据的来源及贡献者（P）
3. 定义和维护数据整合架构（P）
4. 实施参考数据和主数据解决方案（D）
5. 定义和维护数据匹配规则（C）
6. 建立"黄金版本"记录（C）
7. 定义和维护数据层次及关联关系（C）
8. 计划和实施新数据源的整合（D）
9. 复制和分发参考数据与主数据（O）
10. 管理参考数据和主数据的变更（O）

参与者：
- 数据管理专员
- 领域专家
- 数据架构师
- 数据分析师
- 应用架构师
- 数据治理委员会
- 数据提供者
- 其他IT专业人员

工具：
- 参考数据管理应用
- 主数据管理应用
- 数据建模工具
- 流程建模工具
- 元数据存储库
- 数据分析工具
- 数据清洗工具
- 数据整合工具
- 业务流程和规则引擎
- 变更管理工具

主要可交付成果：
- 主数据和参考数据需求
- 数据模型和文档
- 可靠的参考数据和主数据
- "黄金"数据世系（Data Provenance）
- 数据质量度量指标和报告
- 数据清洗服务

消费者：
- 应用程序用户
- 商业智能和报告用户
- 应用开发工程师和架构师
- 数据整合开发工程师和架构师
- 商业智能开发工程师和架构师
- 供应商、客户和合伙人

测量指标：
- 参考数据和主数据质量
- 变更活动
- 问题、成本、数量
- 使用和重用
- 有效性
- 数据管理覆盖范围

活动：（P）—计划（C）—控制（D）—开发（O）—操作

图 10-10 参考数据和主数据管理职能关联图

（3）利用各种相关技术工具（参考数据管理应用、主数据管理应用、数据建模工具、流程建模工具、元数据存储库、数据分析工具、数据清洗工具、数据整合工具、业务流程和规则引擎、变更管理工具）进行参考数据和主数据管理。

（4）为不同的消费者（应用程序用户、商业智能和报告用户、应用开发工程师和架构师、数据整合开发工程师和架构师、商业智能开发工程师和架构师、供应商、客户和合伙人）提供参考数据和主数据管理方面的成果，这些成果包括：主数据和参考数据需求、数据模型和文档、可靠的参考数据和主数据、"黄金"数据世系、数据质量度量指标和报告、数据清洗服务。

3. 参考数据和主数据管理的 DAMA–DMBOK3 理论矩阵

参考数据和主数据管理的 DAMA-DMBOK3 理论矩阵如表 10-4 所示。

表 10-4　　　　　　　　　参考数据和主数据管理的 DAMA-DMBOK3 理论矩阵

目标和原则	活动	主要交付物	角色和职责	技术	实践和方法	组织和文化
（1）提供来自权威数据源的协调一致的高质量的主数据和参考数据。（2）通过利用和重用标准来降低成本和复杂度。（3）支持商业智能和信息整合	（1）理解参考数据和主数据的整合需求	参考数据和主数据需求	业务数据、管理专员、领域专家	参考数据管理应用、主数据管理应用	调查研究，分析数据质量问题的根本原因通常会发现参考数据和主数据整合的需求	数据治理涉及制定决策和支持决策的利益相关者。如果没有有效的数据治理和数据管理，主数据管理解决方案将仅仅是存在于IT组织内部的一个数据整合工具而已，并不能充分发挥其潜力和组织对其工作的期望
	（2）识别参考数据和主数据的来源及贡献者	数据源和贡献者描述以及评估	数据分析师、领域专家	参考数据管理应用、主数据管理应用	跟踪需求数据的血缘关系，以确定数据的起始及中间的源数据库、文件应用、组织，甚至创造和维护这些数据的角色岗位	
	（3）定义和维护数据整合架构	参考数据和主数据整合架构以及路线图	应用架构师、数据管理专员	数据建模工具	有效的数据整合架构控制数据的共享访问，复制和数据流向，以确保数据质量和一致性	
		数据整合服务设计规格说明书	其他 IT 专业人员、利益相关者	数据建模工具		

目标和原则	活动	主要交付物	角色和职责	技术	实践和方法	组织和文化
（1）提供来自权威数据源的协调一致的高质量的主数据和参考数据。（2）通过利用和重用标准来降低成本和复杂度。（3）支持商业智能和信息整合	（4）实施参考数据和主数据解决方案	参考数据管理应用和数据库、主数据管理应用和数据库	其他 IT 专业人员	数据建模工具、流程建模工具	由于需求的多样性、复杂性和不稳定性，没有单一的解决方案或实施项目满足所有的参考数据和主数据管理的需求。在架构、业务优先级和实施计划路径的指导下，组织应期望通过几个相关的项目和阶段，采取迭代和增量方式实施参考数据和主数据管理解决方案	数据治理涉及制定决策和支持决策的利益相关者。如果没有有效的数据治理和数据管理，主数据管理解决方案将仅仅是存在于 IT 组织内部的一个数据整合工具而已，并不能充分发挥其潜力和组织对其工作的期望
		数据质量服务	数据分析师、其他 IT 专业人员	数据建模工具、流程建模工具、数据分析工具		
		用于一般应用的数据复制和访问服务	数据分析师、其他 IT 专业人员	数据建模工具、流程建模工具、数据分析工具		
		用于数据仓库的数据复制服务	数据分析师、其他 IT 专业人员	数据建模工具、流程建模工具、元数据存储库		
	（5）定义和维护数据匹配规则	匹配规则记录（功能规格说明书）	应用架构师、领域专家	数据分析工具、数据清洗工具、数据整合工具	通过分配全局标识 ID 实现同一个人在不同数据源中匹配记录的链接和整合	
	（6）建立"黄金版本"记录	可信的参考数据主数据	数据分析师、数据架构师、领域专家、其他 IT 专业人员	数据分析工具、数据建模工具、流程建模工具	建立最准确和完整的参考数据技术不同于用来提供最准确和完整的主数据的技术。因为参考数据集都是包括不同取值的数据值域，所以每个参考数据集都是被作为受控词汇来进行管理的。而建立"黄金"主数据值则需要通过更多匹配规则的推理和应用，以及结果审核来实现	
		交叉引用数据	数据分析师、领域专家	数据分析工具、数据建模工具、流程建模工具		
		数据血缘关系分析报告	数据分析师	数据分析工具、数据建模工具、流程建模工具		
		数据质量报告	数据架构师	数据建模工具、流程建模工具		
	（7）定义和维护数据层次及关联关系	层级和关联关系定义	数据分析师、数据提供者	数据清洗工具、数据整合工具、数据分析工具	关联管理是主数据记录之间关系的维护和建立	
	（8）计划和实施新数据源的整合	数据源质量和整合评估	数据提供者、领域专家	数据分析工具	从不同群组接收和回应新数据采集请求。使用数据清洗和数据剖析工具执行数据质量评估服务。评估数据整合的复杂性和成本。评估数据采集和匹配规则的影响。确定数据质量负责人。确定数据质量指标	
		被整合的新数据	数据分析师、其他 IT 专业人员	数据清洗工具、数据整合工具		
	（9）复制和分发参考数据与主数据	数据副本	数据分析师、其他 IT 专业人员	数据分析工具、数据整合工具、数据分析工具	通过复制数据，应用程序可以更轻松地确保参照完整性	
	（10）管理参考数据和主数据的变更	变更请求流程	其他 IT 专业人员、利益相关者	业务流程和规则引擎、变更管理工具	参考数据集变化比较缓慢。可以遵守下列基本的变更请求流程来规范地控制受控词汇及其参考数据集的变化：①创建和接收变更请求；②确定相关利益相关方并了解其利益；③识别和评价建议变更可能造成的影响；④决定接受或拒绝变更，或者向管理层或治理层给出决策建议	
		变更请求和响应	利益相关者、数据分析师、数据架构师、应用架构师	业务流程和规则引擎、变更管理工具		
		变更请求度量	数据分析师、其他 IT 专业人员	业务流程和规则引擎、变更管理工具		

10.3.3　数据仓库和商务智能管理

数据仓库和商务智能管理（Data Warehouse and Business Intelligence Management，DW-BIM）是数据管理框架中的第 7 个数据管理职能，如图 10-3 和图 10-4 所示。它是第 6 个与数据治理职能交互并受其影响的数据管理职能。本章给出了数据仓库和商务智能管理职能的定义，并说明了数据仓库和商务智能管理涉及的活动。

1. **数据仓库和商务智能的定义**

数据仓库（Data Warehouse，DW）是一个面向主题的（Subject Oriented）、集成的（Integrated）、相对稳定的（Non-Volatile）、反映历史变化（Time Variant）的数据集合，用于支持管理决策。

数据仓库存在的意义在于对企业的所有数据进行汇总，为企业各个部门提供统一的、规范的数据出口。

面向主题：数据仓库中的数据是按照一定的主题域进行组织的，每一个主题对应一个宏观的分析领域。数据仓库排除对于决策无用的数据，提供特定主题的简明视图。

集成的：指企业内不同业务部门数据的完整集成。对于企业内所有数据的集成要注意一致性（如财务系统中对于性别使用 F/M，而 OA 系统对性别使用 A/B，这就是数据不一致，如果想搭建企业级的数据仓库，需要数据具有一致性）。

相对稳定的：数仓里不存在数据的更新和删除操作。

反映历史变化的：数据仓库会完整地记录某个对象在一段时期内的变化情况。

商业智能（Business Intelligence，BI）又名商务智能。商业智能的概念在 1996 年最早由加特纳集团（Gartner Group）提出，加特纳集团将商业智能定义为：商业智能描述了一系列的概念和方法，通过应用基于事实的支持系统来辅助商业决策的制定。商业智能技术提供使企业迅速分析数据的技术和方法，包括收集、管理和分析数据，将这些数据转化为有用的信息，然后分发到企业各处。简而言之，指用现代数据仓库技术、线上分析处理技术、数据挖掘和数据展现技术进行数据分析以实现商业价值。

商业智能作为一个工具，用来处理企业中现有数据，并将其转换成知识、分析和结论，辅助业务或者决策者做出正确且明智的决定。它是帮助企业更好地利用数据，提高决策质量的技术，包含了从数据仓库到分析型系统等。目前国内市场主要的商业智能软件厂商有：BDP、Datafocus、Finebi 等。

2. **数据仓库和商务智能管理的职能关系**

图 10-11 所示为数据仓库和商务智能管理的职能关系。

同样地，按照 DAMA 数据管理知识体系职能框架要求，每个职能将按照 7 个基本环境元素进行描述。

（1）数据仓库和商务智能管理的目标。

① 支持知识工作者做出有效的商业分析和决策。

- 对所需的当前和历史数据提供整合后的数据存储，并按照主题域组织数据。
- 为所有合适的访问形式提供可信的、高质量的数据。

② 建立并维护环境/设施以支持商业智能活动，特别是平衡所有其他数据管理功能，实现为商业智能活动有效提供持续整合的数据。

- 为数据获取、数据管理和数据访问提供稳定、高效、可靠的环境。
- 提供易于使用的、灵活的和全面的数据访问环境。
- 在内容和内容访问方面，与组织目标相适应，以增量方式交付。
- 要借助其他相关的数据管理职能，如参考数据和主数据管理、数据治理、数据质量管理和元数据管理等，而不重复建设这些职能。
- 交付数据时，关注如何支持数据治理所发起的决策、政策、流程、定义以及标准等。

- 定义、构建并维护所有数据存储、数据处理过程、数据基础设施和数据工具。在交易系统输出后经过整合和精细化处理的数据可以用于信息查看、分析或者满足数据请求。
- 整合商务智能处理过程所发现的新数据到数据仓库，使其为进一步分析和商务智能所用。

（2）从信息提供者［包括中高级管理人员和经理、主题专家、数据治理委员会、信息客户（内部和外部）、数据生产者、数据架构师和分析师］获取相关需求，包括：业务驱动、商务智能数据和访问需求、数据质量需求、数据安全需求、数据架构、技术架构、数据建模标准和指南、交易数据、主数据和参考数据、行业数据和外部数据等。

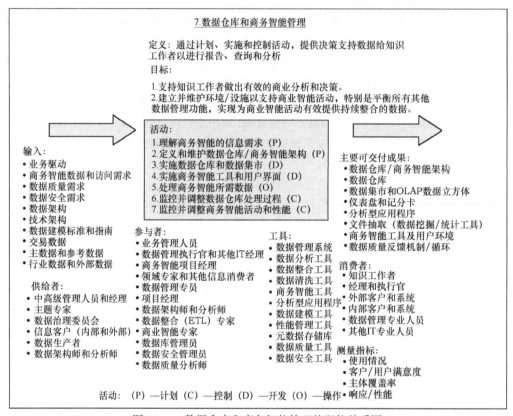

图 10-11　数据仓库和商务智能管理的职能关系图

（3）利用各种相关技术工具（数据管理系统、数据分析工具、数据整合工具、数据清洗工具、商务智能工具、分析型应用程序、数据建模工具、性能管理工具、元数据存储库、数据质量工具、数据安全工具），通过数据仓库和商务智能管理的 7 个执行活动，这些活动包括：理解商务智能的信息需求、定义和维护数据仓库/商务智能架构、实施数据仓库和数据集市、实施商务智能工具和用户界面、处理商务智能所需数据、监控并调整数据仓库处理过程、监控并调整商务智能活动和性能来完成数据仓库和商务智能管理。

（4）为不同的消费者（知识工作者、经理和执行官、外部客户和系统、内部客户和系统、数据管理专业人员、其他 IT 专业人员）提供数据仓库和商务智能管理方面的成果，这些成果包括：数据仓库/商务智能架构、数据仓库、数据集市和 OLAP 数据立方体、仪表盘和记分卡、分析型应用程序、文件抽取（数据挖掘/统计工具）、商务智能工具及用户环境、数据质量反馈机制/循环。

（5）对提供的成果进行评估，评估的标准有：使用情况、客户/用户满意度、主题覆盖率、响应/性能等。

3. 数据仓库和商务智能管理的 DAMA–DMBOK3 理论矩阵

数据仓库和商务智能管理的 DAMA-DMBOK3 理论矩阵如表 10-5 所示。

表 10-5　　数据仓库和商务智能管理的 DAMA-DMBOK3 理论矩阵

目标和原则	活动	主要交付物	角色和职责	技术	实践和方法	组织和文化
（1）支持知识工作者做出有效的商业分析和决策。（2）建立并维护环境/设施以支持商业智能活动，特别是平衡所有其他数据管理功能，实现为商业智能活动有效提供持续整合的数据	（1）理解商务智能的信息需求	数据仓库商务智能项目需求	元数据专家、业务流程领导	数据管理系统、数据分析工具、商务智能工具、数据建模工具	DW-BIM 成功的关键在于在整个生命周期中始终保持一致的业务重点。通过对企业价值链的观察，可以很好地理解业务背景	DW-BIM 成功的关键在于在整个生命周期中始终保持一致的业务重点
	（2）定义和维护数据仓库/商务智能架构	数据仓库商务智能架构	商务智能专家、数据整合专家、数据库管理员、其他数据管理专业人员、IT 架构师	商务智能工具、数据整合工具、分析型应用程序、数据清洗工具、数据建模工具	从技术需求角度而言，效率、可用性和及时性方面的需求是开发 DW-BIM 架构的关键因素。DW-BIM 架构需要回答关于数据何时去何地、因何而去，以及如何去等基本问题	
	（3）实施数据仓库和数据集市	数据仓库、数据集市、联机分析处理数据立方体	数据整合专家、数据库管理员、其他数据管理专业人员、其他 IT 专业人员	性能管理工具、元数据存储库、数据质量工具、数据安全工具	数据仓库和数据集市是 DW-BIM 中的 2 种主要的数据存储方式	
	（4）实施商务智能工具和用户界面	商务智能工具和用户环境、查询和报表制作仪表盘、记分卡、分析应用等	数据仓库架构师、其他数据管理专业人员、其他 IT 专业人员	商务智能工具、分析型应用程序、数据建模工具	实施合适的商务智能工具和用户界面（UI）就是为正确的用户群选择合适的工具	
	（5）处理商务智能所需数据	可访问的整合数据详细的数据质量反馈	其他数据管理专业人员、其他 IT 专业人员	商务智能工具、分析型应用程序		
	（6）监控并调整数据仓库处理过程	数据仓库性能报告	IT 运营人员	数据质量工具、数据安全工具	透明性和可见性是驱动数据仓库和商务智能监控的关键原则	
	（7）监控并调整商务智能活动和性能	商务智能性能报告新建的索引新建的聚合	其他数据管理专业人员、IT 运营人员、IT 审计人员	数据质量工具、数据安全工具	透明性和可见性是驱动数据仓库和商务智能监控的关键原则	

10.3.4　文档和内容管理

文档和内容管理（Document and Content Management）是数据管理框架中的第 8 个数据管理职能，如图 10-3 和图 10-4 所示。它是第 7 个与数据治理职能交互并受其影响的数据管理职能。本节将给出文档和内容管理职能的定义，并说明文档和内容管理所涉及的活动。

1. 文档和内容管理的定义

文档和内容管理是对存储在关系数据库以外的信息的采集、存储、访问以及使用的控制活动。文档和内容管理的侧重点在完整性和访问控制上。因此，它与关系数据库的数据操作管理大致相同。

由于多数非结构化数据与存储在结构化文件中的数据和关系数据库有直接关系，管理决策需要在这个领域保持一致。然而，文档和内容管理的重点不是纯粹的操作层面。它的战略重点与其他数据管理职能有些重叠，主要用于满足非结构化数据的治理、架构、安全、受控的元数据和数据质量的需要。

文档和内容管理包括以下两个子职能。

① 文档管理是对电子和纸质文件的存储、详细编目和控制，包含了控制和组织文档与档案的过

程、技巧和技术。

② 内容管理是指对信息内容进行组织、分类和结构化的访问所涉及的过程、技巧和技术，它实现对文档的有效检索和重用。内容管理在门户网站的建设方面尤其重要，但基于关键词搜索的技术和基于分类的组织可以运用于技术平台之外。内容管理又被称作企业内容管理（ECM），这意味着内容管理的范围涉及整个企业。

一般来说，文档管理并不关注文件中的具体内容。一个文件的信息内容通常可以帮助管理该文件，但是文档管理将其视为一个单独的个体。内容管理则关注每个文件的内在内容并试图识别和使用这些包含在文件中的信息内容概念。

2. 文档和内容管理的职能关系

图 10-12 所示为文档和内容管理的职能关系图。

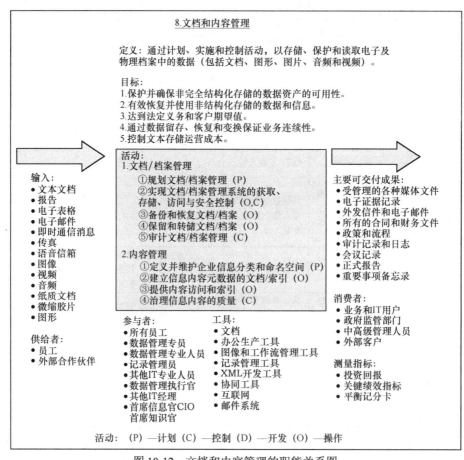

图 10-12　文档和内容管理的职能关系图

同样地，按照 DAMA 数据管理知识体系职能框架要求，每个职能将按照 7 个环境元素进行描述。

（1）文件和内容管理的目标。

① 保护并确保非完全结构化存储的数据资产的可用性。

② 有效恢复并使用非结构化存储的数据和信息。

③ 达到法定义务和客户期望值。

④ 通过数据留存、恢复和变换保证业务连续性。

⑤ 控制文件存储运营成本。

（2）从信息提供者（包括员工、外部合作伙伴）获取相关需求，包括：文本文档、报告、电子表格、电子邮件、即时通信消息、传真、语音信箱、图像、视频、音频、纸质文档、微缩胶片、图形等。

（3）利用各种相关技术工具（文档、办公生产工具、图像和工作流管理工具、记录管理工具、XML 开发工具、协同工具、互联网、邮件系统）进行文件管理。

（4）为不同的消费者（业务和 IT 用户、政府监管部门、中高级管理人员、外部客户）提供文件和内容管理方面的成果，这些成果包括：受管理的各种媒体文件、电子证据记录、外发信件和电子邮件、所有的合同和财务文件、政策和流程、审计记录和日志、会议记录、正式报告、重要事项备忘录。

（5）对提供的成果进行评估，评估的标准有：投资回报、关键绩效指标、平衡记分卡等。

3. 文件和内容管理的 DAMA–DMBOK3 理论矩阵

文件和内容管理的 DAMA-DMBOK3 理论矩阵如表 10-6 所示。

表 10-6　　　　　　　文件和内容管理的 DAMA-DMBOK3 理论矩阵

目标和原则	活动	主要交付物	角色和职责	技术	实践和方法	组织和文化
（1）保护并确保非完全结构化存储的数据资产的可用性。（2）有效恢复并使用非结构化存储的数据和信息。（3）达到法定义务和客户期望值。（4）通过数据留存、恢复和变换保证业务连续。（5）控制文件存储运营成本	（1）文档/档案管理					隐私、数据保护、机密性、知识产权、加密、道德问题以及同一性都是重要的问题。文档和内容管理专业人员必须同雇主、管理人员以及监管部门协作处理相关问题
	① 规划文档/档案管理	文档管理策略和路线图	文档系统经理、档案经理	办公生产工具、图像和工作流管理工具	文档管理活动涉及在文档生命周期的不同阶段的计划，从其创建或接收、检索、流转和存档到转储。制定分类/索引系统和分类法，使检索文档更加容易	
	② 实施文档/档案管理系统的获取、存储、访问与安全控制	文档/档案管理系统（包括图像和电子邮件系统）门户、纸质和电子版本的文档（文本、图像、图片、音频、视频）	文档系统经理、档案经理	文档、办公生产工具、图像和工作流管理工具、XML 开发工具	目录档案文档是描述性结构数据，通常符合机器可读编目（MARC）格式标准，它们存储在本地图书馆数据库中，在许可下可提供全球范围的共享目录	
	③ 备份和恢复文档/档案	备份文件、业务连续性	文档系统经理、档案经理	记录管理工具、互联网、邮件系统	文档/档案管理系统需要成为整个公司所有数据与信息备份和恢复的一部分	
	④ 保留和转储文档/档案	存档的文件、受管理的存储	文档系统经理、档案经理	协同工具、记录管理工具	文档/档案保留和处置程序定义了一个时间段，在其间必须维护文档/档案的操作、财务或历史数值	
	⑤ 审计文档/档案管理	文档/档案管理审计	审计部门管理层	图像和工作流管理工具	文档和档案管理要求定期审计来确保正确的信息在正确的时间送达正确的人员，以做决策或进行运营活动	
	（2）内容管理					
	① 定义并维护企业信息分类和命名空间	企业分析规范（信息内容架构）	知识经理	文档、办公生产工具	通常，可以理解为这是一个构建信息或内容主体的过程	
	② 建立信息内容元数据的文档/索引	被索引的关键词、元数据	文档系统经理、档案经理	图像和工作流管理工具、XML 开发工具	维护非结构化数据的元数据实际上是维护各种本地分类与企业级元数据统一分类之间的交叉引用关系	
	③ 提供内容访问和索引	内容分析、杠杆化的信息	文档系统经理、档案经理	图像和工作流管理工具、XML 开发工具、协同工具、记录管理工具	通过维护用户的元数据概要文件以与各个内容主题进行匹配的门户技术。很容易找出公司非结构化的数据	
	④ 治理信息内容的质量	杠杆化的信息	文档系统经理、档案经理	图像和工作流管理工具、XML 开发工具	非结构化数据的管理需要数据管理专员、数据管理专业人员以及档案经理相互协作，需要考虑与结构化数据治理相类似的动态因素	

10.3.5 元数据管理

元数据管理（Meta-data Management）是数据管理框架中的第 9 个数据管理职能，如图 10-3 和图 10-4 所示。它是第 8 个与数据治理职能交互并受其影响的数据管理职能。本节将给出元数据管理职能的定义，并说明元数据管理所涉及的活动。

1. 元数据管理的概念

（1）元数据管理的定义

按照通常的说法，元数据的定义是"关于数据的数据"，但是其确切含义是什么呢?元数据与数据的关系就像数据与自然界的关系。数据反映了真实世界的交易、事件、对象和关系，而元数据则反映了数据的交易、事件、对象和关系等。

对 IT 系统来说，元数据是有关一个企业所使用的物理数据、技术和业务流程、数据规则和约束，以及数据的物理与逻辑结构的信息。元数据是描述性标签，描述了数据（如数据库数据元素、数据模型）、概念（如业务流程、应用系统、软件代码、技术架构）以及它们之间的联系（关系）。

元数据管理是关于元数据的创建、存储、整合与控制等一整套流程的集合，从而支持基于元数据的相关应用。

（2）元数据的类型

总体上，元数据可分为 4 类：业务元数据、技术和操作元数据、流程元数据和数据管理制度元数据。

① 业务元数据包括了主题和概念领域、实体及属性的业务名称和业务定义，属性的数据类型和其他特性，范围描述，计算公式，算法和业务规则，以及有效值域及其定义。业务元数据把业务目标与元数据用户紧密关联起来。

② 技术和操作元数据为开发人员和技术用户提供了系统信息。技术元数据包括物理数据库表名和字段名、字段属性、其他数据库对象的属性和数据存储特性。数据库管理员需要了解用户的访问模式、访问频率和写报表及查询的执行时间。通常可以通过 DBMS 内的程序或其他软件以获取技术元数据。

操作元数据主要用于满足 IT 运维用户的需求，它包括了数据迁移信息、数据源和目标系统信息、批处理程序、任务频率、调度异常处理、备份与恢复信息、归档规则和使用等信息。技术和操作元数据的示例为：审计控制和损益信息、数据的归档规则和保留规则、编码转换/参照表变换规则、抽取的历史和结果等。

③ 流程元数据是定义和描述系统的其他元素（流程、业务规则、程序、任务、工具等）的特性的数据。

④ 数据管理制度元数据是关于数据管理专员、监管制度流程和责任分配的数据。数据管理专员确保数据和元数据在企业范围内是正确的并且是高质量的，他们建立数据的共享方式，并对其进行监控。

2. 元数据管理的职能关系

与其他数据管理职能一样，元数据管理也可以用一幅关系图来表示。如图 10-13 所示。元数据管理的职能关系图对本节所介绍的职能进行了概要展示。元数据管理活动位于中间，周围是相关的环境因素。而该领域的关键概念位于图上方。

3. 元数据管理的 DAMA-DMBOK3 理论矩阵

元数据管理的 DAMA-DMBOK3 理论矩阵如表 10-7 所示。

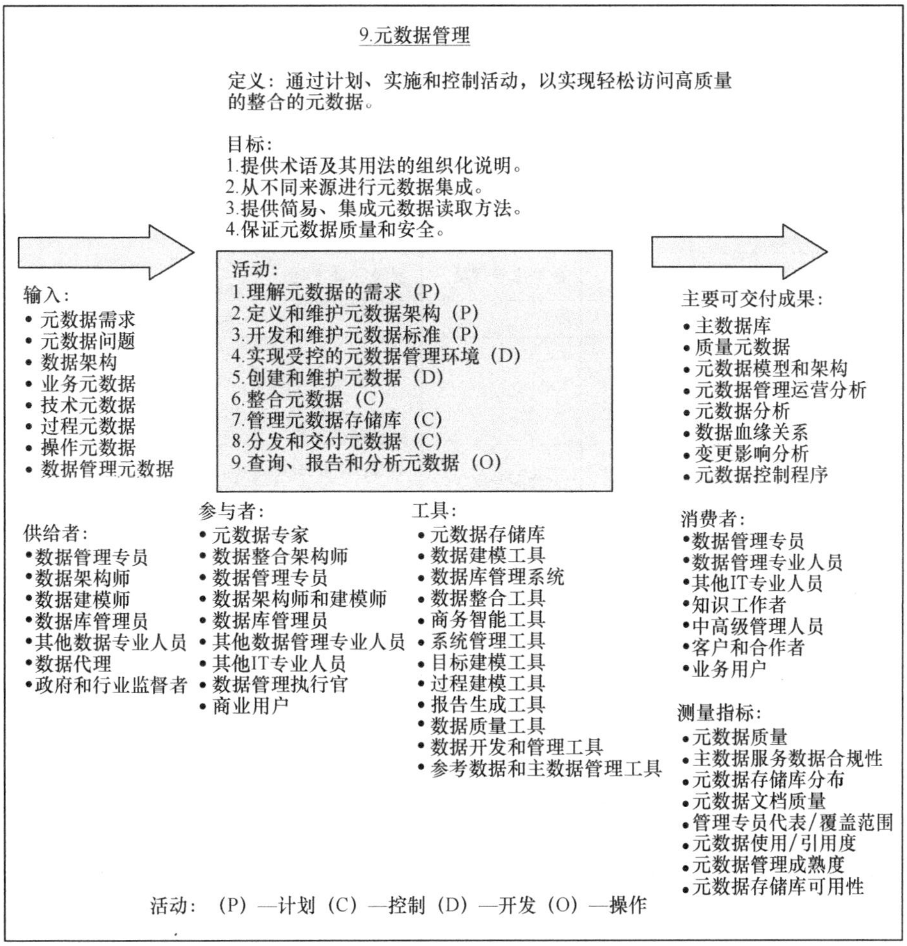

图 10-13   元数据管理的职能关系图

表 10-7   元数据管理的 DAMA-DMBOK3 理论矩阵

目标和原则	活动	主要交付物	角色和职责	技术	实践和方法	组织和文化
（1）提供术语及其用法的组织化说明。 （2）从不同来源进行元数据集成。 （3）提供简易、集成的元数据读取方法。 （4）保证元数据质量和安全	（1）理解元数据的需求	元数据需求	元数据专家、数据管理专员、数据架构师、数据建模师、数据库管理员	元数据存储库、数据建模工具、目标建模工具	数据需求是通过与组织中的业务用户和技术用户进行沟通而获得的，并且对组织中特定人员的岗位角色、职责、挑战等进行分析可提炼出需求，而不是简单地询问用户的元数据需求	元数据管理工作中存在许多组织和文化问题，组织的准备与完善程度是一项关键考虑因素，同样也要考虑治理和控制的方法
	（2）定义和维护元数据架构	元数据架构	元数据架构师、数据整合架构师	元数据存储库、数据建模工具、目标建模工具、系统管理工具	元数据管理都包含如下架构层次：元数据创建/获取、元数据整合、一个或多个元数据存储库、元数据交付、元数据应用和元数据管理/控制	

续表

目标和原则	活动	主要交付物	角色和职责	技术	实践和方法	组织和文化
	（3）开发和维护元数据标准	元数据标准	元数据和数据架构师、数据管理专员、数据库管理员	元数据存储库、数据建模工具、数据整合工具、目标建模工具	元数据标准有 2 种主要类型：行业或共识标准、国际标准	
	（4）实现受控的元数据管理环境	元数据度量	数据库管理员	数据库管理系统、系统管理工具、过程建模工具	为减小风险并提高被接受的程度，一般通过分步推进的方式实现一个受控的元数据环境	
（1）提供术语及其用法的组织化说明。（2）从不同来源进行元数据集成。（3）提供简易、集成的元数据读取方法。（4）保证元数据质量和安全	（5）创建和维护元数据	更新：数据建模工具数据库管理系统数据整合工具商务智能工具系统维护工具对象建模工具流程建模工具报表生成工具数据开发和管理工具参考数据和主数据管理工具	元数据专家、数据管理专员、数据架构师、数据建模师、数据库管理员	数据建模工具、数据库管理系统、商务智能工具、数据开发和管理工具、参考数据和主数据管理工具	企业将元数据视为数据的索引，因此元数据的质量是至关重要的。如果企业数据源存在不规则的数据并且可以通过元数据体现这些不规则性，那么元数据就可以辅助用户更好地理解这些复杂的数据	元数据管理工作中存在许多组织和文化问题，组织的准备与完善程度是一项关键考虑因素，同样也要考虑治理和控制的方法
	（6）整合元数据	整合的元数据存储库	数据整合架构师、元数据专家、数据管理专员、数据架构师、数据建模师、数据库管理员	数据质量工具、商务智能工具、数据整合工具	元数据整合过程是在企业范围内采集并存储元数据的过程，也包括企业外部数据的元数据。把元数据来源库中抽取到的元数据，与相关的业务元数据和技术元数据进行整合，最终存储到元数据存储库中	
	（7）管理元数据存储库	受管理的元数据存储库管理原则、实践、策略	元数据专家、数据管理专员、数据架构师、数据建模师、数据库管理员	数据质量工具、商务智能工具、元数据存储库	为了管理元数据环境，需要采取一些控制措施。对存储库的控制意味着对元数据技术人员执行的元数据迁移和存储库更新活动进行控制	
	（8）分发和交付元数据	元数据分发元数据模型和架构	数据库管理员	数据管理工具、参考数据和主数据管理工具、商务智能工具	元数据方案通常与商务智能方案相连接，所以元数据方案中涵盖的元数据内容以及元数据的时效性会与商务智能内容同步	
	（9）查询、报告和分析元数据	元数据质量元数据管理运营分析元数据分析数据血缘关系变更影响分析	数据分析师、元数据分析师	报告生成工具、元数据存储库	元数据指导我们如何管理数据资产	

10.3.6　数据质量管理

数据质量管理（Data Quality Management，DQM）是数据管理框架中的第 10 个数据管理职能，如图 10-3 和图 10-4 所示。它是第 9 个与数据治理职能交互并受其影响的数据管理职能。本节给出了数据质量管理职能的定义，并说明了数据质量管理所涉及的活动。

1. 数据质量管理的定义

数据质量管理是指对数据从计划、获取、存储、共享、维护、应用、消亡的生命周期每个阶段里可能引发的各类数据质量问题，进行识别、度量、监控、预警等一系列管理活动，并通过改善和提高组织的管理水平使得数据质量获得进一步提高。

数据质量管理是组织变革管理中一项关键的支撑流程。业务重点的变化、公司的业务整合战略，以及并购与合作，都对 IT 职能提出了更高要求，包括整合数据源、创建一致的数据副本、交互提供数据或整合数据。与遗留系统或 B2B 系统实现互操作的目标需要通过数据质量管理项目支持。

数据质量与信息质量是同义词，因为数据质量低下会导致信息不正确和业务绩效不良。数据清洗也许可以带来短期的、有一定代价的改善，但并不能解决数据缺陷的问题。

2. 数据质量管理的内容

（1）数据质量管理的目标

数据质量管理的目标是：通过数据分析、数据评估、数据清洗、数据监控、错误预警等内容，解决数据质量问题，使数据的质量得以改善，使其满足数据需求方对数据质量的规则要求。

（2）数据质量评估维度

数据质量评估维度包括但不只包括以下几个方面。

① 准确性（Accuracy）。准确性是指数据准确反映其所建模的"真实世界"实体的程度。通常，度量数据值与一个已确定的正确信息参照源的一致性可以度量准确性。

② 完整性（Completeness）。完整性的要求之一是一个数据集的特定属性都被赋予了数值；另一个要求是一个数据集的全部行记录都存在。要对一个数据集的不同约束类型的属性应用完整性规则，如：必须有取值的必填属性、有条件可选值的数据元素，以及不适用的属性值。还可以认为完整性包括数据值的可用性和适当性。

③ 一致性（Consistency）。一致性是指确保一个数据集的数值与另一个数据集的数值一致。一致性的概念相对宽泛，可以包括来自不同数据集的 2 个数值不能有冲突，或者在预定义的一系列约束条件内定义一致性。可以将更正式的一致性约束作为一系列定义一致性关系的规则，这些规则可以应用于属性值之间、记录或消息之间或某一属性的全部数值之间。

④ 时效性（Currency）。时效性度量了数据的"新鲜程度"以及在时间变化中的正确程度。可以根据数据元素刷新的频率度量数据的时效性，从而验证数据是最新的。数据时效性规则定义了一个数据值在失效或需要更新之前已经历的"寿命"。

⑤ 精确度（Precision）。精确度是指数据元素的详细程度。数值型数据可以有若干精确数位。例如，对数据取整或截断可能会产生精确度错误。

⑥ 隐私（Privacy）。隐私是指需要对数据进行访问控制和使用监控。一些数据元素需要进行使用或访问限制。

⑦ 合理性（Reasonableness）。合理性用于考察与一些特定的运营场景相关的数据一致性。例如，每天的交易数量不能超过过去 30 天平均交易数量的 105%。

⑧ 参照完整性（Referential Integrity）。参照完整性是指满足如下条件：一张表的一个字段对同一张表或另一张表的另一字段引用全部有效。参照完整性要求包括指定当存在外键时，该键所指向的记录真实存在。参照完整性规则还可作为约束规则，防止出现数据重复从而保证每个实体出现且仅出现一次。

⑨ 及时性（Timeliness）。及时性是指对信息可访问性和可用性的时间预期。例如，数据及时性可以体现在，需要信息的时间点与信息准备就绪可用的时间点之差。

⑩ 唯一性（Uniqueness）。唯一性主要体现在一个数据集中。满足实体唯一性，说明没有实体出现多于一次，并且每个唯一实体有一个键值且该键值只指向该实体。许多组织都将可控的数据冗余作为更可行的目标。

⑪ 有效性（Validity）。有效性是指数据实例的存储、交换或展现的格式是否与数据值域一致，是否与其他相似的属性值一致。有效性确保了数据值遵从于数据元素的多个属性：数据类型、精度、格式、预定义枚举值、值域范围及存储格式等。为确定可能取值而进行有效性验证不等同于为确定准确取值而进行真实性验证。

3. 数据质量管理的职能关系

数据质量管理的职能关系图如图 10-14 所示。

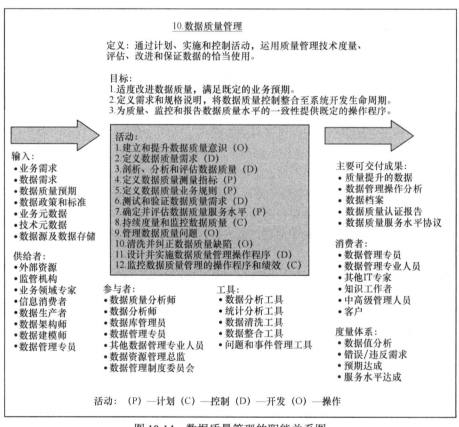

图 10-14　数据质量管理的职能关系图

4. 数据质量管理的 DAMA-DMBOK3 理论矩阵

数据质量管理的 DAMA-DMBOK3 理论矩阵如表 10-8 所示。

表 10-8　　　　　　　　　数据质量管理的 DAMA-DMBOK3 理论矩阵

目标和原则	活动	主要交付物	角色和职责	技术	实践和方法	组织和文化
（1）适度改进数据质量，满足既定的业务预期。（2）定义需求和规格说明，将数据质量控制整合至系统开发生命周期。（3）为度量、监控和报告数据质量水平的一致性提供既定的操作程序	（1）建立和提升数据质量意识	数据质量培训数据治理流程数据管理专员委员会	数据质量经理	问题和事件管理工具、统计分析工具	提升数据质量意识不仅意味着需确保组织中配备合适的人员了解数据质量问题的存在，而且应获得组织中利益相关者的必要支持	最重要的是建立一个单一的企业级数据架构，并在此基础上建立和维护所有的数据。单一的企业级数据架构并不意味着所有数据都存储在一个中央存储库中。仅表明所有的数据开发和管理都在单一的企业级数据架构结构中进行。可根据需要的操作效率来部署数据
	（2）定义数据质量需求	数据质量需求文档	数据质量经理、数据质量分析师	数据分析工具、统计分析工具、问题和事件管理工具	数据质量维度体现了高层次指标度量的特点，可以据此对业务规则进行分类。根据实施的需要，对度量的粒度进行细化，如数据值、数据元素、数据记录和数据表	
	（3）分析和评估数据质量	数据质量评估报告	数据质量分析师	数据分析工具、统计分析工具	对数据进行评估很关键，可以采用2种方法：自底而上或自顶而下	
	（4）定义数据质量测量指标	数据质量度量文档	数据质量经理、数据质量分析师	数据分析工具	需要设计一种方法来识别并管理"业务相关"的信息质量指标。可以将度量数据质量与监业业务活动绩效相类比，数据质量指标应该合理地反映根据前述章节所介绍的数据质量维度所定义的数据质量特性	
	（5）定义数据质量业务规则	数据质量业务规则	数据质量分析师	数据清洗工具、数据整合工具	提供规则模板有助于建立业务团队和技术团队之间的沟通机制。规则模板反映了业务的期望。在需要的时候也可将规则模板直接转换成可执行的格式	
	（6）测试和验证数据质量需求	数据质量测试用例	数据质量分析师	数据清洗工具、数据整合工具	基于数据规则符合度为识别数据质量水平特征提供了数据质量测量的客观依据。通过定义数据规则来主动验证数据，组织可以区分哪些记录达到了所期望的数据质量要求，哪些没有达到	
	（7）确定并评估数据质量服务水平	数据质量服务级别	数据质量经理	数据清洗工具、数据整合工具	通过数据质量检查和监控来测量和监控数据项对数据质量规则的符合度	

目标和原则	活动	主要交付物	角色和职责	技术	实践和方法	组织和文化
（1）适度改进数据质量，满足既定的业务预期。 （2）定义需求和规格说明，将数据质量控制整合至系统开发生命周期。 （3）为度量、监控和报告数据质量水平的一致性提供既定的操作程序	（8）持续度量和监控数据质量	数据质量报告	数据质量经理	统计分析工具、数据分析工具	将数据质量控制和测量流程嵌入到信息处理流中可实现持续性的监控	最重要的是建立一个单一的企业级数据架构，并在此基础上建立和维护所有的数据。单一的企业级数据架构并不意味着所有数据都存储在一个中央存储库中。仅表明所有的数据开发和管理都在单一的企业级数据架构结构中进行。可根据需要的操作效率来部署数据
	（9）管理数据质量问题	数据质量问题记录	数据质量经理、数据质量分析师	问题和事件管理工具、统计分析工具	数据质量服务水平协议的有效实施需要建立数据质量事件解决报告与跟踪机制	
	（10）清洗并纠正数据质量缺陷	数据质量缺陷解决记录	数据质量分析师	问题和事件管理工具、统计分析工具	通过定义业务规则来监控数据对业务期望的满足度	
	（11）设计并实施数据质量管理操作程序	运营数据质量管理流程	数据质量经理、数据质量分析师	数据分析工具、统计分析工具	采用预定义的规则进行数据质量验证，提供了将数据监控与主动数据质量管理日常操作流程相融合的方式	
	（12）监控数据质量管理的操作程序和绩效	运营数据质量管理度量	数据质量经理、数据质量分析师	数据分析工具、统计分析工具	责任制是监控数据质量治理协议的关键	

10.4 数据治理的保障机制

通过 10.3 节的介绍，我们了解了数据管理的 10 个核心领域，按照 DAMA-DMBOK3 的体系，围绕着数据治理这个中心，并通过 7 个基本环境元素对每个职能进行描述，形成横向关联，来描述每个核心域中围绕着"目标和原则"所进行的一系列"活动"，由此产生的一批"主要交付物"，以及完成上述"活动"的实施者的"角色和职责"，所使用的"技术"和"实践和方法"，还有由此衍生的"组织和文化"，如图 10-15 所示。

扫码看视频：

数据治理保障机制

数据管理职能	环境元素						
	目标和原则	活动	主要交付物	角色和职责	技术	实践和方法	组织和文化
数据治理							
……							
数据质量管理							

图 10-15 DAMA-DMBOK3 的体系横向流程图

完成组织数据治理的任务仅仅在每个域内横向联系还不够，还需要数据管理的 10 个职能在纵向上也要联动，形成合力协同完成组织数据治理的任务，从而形成数据治理的保障体系。

如图 10-16 所示，数据治理保障体系由组织体系、管理体系、技术体系和评估体系组成。

其中评估体系与 10.3.6 数据质量管理有许多相似之处，所以以下只介绍组织体系、管理体系、技术体系。

组织体系
❖ 数据使用者（领导决策层）
❖ 数据管理者（IT 管理层）
❖ 数据生产者（业务层）

管理体系
❖ 制定数据标准（定义标准、使用标准）
❖ 制定数据管理机制（管理流程、权责关系）
❖ 制定数据应用规则（数据集成、分发规则）
❖ 制定数据模型（统一数据视图）

评估体系

技术体系
❖ 数据探查
❖ 数据清洗、质量提升
❖ 数据集成、监控
❖ 数据安全

图 10-16　数据治理保障体系示意图

10.4.1　组织体系

1. 组织构架

图 10-17 所示为数据治理的组织体系架构示意图。组织体系分为决策层、管理层和执行层 3 个层次。

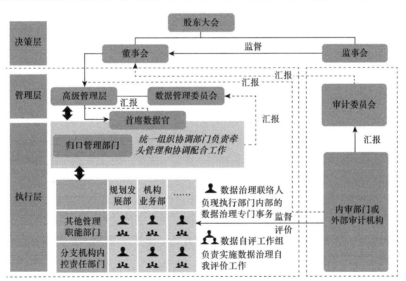

图 10-17　数据治理的组织体系架构示意图

（1）决策层

董事会制定数据战略，审批或授权审批与数据治理相关的重大事项，督促高级管理层提升数据治理有效性，对数据治理承担最终责任。

监事会负责对董事会和高级管理层在数据治理方面的履职尽责情况进行监督评价。

（2）管理层

高级管理层负责建立数据治理体系、确保数据治理资源配置、制定和实施问责和激励机制、建立数据质量控制机制、组织评估数据治理的有效性和执行情况、定期向董事会报告。

高级管理层可下设数据管理委员会，委员会定义数据治理愿景和目标、在组织内对业务部门和IT部门进行协调、设置数据治理计划的总体方向、在发生策略分歧时进行协调。此委员会也将包含来自部门或子公司的领导代表，以及来自各单位视数据为机构资产的信息科技部门的代表。这些高层管理人员是数据治理计划的所有拥护者，确保在整个组织内获得支持。

（3）执行层

归口管理部门牵头负责实施数据治理体系建设，协调落实数据管理运行机制，组织推动数据在经营管理流程中发挥作用。

其他管理职能部门负责本业务领域的数据治理、管理业务条线数据源、确保准确记录和及时维护、落实数据质量控制机制、执行监管数据相关工作要求、加强数据应用、实现数据价值。例如，银行可在数据治理归口管理部门设立专职岗位、在其他相关业务部门设置专职或兼职岗位，以建立一支满足数据治理工作需要的专业队伍。

在执行层中的各部门设数据治理工作组，它是组织内数据管理委员会的下一个级别。工作组执行数据治理计划，负责监督数据管理员工作，由数据管理委员会中各部门领导主持。

每个业务部门应至少有一位业务分析员，信息科技部门设置数据质量分析员、数据管理员、集成开发人员。各工作人员负责本部门数据的质量，履行职责，解决具体的问题。

2. 组织职责

根据数据管理工作的实际需要，在业务管理部门、技术管理部门和业务应用部门确定各工作人员的职责。

（1）数据管理委员会的职责范围。

数据管理委员会从战略角度来统筹和规划，对数据资产和系统进行清理，确定数据治理的范围；明确数据源的出处、使用和管理的流程及职责。具体如下。

① 明确数据治理的组织、功能、角色和职责。

② 负责各工作组成员的培训工作。

③ 负责审查各工作小组的目标、原则，批准数据管理的相关制度、标准及流程。

④ 负责确定数据治理的工具、技术和平台。

⑤ 负责制定数据治理的评估指标、方法。

（2）建议设置数据治理办公室。数据治理办公室未来可以考虑设置的岗位包括以下几种。

① 数据标准管理岗：牵头组织数据标准编制，评审、维护、更新数据标准，及相关制度的编制、修订、解释、推广落地。

② 数据质量管理岗：牵头数据质量标准、数据质量检查规则的订立和维护，数据质量评估模型制定和维护，数据质量相关管理办法的编制、修订、解释、推广落地，以及专项数据质量整顿改造工作。

③ 元数据管理岗：牵头元数据的采集、梳理、存储、维护和更新，元数据管理相关管理办法的编制、修订、解释、推广落地。

④ 数据架构管理岗：牵头目标数据架构、数据生命周期管理策略的制定、维护和更新，数据架构和数据生命周期相关管理办法的编制、修订、解释、推广落地。

⑤ 系统协调岗：负责协调/牵头数据治理工作中涉及的系统建设改造、工具建设改造、平台建设改造等。例如，牵头数据管理平台的建设，协调数据质量整顿工作中对相关业务系统的改造，协调数据标准在新系统建设中的落地等。此岗位也可以分散地由以上的岗位各自执行。

（3）数据治理工作小组，其主要工作职责如下。

① 负责数据治理的牵头，组织、指导和协调本单位的数据治理工作。

② 进行数据治理管控办法、数据治理考核机制等有关规章制度的牵头制定、修改等。

③ 负责数据的分析整理并出具数据指标报告。

④ 负责数据的监测预测工作。

⑤ 建立数据冲突的处理流程和数据变更控制流程。

⑥ 负责对基础数据质量的检测、发布、考核和清理完善工作。

工作组成员：业务分析人员、数据质量分析人员、数据管理人员、集成开发人员。这些不同的角色在数据治理过程中承担着彼此不同，而又相辅相成的职责。

10.4.2　管理体系

根据组织体系规定的岗位和职责，各级部门将制定各种制度章程和标准系列。

1. **数据治理制度章程**

本节将聚焦数据治理建章立制工作，通过"明确组织职责""构建制度体系"两个步骤，搭建数据治理制度体系，激活各参与方的数据治理工作，形成常态化、科学化管理机制。

（1）明确组织职责：明晰职责、理顺协同关系

数据治理工作是一项涉及整个组织各个层次、方方面面的复杂工作，因此必须理顺整个组织的不同层次、不同环节的矛盾。首先要做好数据治理的顶层设计，明确数据治理的归口管理部门。而推动数据治理工作在全企业的落地生根，离不开企业各参与方的协同与配合。明晰各参与方的职责，理顺企业各部门间、各级机构间工作的协同关系，梳理数据治理领域各主要板块的管理流程，是构建制度体系的基础。然后完善其他层次的设计，组织的中间管理层以及底部的操作层必须按照顶层设计的要求，疏通堵点、优化路径。

数据治理领域的协同工作，涉及企业前台、中台、后台众多部门，在归口管理部门的统筹下，各参与方依托各自部门的专业能力与数据管辖权，协同配合归口管理部门，开展数据治理工作，各个部门的职责如表 10-9 所示。

表 10-9　　　　　　　　　　　数据治理中各部门的职责

部门	职责
归口管理部门	• 牵头开展数据治理工作，规划数据治理工作开展的步骤与路径 • 协调提供数据治理工作所需资源 • 为监管数据质量提供合理保证 • 统筹管理工作内容，协调各部门开展工作
IT 部门	• 分配部门内的数据治理工作职责和角色 • 负责建立、完善、维护企业数据架构 • 负责数据标准、数据质量管理的技术实现 • 提供数据治理所需的管控平台、管理工具以及信息技术支撑
其他业务部门	• 分配部门内的数据治理的工作职责、角色 • 根据制度要求细化、确立本部门各项数据治理事宜的管理流程 • 协助信息系统部开展数据架构管理、元数据管理等工作 • 管理归属本部门的数据标准、主数据 • 为归属本部门数据的正确性、有效性、可用性提供合理保证

其中，业务部门与职能部门，作为各自部门数据的所有者和负责人，在源头上接触一手数据，熟悉数据属性和内涵，是企业数据的"业务管家"，协同承担数据标准制定、数据质量管理与数据分析应用职责。而 IT 部门则负责建立、完善、维护企业的数据架构，建立专业的数据管理平台与工具，承担数据管理的技术支持和信息安全职责，是内部数据的搬运者、维护者或加工者，负责支撑数据的分析和应用，是企业数据的"技术管家"。

（2）构建制度体系：层次分明、激活工作机制

构建企业数据治理制度体系，首先应符合企业的数据战略，其次应充分结合数据治理组织架构

与管理现状，体现、贯彻和落实数据治理顶层设计要求，逐步将数据治理体系纳入企业的管理实践。

根据数据管理的层次和授权决策次序，数据治理制度体系框架分为章程、专项办法、工作细则3 级梯次，该框架标准化地规定了数据管理的具体领域、各个数据管理领域内的目标、遵循的行动原则、需完成的明确任务、实行的工作方式、采取的一般步骤和具体措施等，具体如表 10-10 所示。

表 10-10　数据治理制度体系框架

决策层	章程	包括数据治理的原则、组织架构与职责、数据治理包含专题，并对问题反馈与处理机制做定义与描述，是数据治理专项办法的总括
管理层	专项办法	对数据治理章程中定义的范围分专题进行描述、细化流程、流程说明以及其他相关部门与职责等
执行层	工作细则	由各个部门相应的数据治理专员进行编制，细化成本部门适用的操作指导手册

① 章程/政策。"数据治理章程"是企业最高层次的数据治理政策，是为指导企业数据治理、管理活动和防范数据风险的基础性政策，是建立和完善数据体系所必须遵循的基本原则和纲领，是确保数据治理工作得以有效开展，支撑各数据管理专项领域进行质量管理和最终应用的基本准则。

"数据治理章程"具体包含数据治理总则、管理范围、组织架构、专项规定、问题处理机制与相应的附则或附件。章程贯穿数据和信息的创造、传输、整合、安全、质量和应用的全过程。数据治理的专项办法和细则都应在符合"数据治理章程"的原则和纲领的基础上制定。

② 专项办法层。数据治理工作涵盖内容广泛，涉及专业领域众多。企业需要在"数据治理章程"的指引下，依托数据治理原则与组织架构职责，根据数据治理各专项领域的工作特点，制定各专项领域的管理办法，用来指导各项工作在企业的有序开展。

数据治理专项办法上承"数据治理章程"，下接工作细则，包含该专项工作的总则、工作内容与范围、组织架构与职责，定义了该专项工作下的主要工作任务。具体如表 10-11 所示。

表 10-11　数据治理专项办法示例

数据治理专项领域	专项办法示例
数据架构管理	"数据管理办法""数据资产管理蓝图"
数据质量管理	"数据质量管理办法"
元数据管理	"元数据管理办法"
参考数据和主数据管理	"主数据管理办法"
数据安全管理	"数据安全分级分类管理办法"
统计与监管报送	"监管报送数据管理办法"
绩效管理	"数据治理问责与考核办法"
数据标准	"数据标准管理办法"
……	……

③ 工作细则层。本层以各专项管理办法为基础，进一步细化至各项工作的操作流程。通过各项流程细则的制定，顶层设计可贯穿数据治理的日常工作，数据治理在执行操作层面的"最后一公里"被打通。细则可指导一线工作人员按照规范化流程开展数据治理工作，为企业数据治理和提升奠定基础。

常见的规范化流程有：数据开发管理、数据操作管理等。

● 数据开发管理：包括分析、设计、实施、测试、部署、维护等工作过程，在这些规范化流程中，一些工作细则文档将产生，如表 10-12 所示。

表 10-12　工作细则文档示例

分析	设计	实施	测试	部署	维护
可行性报告	概要设计说明	模块开发卷	测试大纲	部署说明书	维护说明书
项目开发计划	详细设计说明	项目进度管理	测试分析报告	安装测试报告	操作手册
软件需求说明	数据库设计说明		开发进度月报	项目开发总结	用户手册
数据要求说明					
测试计划					

- 数据操作管理：对于结构化的数据资产在整个数据生命周期（从数据的产生、获取到存档和清除）进行的规划、控制与支持。DAMA（国际数据管理协会）认为，有效的数据管理开始于数据获取之前，企业应先制订数据规划，定义数据规范，然后再进行开发实施、创建和获取、维护和使用、存档和检索，最后是清除。其规范化的流程

如图 10-18 所示，其中将产生规划、控制与支持等类型的工作细则。

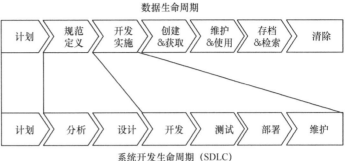

数据治理工作覆盖范围广泛，与业务运营、IT 管理、信息安全等多个领域密切相关。在构建数据治理工作体系时，需理清数据治理各专项领域的工作内容，划定工作范围，并明确数据治理工作与各相关工作的内涵差异和职责边界。落实到制度文本

与流程细则，需确保数据治理制度体系整体内容的完整性，以及与各周边相关工作能有效衔接。

图 10-18　数据操作管理规范化流程

2. **数据治理标准化体系**

数据标准指对分散在各系统中的数据提供一套统一的数据命名、数据定义、数据类型、赋值规则等的定义基准，并通过标准评估确保数据在复杂数据环境中维持企业数据模型的一致性、规范性，从源头确保数据的正确性及质量，并可以提升开发和数据管理的一贯性和效率性。

数据标准化体系保证企业内部数据对象具有明确的所有权与属性定义，保证企业信息系统共享数据的一致，保证企业数据质量与数据安全的有效控制。

（1）数据标准化建设思路

数据标准化体系建设将基于业务架构合理划分主题域，明确数据对象的基本定义、属性、标准、认责和使用，完善相配套的数据管控体系，满足信息化建设对数据统一性、标准性和扩展性的需要，保障和促进数据资产价值挖掘和数据管理工作的常态化开展。数据标准化体系建设工作是促进和实现信息化

系统整合、数据共享、数据库建设及数据分析的基础，同时也是一个长期的和不断积累、不断完善的过程。数据标准化体系建设过程如图 10-19 所示。

本阶段参考国际、国内和行业相关标准、规范和最佳实践，以生产主数据、生产指标分析数据、业务共享数据和实时数据为主线，围绕系统建

图 10-19　数据标准化体系建设过程图

设需求，开展数据标准化体系设计和建设工作。

（2）数据标准体系框架

当前，由于数据的剧增，数据治理已经演变成大数据治理，而大数据治理具有数据治理的所有基本属性和分类。全国信标委大数据标准工作组结合国内外大数据标准化情况、国内大数据技术发展现状，组织研究并发布了大数据标准体系框架，如图 10-20 所示。

大数据标准体系框架由 7 个类别的标准组成，分别为：基础标准、数据标准、技术标准、平台/工具标准、管理标准、安全标准、行业应用标准。

在数据标准体系框架的基础上可构成一个 3 层的支撑结构：第 1 层是基础标准、数据标准，为大数据治理标准提供底层的术语、参考架构、元数据等标准基础；第 2 层是技术标准、平台/工具标准，

从技术和产品的角度为大数据治理提供数据处理分析技术及平台支撑，包括数据全生命周期处理、数据开放与互操作等；第3层是管理标准、安全标准，为大数据治理标准提供管理机制和安全机制。

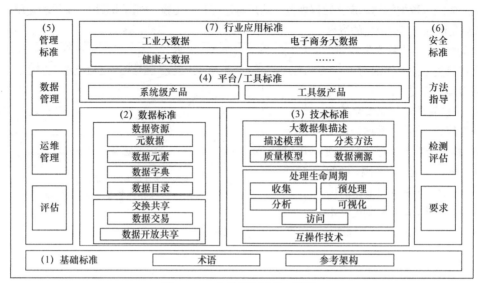

图 10-20　大数据标准体系框架

（3）企业数据标准内容

数据是信息的载体。随着企业信息化的不断深入，企业的采购、生产、销售、运营等一切活动都会在数据空间留下痕迹，商流、物流、资金流最终汇集成数据流，沉淀为企业的数据资产。如何运用好数据，发挥数据资产的价值，即提升数据的采集、处理和分析能力，将成为企业的核心竞争力。企业数据标准化是企业信息化的基础性工作，其目的是为企业提供统一的信息视图、数据规范及编码标准，减少数据定义二义性，提升数据质量，实现跨应用、跨业务的信息共享。其工作将依托大数据标准体系框架，结合建设业务需求，制定数据标准化体系。下面从业务应用和大数据标准体系框架的角度，将企业数据分为7个标准来介绍。

① 基础标准。

基础标准对企业大数据标准体系的适用范围、目标进行界定。基础类标准包括术语、标准化工作指南、从业人员基本要求和大数据能力成熟度评价指标等4个子类。其中，术语子类标准用于规范和统一各类专业名词。标准化工作指南子类标准明确企业大数据标准化工作的任务、标准体系，以及标准编制、实施和改进的主要内容和基本要求，是从事标准化工作的指导性文件。从业人员基本要求和大数据能力成熟度评价指标用于对开展数据管理工作的人员、机构提出基础性和框架性要求。

② 数据标准。

数据标准主要针对底层数据相关要素进行规范。包括数据资源和数据交换共享两个部分，其中数据资源包括元数据、数据元素、数据字典和数据目录等，数据交换共享包括数据交易和数据开放共享相关标准。在数据标准中除了要明确数据的业务属性（名称、含义）外，还要明确数据的技术属性（类型、长度、精度、范围等）和管理属性（源系统、责任部门等）。

③ 技术标准。

技术标准主要针对大数据相关技术进行规范。包括大数据集描述及评估、大数据处理生命周期技术、大数据开放与互操作、面向领域的大数据技术4类标准。其中，大数据集描述及评估标准主要针对多样化、差异化、异构异质的不同类型数据建立标准的度量方法，以衡量数据质量，同时研究标准化的方法对多模态的数据进行归一处理，并根据我国国情，制定相应的开放数据标准，以促进政府数据资源的建设。大数据处理生命周期技术标准主要针对大数据产生到其使用终止这一过程的关键技术进行标准制定，包括数据产生、数据获取、数据存储、数据分析、数据展现、数据安全与隐私管理等阶段的标准制定。大数据开放与互操作标准主要针对不同功能层次功能系统之间的互连与互操作机制、不同技术架构系统之间的互操作机制、同质系统之间的互操作机制的标准化进行研制。

④ 平台/工具标准。

平台/工具标准主要针对大数据相关平台和工具进行规范，包括系统级产品和工具级产品两类，其中系统级产品包括：实时计算产品（流处理）、数据仓库产品、数据集市产品、数据挖掘产品、全文检索产品、非结构化数据存储检索产品、图计算和图检索产品等；工具级产品包括平台基础设施、预处理类产品、存储类产品、分布式计算工具、数据库产品、应用分析智能工具、平台管理工具类产品的技术、功能、接口等。相应的测试规范针对相关产品和平台给出测试方法和要求。

⑤ 管理标准。

管理标准作为数据标准的支撑体系，贯穿于数据生命周期的各个阶段。该部分主要是从数据管理、运维管理和评估 3 个层次进行规范。其中数据管理标准主要包括数据管理能力模型、数据资产管理以及大数据生命周期中处理过程的管理规范；运维管理标准主要包含大数据系统管理及相关产品等方面的运维及服务等方面的标准；评估标准包括设计大数据解决方案评估、数据管理能力成熟度评估等。

⑥ 安全标准。

数据安全和隐私保护作为数据标准体系的重要部分，贯穿于整个数据生命周期的各个阶段。大数据应用场景下，大数据的 4V 特性导致大数据安全标准除了关注传统的数据安全和系统安全外，还应在基础软件安全、交易服务安全、数据分类分级、安全风险控制、电子货币安全、个人信息安全、安全能力成熟度等方向进行规范。

⑦ 行业应用标准。

行业应用标准主要是针对大数据为各个行业所能提供的服务制定的规范。该类标准指的是各领域根据其领域特性产生的专用数据标准，包括工业、政务、服务等领域。

标准明细详见由中国电子技术标准化研究院、全国信息技术标准化技术委员会（全国信标委）大数据标准工作组编写的《大数据标准化白皮书（2018 版）》。

10.4.3　技术体系

技术体系指社会中各种技术之间相互作用、相互联系、按一定目的、一定结构方式组成的技术整体。"技术体系"概念与"技术结构"概念密切相关，技术体系是一种宏观的、社会性的整体技术结构。

数据治理涉及的 IT 技术体系包括数据架构（元数据、主数据、数据质量、数据安全）、管控平台（数据标准、数据集成、数据资产、数据交换、监控与报告）和治理工具等多产品组成的一整套解决方案，如图 10-21 所示。

图 10-21　技术体系流程

1. 数据架构

数据架构体系示意图如图 10-22 所示。数据架构是一套规范和文档的集合，它主要包括企业数据模型（EDM）、信息的价值链分析和相关数据交付架构。其中，企业数据模型是企业数据架构的核心，其功能是识别主题域、业务实体，控制实体元素之间关系的业务规则，以及若干重要的业务数据属性。

企业的数据架构，主要由 3 个组件构成，分别是数据标准体系、企业数据模型和数据存储结构，如图 10-22 所示。

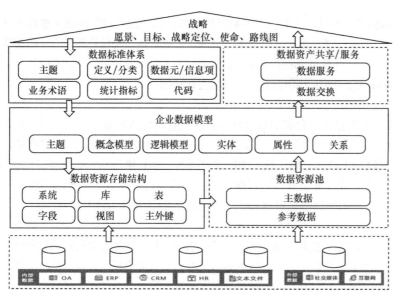

图 10-22　某公司数据架构体系示意图

　　数据标准体系在最上层，是总体纲领；企业数据模型在中层；最下层是数据资源存储结构。企业通常是在现有数据存储结构的基础上，设计企业数据模型，然后归并数据项，形成数据标准。

　　在实际建立的过程中，是以一个从上向下，然后由下而上的方式，形成一个 U 字来完成数据资产优化。

　　第 1 步产生数据标准体系。即按照企业战略，按照关键成功因素法梳理关键成功的主题，根据主题定义相关实体群，并将实体归纳分类，而产生数据元、业务术语等，从而产生数据标准体系。第 2 步产生企业数据模型。依据数据标准体系的要求，围绕主题，按照数据架构管理职能的流程，形成概念模型，产生逻辑模型，定义实体、属性和关系。第 3 步完成数据资源存储结构。根据第 2 步形成的实体、属性和关系，将内部和外部数据按照数据仓库的星型数据模型组织数据存储。第 4 步形成数据资源池。按照主题将数据分为主数据和参考数据，合理地将这些数据存放在数据资源池中备用。第 5 步优化数据资产。将数据资源池的数据按照企业数据模型的要求进一步优化，找出关键数据资产。第 6 步是数据资产共享/服务，以达到企业的战略目标。以上步骤都是在数据安全管理职能下进行的，以确保企业的资产不损失。

　　2．管控平台

　　现在市场上关于数据治理的管控平台存在不同的成熟产品，但在功能实现上大致相同，具体可参见图 10-23。图 10-23 所示的是常见的大数据治理管控平台。

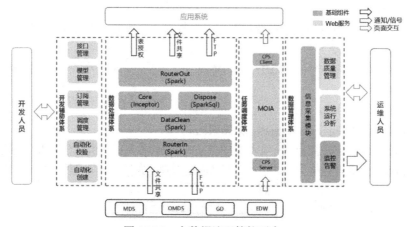

图 10-23　大数据治理管控平台

（1）数据处理体系

数据的存储、计算和分析都基于 Hadoop 生态体系。该平台使用 Hadoop、Spark、Inceptor、HBase 等分布式计算及存储框架，来完成数据的存储、计算、分析整个生命周期。

数据处理自下到上包含数据获取（RouterIn）、数据清洗（DataClean）、共性加工（Core/Dispose）和数据输出（RouterOut），形成批量数据访问服务 OpenFile。

其通过 Router 模式，可实现不同数据平台间的数据交互、屏蔽平台间的差异、配置化开发、从而提高了开发效率，减少了人为失误导致的问题，实现了数据的快速接入和分发。

基于 Inceptor 和 SparkSql 设计开发的数据共性加工模块 Core 和 Dispose，实现了数据的快速加工，并支持模板式的配置开发，有效提升了共性加工的开发效率。

（2）任务调度体系

为实现调度批次轻量化、精细化数据依赖、避免批次等待，可通过任务组织模块化来实现作业调度的导出与上线。

系统间的调度通过 CPS（信息物理系统）实现批量作业执行，系统内部调度通过 MOIA 联动，可支持更小粒度的作业调度，实现了作业调试的高效和灵活。

（3）开发辅助体系

开发人员需要对数据处理及任务调度单独开发一系列的代码和配置文件，人为操作不仅效率低，而且易出错。通过辅助开发工具，可根据每个模块的规范，自动生成代码及配置文件，并提供可视化界面，提升开发效率，降低成本和风险。

支持的功能分为自动化创建、自动化校验、调度管理、模型管理和元数据管理。

（4）数据管理体系

数据管理体系建设的目的是降低运维成本，对源数据、加工数据、数据质量、作业运行进行统计分析，分析结果通过 Web 页面展示以方便对系统及数据的查看管理，并对于重要信息进行监控告警。其核心模块包括信息采集、数据质量管理、系统运行分析和监控告警。

技术规范是保障数据治理平台可持续管理的基础，随着数据量的增长、技术水平的提高，为更好地、可持续地实现数据资产的管理、应用，需建立明确的技术规范。

3．治理工具

大多数数据治理项目的指导原则都有这一条："一个成功的项目必须结合人员、流程和技术"。使用数据治理工具去实现目标，达到事半功倍的效果。

实际上，数据治理软件和相关技术可以作为一些方法的补充。有许多工具可以改进数据治理和信息监控。下面，我们来详细了解这些工具。

（1）数据治理模板

人们常常忽略了一点——标准化模板也是一种重要的工具，它能够帮助管理数据治理项目的优先级、任务和输出。例如，数据治理策略模板可以指导管理委员会的成员正确定义政策、政策范围、性能指标，以及根据需求逐步升级的过程。另一个例子是议程模板，它可以帮助在委员会会议上确定数据治理问题、提案、标准及其他项目的讨论顺序。

（2）数据建模工具

如果一个组织面对的一些治理挑战与数据模型的差异和不一致性相关，那么解决这个问题的方法是优化和标准化数据建模过程的各个方面。这其中包括以下步骤：定义通用数据实体类型和数据结构，保证参照完整性及维护数据类型层次。数据建模工具不仅能够实现这些改进，它还能够让数据模型与整个企业架构保持一致，并且影响着数据一致性的维护工作。

常见数据建模工具有 PowerDesigner、ER/Studio、Enterprise Architect、ERwin、InfoSphere Data

Architect。

（3）数据分析软件

数据可用性的目标是降低数据问题的影响，在数据治理框架中纳入一种数据分析与评估的手段。这其中包括数据分析（划分数据集、记录、元素和值）、运行统计分析和评估数据模型。这些技术可以帮助发现数据异常，确定它们对业务的潜在影响和加大数据质量水平的测量规模。

数据分析软件有 Excel、SAS、R、SPSS、Eviews、Tableau Software 等。

（4）数据质量管理软件

数据治理战略的一个重要目标是保证数据精度及其一致性和完整性。数据质量工具显然将在支持数据管理模型的实现上发挥一定作用，如解析、标准化、改进和清理软件等。

国内常见软件有亿信华辰旗下的数据质量管理平台 EsDataClean，支持数十种质量评价算法技术并且易扩展，满足业务系统运行、数据中心建设、数据治理过程中各类规则的定义，并可实现跨数据源的对比分析，还能定义自动质量检查。

国内其他常见软件有：CATIA、Informatica Data Quality。

（5）元数据管理工具

元数据管理工具包括元数据采集、血缘分析、影响分析等功能。这些工具适用于创建和管理共享业务术语、数据元素定义及数据架构、数据建模、命名规范和数据交换方法的内部标准。此外，它们还有助于优化企业系统内的信息流监控。而且，语义元数据管理工具还可以部署为一个中央平台，提供整个企业范围的数据结构视力和数据定义知识库。

常见的软件有：Alation、Alex Solutions、ASG Technologies 等。

（6）主数据管理中心

主数据管理（MDM）是指一整套的用于生成和维护企业主数据的规范、技术和方案，以保证主数据的完整性、一致性和准确性。虽然 MDM 通常被视为一种既关联又独立的活动，但是有一些跨职能的数据治理可能依赖于 MDM 软件套件常常包含的核心数据控制和身份解析功能。

国内外主流的主数据管理方案有：国外的 SAP、Oracle、Informatica 等，这些产品比较成熟，相对的价格也比较高，但产品灵活性、扩展性不足；国内的有亿信华辰、用友、浪潮等。

图 10-24 所示是系统治理的思维导图，供读者学习参考。

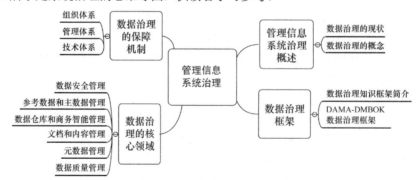

图 10-24　系统治理的思维导图

关键术语

复习思考题

1. 如何理解数据治理的概念？
2. 数据治理与数据管理的关系是什么？
3. 请比较数据治理知识框架的差异。
4. 简述 DAMA-DMBOK 3 数据治理框架。
5. 简述数据架构管理的组成及其功能。
6. 简述数据架构管理的活动。
7. 简述数据安全管理的目标。
8. 简述数据安全管理的主要活动。
9. 试举例说明什么是参考数据和主数据？
10. 简述数据仓库和商务智能的定义。
11. 简述数据仓库的结构。
12. 文档管理的对象是什么？
13. 文档/档案管理的生命周期包括哪些活动？
14. 元数据类型有哪些？
15. 元数据管理的目标是什么？
16. 简述数据质量管理的内容。
17. 简述数据治理的组织体系。
18. 简述数据治理的建章立制工作。
19. 数据治理涉及的 IT 技术体系包括什么？

参考文献

［1］中国数字经济发展白皮书（2020 年）．

［2］中国大百科全书数据库．2009-03-01．

［3］plantUML 语法指南手册．

［4］张宁，袁勤俭．数据治理研究述评［J］.情报杂志，2017，36（5）：129-134，157.

［5］Watson H，Fuller C，Ariyachandra T.Data warehouse governance: best practices at blue cross and blue shield of north carolina［J］. Decision Support Systems，2004，38（3）：435-450.

［6］Griffin J.Data governance: a strategy for success［J］. Information Management，2005，15（6）：49.

［7］Cheong L，CHANG V.The need for data governance：a case study［EB/OL］.

［8］Power D.The politics of master data management & data overnance［J］.Information Management，2008，18（3）：24.

［9］程莲娟．美国高校图书馆数据监护的实践及其启示［J］. 图书馆杂志，2012，31（1）：76-78.

［10］钱鹏，郑建明．高校科学数据组织与服务初探［J］. 情报理论与实践，2011，34（2）：27-29.

［11］丁培．数据策展与图书馆［J］. 图书馆学研究，2013（6）：94-98.

［12］曹霞. 国内 Data Curation 研究现状与热点分析［J］. 图书情报工作，2014，58（18）：144-148.

［13］王芳，慎金花．国外数据管护（Data Curation）研究与实践进展［J］. 中国图书馆学报，2014，40（212）：116-128.

［14］张闪闪，顾立平，盖晓良．国外信息服务机构的数据管理政策调研与分析［J］. 图书情报知识，2015（5）：99-109.

［15］张明英，潘蓉.《数据治理白皮书》国际标准研究报告要点解读［J］. 信息技术与标准化，2015（6）：54-57.

［16］朱琳，赵涵菁，王永坤，等. 全局数据：大数据时代数据治理的新范式［J］. 电子政务，2016（1）：34-42.

［17］陈琳.精简、精准与智慧政府数据治理的三个重要内涵［J］. 国家治理，2016（27）：28-39.

［18］DAMA International. DAMA 数据管理知识体系指南［M］. 马欢，刘晨等译. 北京：清华大学出版社，2012.

［19］詹姆斯·N. 罗西瑙．没有政府的治理［M］. 江西：江西人民出版社，2001，4.

［20］刘桂锋，钱锦琳，卢章平．国内外数据治理研究进展：内涵、要素、模型与框架［J］. 图书情报工作，2017，61（21）：137-144.

［21］中国电子信息产业发展研究院．赛迪报告：数据治理的 12 个工具，你知道几个？［J/OL］2019-07/2019-08.

［22］张群，吴东亚，赵菁华. 大数据标准体系［J］. 大数据，2017，3（4）：11-19.

［23］民生银行大数据开发团. 民生银行大数据体系架构设计与演进［J/OL］. AI 前线，2018-08-30.

［24］杨春红. 试谈企业数据标准化体系建设［J］. 电脑编程技巧与维护，2019（12）：88-90，108.